基礎から学ぶ
心理学・臨床心理学

山 祐嗣・山口 素子・小林 知博　編著

北大路書房

はしがき

　心理学を一通り学びたいのですがどんな本がいいですか？

　これは，心理学を専攻しようとしている大学の1年生，あるいは大学時代に心理学に触れずに社会人になっておられる方々からときどき受ける質問である。このようなとき，たくさんの入門書が頭をよぎるのだが，「是非これを」と勧められるものは決して多くはない。
　私たちは，本書が，自信をもって勧めることができる数少ない書のうちの一つであると自負している。私たちの目的は，「心理学を一通り学びたい人々」に格好の入門書を作り上げるという点にある。
　本書の特徴は，以下の3点である。第一は，臨床心理学についての記述が充実しているという点である。心理学の多くの入門書では，臨床心理学は，応用分野の一つとして，一章かせいぜい二章が割かれている程度である。しかし，本書では，第I部に対する第II部として，ほぼ半分が割り当てられている。さらに内容は，理論面から，アセスメント，および技法，実践的な問題と，心理学の入門書としては，異例の充実度であるといえよう。これによって，過去20年で急激にニーズが高まった臨床心理学の理解が深められると思われる。
　それでは，なぜ臨床心理学についてのみの入門書としなかったのかという疑問を抱かれるかもしれない。第二の特徴は，この充実した臨床心理学と，いわゆる実験や調査をもとにした科学的な心理学領域の両方が解説されていることである。わたしたちは，臨床心理学を学ぶ人には，実証的で科学的な心理学も学んでほしく，また，逆に，科学的な心理学を学びたい人にも，現代社会のさまざまな問題と深く関わっている臨床心理学を学んでほしいと願っている。さらに，専門家としても，臨床心理学や実践を知らない科学的心理学研究者や，主観的な精神をいかに科学的に実証していくかを知らない心理臨床家では，非常にものたりないのではないだろうか。本書は，「科学的な心理学」に安住している心理学研究者や，初歩的な科学的心理学を十分理解せずに臨床活動を行なっている専門家にも，大きな刺激を与えるものであると信じている。
　第三の特徴は，本書は「人間学」としての学際的な書籍としても位置づけることが

できるという点である。心理学も，編者たちが大学時代に学んだ頃に比較して，非常に細分化されてきている。しかし，学問の発展は，細分化と統合の歴史の蓄積である。わたしたちは，「人間を理解する」という視点で，心理学は，さまざまな近接領域とも密接な関係をもつことが必要であると考えている。第Ⅰ部は，「心の働き」と「心と社会」との二部構成だが，とくに，「心と社会」の諸章において，情報科学の発展などによる社会の変化と人間の精神の関係の理解のために重要な事項が説明されている。また，第Ⅱ部においても，精神医学，心身医学，医療・保険，福祉，教育，司法・矯正，産業領域との関わりが記されている。

　現代社会を表現するのに，しばしば「精神の荒廃」や「貧困な精神」をキーワードとしてマスメディアなどで論じられることがある。心理学のテキストなどにおいても，「精神が荒廃した現代社会において心理学を学ぶ意義」などのキャッチフレーズが飛び交うこともある。しかし，私たちは，逆に，心理学を学んだからには，このような「精神の荒廃」や「貧困な精神」という内容のない空虚な用語を軽々しく使用しないでほしいと思っている。何をもって荒廃・貧困というのか，信頼できる指標や根拠はほとんどない。

　しかし，社会は急激に変化していることは確実で，精神にかかわる解決しなければならない諸問題が，その社会変化の影響を受けているという事実は否定できない。また，同時に，この社会や文化を形成していくのも人間の精神である。わたしたちは，心理学や臨床心理学を学ぶことは，よき文化・社会の担い手となるために，重要なことであると信じている。わたしたちは，本書が，このようなよき担い手を育てる点で貢献できるようにと願っている。

2009年2月
3名の編者を代表して
山　祐嗣

目　次

はしがき

第Ⅰ部　心理学

● 1　心の働き

第1章　心理学の歴史と方法 …………………………………… 4

第1節　哲学から心理学へ　*4*
　　1．心理学とは何か　*4*／2．哲学における心理学　*5*／3．実験心理学の始まり　*6*

第2節　20世紀以降の心理学　*6*
　　1．ヴント批判　*6*／2．行動主義心理学　*7*／3．ゲシュタルト心理学　*8*／4．認知心理学・認知科学　*8*／

第3節　心理学の方法　*9*
　　1．心理学における測定と尺度　*9*／2．実験観察　*10*／3．個人差の心理学　*10*

第2章　脳と心理学 …………………………………………… 12

第1節　はじめに　*12*
第2節　脳の構造　*12*
第3節　大脳の働き　*13*
第4節　大脳皮質と大脳辺縁系　*14*
　　1．大脳皮質　*14*／2．大脳辺縁系　*16*
第5節　左右の大脳半球　*17*
第6節　脳の細胞と情報伝達　*18*
第7節　脳と睡眠　*19*
第8節　おわりに　*20*

第3章　心の発達 ……………………………………………… 22

第1節　発達の諸側面　*22*
第2節　子どもの発達　*23*
　　1．乳児期・幼児期の特徴　*23*／2．子どもの知的発達　*24*／3．子どもの社会性の発達　*25*
第3節　青年期の拡張と成人期　*26*
第4節　生涯発達心理学　*27*
　　1．生涯発達とは　*27*／2．中年期　*27*／3．老年期　*28*

第4章　感覚と知覚 …………………………………………… 29

第1節　感覚　*29*

目 次

　　　　　1．刺激閾と弁別閾　29／2．視覚システム　30／3．聴覚システム　31
　第2節　知覚的な体制化　**32**
　　　　　1．群化の要因　33／2．図と地　34
　第3節　奥行き知覚と知覚の恒常性　**34**
　　　　　1．奥行き知覚　34／2．知覚の恒常性　35
　第4節　錯覚　**36**
　第5節　運動の知覚　**37**

第5章　学習　**38**
　第1節　学習とは何か　**38**
　第2節　レスポンデント条件づけ　**39**
　　　　　1．パブロフの実験　39／2．強化・消去・自発的回復・般化・分化　39
　第3節　オペラント条件づけ　**40**
　　　　　1．スキナーの実験　40／2．シェーピング　41／3．消去・般化・弁別　41／4．強化スケジュール　41
　第4節　社会的学習理論　**42**

第6章　記憶と思考　**45**
　第1節　記憶のしくみ　**45**
　第2節　記憶の二重貯蔵モデル　**45**
　　　　　1．感覚記憶　45／2．短期記憶　46／3．長期記憶　47
　第3節　問題解決と意思決定　**48**
　　　　　1．問題解決　48／2．意思決定　49
　第4節　推論　**50**
　　　　　1．演繹的推論と帰納的推論　50／2．確率的推論　51／3．ウェイソン選択課題　51

第7章　言語と知能　**53**
　第1節　言語の性質　**53**
　　　　　1．言語の一般的特徴　53／2．言語表現の構造　53
　第2節　言語の意味　**54**
　　　　　1．単語の意味　54／2．統語構造と文の命題的意味　55／3．語用論的意味　55
　第3節　ヒトの認知活動における言語　**55**
　　　　　1．言語表現の理解（言語理解）　55／2．言語の機能　55／3．言語の獲得・発達　56
　第4節　脳科学から見た言語　**56**
　第5節　ヒトの知能と概念の働き　**56**
　　　　　1．言語と概念　56／2．概念の機能　57／3．概念の性質　57／4．概念のモデル　58
　第6節　知識とその表現　**58**

目 次

　　　　1．言語と知識　　58　／2．知識のさまざまな側面　　58　／3．知識表現　　59

●2　心と社会

第8章　動機づけと情動 …………………………………………… 62
第1節　動機づけと欲求　**62**
　　　　1．動因　　*62*　／2．誘因　　*63*　／3．快と不快　　*63*　／4．二次的欲求　　*64*　／5．社会的欲求　　*64*

第2節　感情・情動　**65**
　　　　1．快不快と感情　　*65*　／2．対処行動としての情動　　*66*　／3．環境の評価と情動　　*68*　／4．情動行動に伴う身体変化と感情体験　　*68*

第3節　表出行動とコミュニケーション　**69**

第4節　動因による行動と情動行動の普遍性　**71**

第5節　動機づけと情動の病理　**72**

第6節　まとめ　**73**

第9章　性格 ……………………………………………………… 75
第1節　性格の記述　**75**
　　　　1．類型論によるアプローチ　　*76*　／2．特性によるアプローチ　　*79*

第2節　性格検査の信頼性と妥当性　**81**

第10章　対人関係と集団 ………………………………………… 83
第1節　対人関係　**83**
　　　　1．対人認知　　*83*　／2．対人感情　　*85*　／3．関係の維持　　*86*

第2節　集団心理　**87**
　　　　1．傍観者効果　　*88*　／2．集団思考　　*89*　／3．マイノリティ・インフルエンス　　*89*　／4．社会的アイデンティティ　　*90*

第11章　自己と文化 ……………………………………………… 92
第1節　自己とは何か　**92**
　　　　1．自己概念　　*92*　／2．自尊心　　*93*　／3．自己にかかわる動機　　*94*

第2節　文化によって異なる自己　**95**
　　　　1．文化によって異なる自己のさまざまな側面　　*95*　／2．文化による違いはなぜ起こるか　　*97*

第12章　健康と社会 ……………………………………………… 99
第1節　健康と健康心理学　**99**
　　　　1．健康の概念と健康観　　*99*　／2．健康心理学　　*100*

第2節　健康の維持・増進および疾病の予防と健康心理学　**101**
　　　　1．健康の維持・増進と健康行動　　*101*　／2．生活習慣と疾病の予防　　*102*

第3節　心のケアと健康心理学　**103**

第13章　ジェンダーと心理学 …… 105

第 1 節　セックスとジェンダー　*105*
第 2 節　個人の内面にあるジェンダー　*106*
　　　　1．パーソナリティとしての女性性，男性性　*106*／2．女性に対する態度　*107*
第 3 節　社会的行動としてのジェンダー　*107*
第 4 節　子どものジェンダー発達　*108*
第 5 節　ジェンダーの視点をもった心理学研究　*109*

第14章　人間とコンピュータ …… *110*

第 1 節　コンピュータの歴史　*110*
第 2 節　コンピュータネットワークの歴史　*111*
第 3 節　人間対コンピュータ　*112*
第 4 節　コンピュータとインターネットがもたらしたもの　*113*
第 5 節　ネットワーク上のコミュニケーションとコミュニティ　*114*
第 6 節　インターネットの犯罪　*115*
第 7 節　どのようにITとつきあうか　*116*

第Ⅱ部　臨床心理学

● 1　臨床心理学の基礎

第 1 章　精神分析 …… *122*

第 1 節　はじめに　*122*
第 2 節　心理療法としての精神分析　*123*
第 3 節　精神分析の主要概念　*123*
　　　　1．無意識　*123*／2．自由連想法　*124*／3．心的葛藤　*124*／4．抑圧・防衛・抵抗　*125*／5．エディプス・コンプレックス　*126*／6．幼児性欲論　*126*／7．転移・逆転移　*127*／8．治療者の介入　*128*
第 4 節　フロイト以後の発展　*128*
第 5 節　精神分析的精神療法　*129*
第 6 節　おわりに　*129*

第 2 章　分析心理学 …… *131*

第 1 節　分析心理学（ユング心理学）　*131*
第 2 節　無意識の諸相　*132*
　　　　1．個人的無意識と集合的（普遍的）無意識　*132*／2．元型　*132*
第 3 節　意識と無意識の関係　*135*
　　　　1．症状のもつ意味　*135*／2．夢分析　*136*

第3章　クライエント中心療法 ……………………………… *138*
- 第1節　はじめに　*138*
- 第2節　ロジャーズの人と生涯　*138*
  1. 農学から神学，さらに心理学へ　*138* ／ 2. 経験に学ぶ　*139* ／ 3. 臨床家および研究者としてのロジャーズ　*139*
- 第3節　クライエント中心療法　*140*
- 第4節　カウンセリングの基本スタイルの提示　*140*
- 第5節　建設的なパーソナリティ変化が起こる6条件　*141*
- 第6節　カウンセリングの3原則　*142*
- 第7節　おわりに　*143*

第4章　行動療法 ……………………………………………… *145*
- 第1節　行動療法とは　*145*
- 第2節　系統的脱感作とその発展　*146*
- 第3節　応用行動分析　*148*

第5章　発達臨床心理学 ……………………………………… *150*
- 第1節　発達臨床心理学とは何か　*150*
- 第2節　発達臨床心理学の基本的な人間理解　*151*
  1. 交互作用発達モデル　*151* ／ 2. 関係発達の強調　*152* ／ 3. オーガナイズされた経験としての自己　*153* ／ 4. 二者関係と三項関係　*155*
- 第3節　発達臨床心理学における見立ての特徴と臨床実践の進め方　*156*
  1. 関係性の障害というとらえ方　*156* ／ 2. 親−乳幼児心理療法からの貢献　*157*

第6章　心理臨床に必要な精神医学の知識 ………………… *161*
- 第1節　はじめに　*161*
- 第2節　精神障害の分類　*161*
  1. 古典的分類　*161* ／ 2. 現代の記述的分類　*162*
- 第3節　精神障害の種類　*163*
- 第4節　精神障害の診断　*164*
  1. 診断の進め方　*164* ／ 2. 精神症状のとらえ方　*165*
- 第5節　精神障害の治療　*166*
  1. 薬物療法・身体的療法　*166* ／ 2. 精神療法（心理療法，カウンセリング）　*167* ／ 3. 環境療法（社会療法）　*167*
- 第6節　おわりに　*168*

第7章　心理臨床に必要な心身医学の知識 ………………… *169*
- 第1節　心身医学と心身症　*169*
- 第2節　心身症の発症・経過に関連する因子　*169*

目 次

　　　第3節　心身症の診断と治療　**171**
　　　　　　　1．心身医学的診断　*171* ／ 2．心身医学的治療法　*172*
　　　第4節　チーム・アプローチ　**172**
　　　第5節　おわりに　**174**

● 2　**臨床心理アセスメント**

第8章　発達検査および知能検査　……………………………………………**176**
　　　第1節　発達検査　**176**
　　　第2節　知能検査　**176**
　　　第3節　発達検査・知能検査の種類　**177**
　　　　　　　1．発達検査　*177* ／ 2．知能検査　*178*
　　　第4節　実施上の留意点　**179**

第9章　質問紙法検査　………………………………………………………**181**
　　　第1節　質問紙法検査の特徴　**181**
　　　　　　　1．質問紙法検査とは　*181* ／ 2．質問紙法検査の作成　*181* ／ 3．MMPI
　　　　　　　182 ／ 4．Y－G性格検査　*183* ／ 5．TEG（東大式エゴグラム）　*184* ／ 6．CMI
　　　　　　　185
　　　第2節　おわりに　**186**

第10章　投影法検査　…………………………………………………………**187**
　　　第1節　投影法検査とは何か　**187**
　　　第2節　ロールシャッハ・テスト　**187**
　　　第3節　主題統覚法検査　**188**
　　　第4節　描画法検査　**189**
　　　　　　　1．バウムテスト　*189* ／ 2．人物画　*190* ／ 3．風景構成法　*190*
　　　第5節　文章完成法　**191**
　　　第6節　P－Fスタディ　**191**
　　　第7節　内田クレペリン検査　**192**
　　　第8節　所見とフィードバック　**192**

● 3　**心理療法の実際**

第11章　心理療法の技法　……………………………………………………**196**
　　　第1節　カウンセリング　**196**
　　　　　　　1．相談を受ける専門家　*196* ／ 2．カウンセリング　*196* ／ 3．クライエン
　　　　　　　トの心理　*198*
　　　第2節　遊戯療法　**199**
　　　　　　　1．遊戯療法とは　*199* ／ 2．遊戯療法の実際　*200*
　　　第3節　芸術・表現療法（絵画，箱庭，コラージュ療法）　**202**

　　　　1．芸術・表現療法とは　202／2．絵画療法　203／3．箱庭療法　204
　　　　／4．コラージュ療法　204
　第4節　音楽療法　**205**
　　　　1．音楽療法とは　205／2．音・音楽の機能　207
　第5節　認知行動療法　**209**
　　　　1．認知行動療法とは　209／2．認知行動療法の特徴　209／3．認知行動療法の実施　210／4．認知行動療法における認知と行動の役割　210／5．認知行動療法の介入構造　210／6．認知行動療法における介入の実際　211
　第6節　自律訓練法と自己調整法　**212**
　　　　1．自律訓練法　212／2．標準練習　213／3．自己調整法　214
　第7節　家族療法（システムズアプローチ）　**215**
　　　　1．コミュニケーションと家族　215／2．家族とともに解決に取り組む　216／3．システムの3つの属性から働きかける　218／4．おわりに　219
　第8節　グループアプローチ　**220**
　　　　1．精神分析的グループアプローチ　221／2．人間中心的グループアプローチ　221／3．行動療法的グループアプローチ　222／4．治療的メカニズムと契約の重視　222

第12章　臨床心理士の活動と倫理　……………………………………*225*

　第1節　はじめに　**225**
　　　　1．臨床心理士の活動の広がり　225／2．倫理とはなぜ必要なのか―権限と責任　225
　第2節　心理臨床に携わる者にとっての倫理　**226**
　　　　1．心理臨床における関係の特殊性　226／2．臨床心理士の職業的倫理7原則　226／3．臨床心理士の守秘義務　229
　第3節　心理学を研究する者としての倫理　**230**
　第4節　おわりに　**230**

第13章　心理臨床の実践領域　……………………………………*232*

　第1節　教育領域の実践　**232**
　　　　1．スクールカウンセラー　232／2．学生相談室の心理臨床　234
　第2節　福祉領域の実践　**236**
　　　　1．福祉とは　236／2．児童相談所とは　237／3．おもな相談内容と心理職（児童心理司）の役割　237
　第3節　医療・保健領域の実践　**238**
　　　　1．精神科医療における心理臨床　238／2．心身医療における心理臨床　240
　第4節　司法・矯正・警察領域の実践　**244**
　　　　1．はじめに　244／2．警察における心理臨床　244／3．裁判における心理臨床　245／4．矯正における心理臨床　245／5．更生保護における心理臨床　246
　第5節　産業領域の実践　**246**
　　　　1．産業カウンセリングと産業メンタルヘルスの背景　246／2．産業カウンセリングの実践　247

目 次

　　第6節　私設心理相談領域の実際　*248*

引用・参考文献　*253*
人名索引　*263*
事項索引　*265*

第 I 部

心理学

●1　心の働き

心理学の歴史と方法

　心理学の研究対象は，人間をはじめとする生物の精神である。しかし，精神自体は，自分の精神はある程度，実感あるいは推論できるが，非常に主観的なものである。心理学の学問としての歴史は，この主観的な精神を，いかに客観的に記述・説明するかという点にある。この章では，哲学から現代の心理学に至る歴史を概観したい。

第1節　哲学から心理学へ

1．心理学とは何か

　一般に何々学という名称が用いられるとき，それは，研究・観察の対象と，研究するための方法，およびその対象をどのように説明するかについての基準までも意味している。たとえば物理学では，対象は物質であり，科学的な観察や実験，測定が方法として用いられ，ニュートン力学などのさまざまな理論から因果的に物理現象を説明する様式が好まれる。

　では，心理学ではどうだろうか。心理学を精神の科学であると考えると，科学は客観性を重視するので，主体的体験としての精神は対象にはなりえない。そこで，科学を志向する心理学では，観察の対象を「**行動**（behavior）」とし，そのような行動がなぜ生ずるのかを説明するために，「精神」を想定するという立場をとる。すると，このアプローチでは，「精神」は仮説にすぎないのである。なお，行動とは，広義には，その時々の環境条件において示される生体の運動や反応，変化を意味する。たとえば，「イヌ」という環境刺激に対して，「イヌとは反対の方向へ走る」という行動をとっている人がいるとしよう。この行動を説明するために，私たちは，この人はイヌを「見」て，それがこの人に「恐怖」を引き起こして，このような行動が現われたと解釈する。「見る」も，「恐怖」も，本質的には主観的経験であり，私たちが日常語として「心」というとき，この主観的体験を意味している。もちろん，「恐怖」は，さまざまな神経系の興奮の伝達としてならば観察可能である。したがって，主観性をより排除したいと思えば，主観的経験に言及することなしに，神経系の連鎖として，イヌという刺激から「走る」までを因果的に結びつけることは可能かもしれない。

　ところが，多くの人々が心理学に期待することは，「精神」自体を説明することで

あろう。なぜ，「恐怖」という主観的体験をするのかが知りたいわけである。じつは，これは，心理学においては最も解決が困難な問題である。「精神」は，神経過程あるいは脳の過程である。しかし，この神経の興奮という物理的あるいは化学的な反応から，どのようにして私たちの主観的体験が生まれるのかは，永遠の謎なのである。

2．哲学における心理学

　心あるいは精神とは何かという問題は，長い間，哲学の問題であった。哲学の伝統では，科学的な実証というよりは思弁が用いられて，すなわち，自らの精神という対象を自らの精神（思考）という手段によって吟味することによって研究がなされてきた。1．で述べたように，心理学では，客観性を重視する立場と主観性を重視する立場がつねに葛藤を起こしているが，これは，ギリシャ哲学以来の伝統なのである。主観性を代表するのがプラトンであり，超越的な存在であるプシケ（psyche）が物理的存在である身体に宿ると考えていた。一方，客観性を代表するのがアリストテレスであり，彼はプシケを機能ととらえ，身体とは切り離されていないものと考えていた。

　この主観性（精神）を重視するか，客観性（脳を含めた身体）を重視するかという議論の伝統は，デカルト（Descartes, R.）の**心身二元論**に受け継がれている。彼によれば，ヒトとは，相互に独立で無関係な「精神」と「身体」をもった存在で，身体は物質で構成されているが，精神は非物質である。身体は機械と同じ物理的な原理で作動する。一方，心の存在原理は「われ思う，ゆえにわれあり（cogito, ergo sum）」に集約されるように，あくまで主観的である。ここから派生するのが，**心身問題**とよばれるもので，物質と非物質という互いに独立した存在がどのようにして相互に作用しあうのかという点を問題とする。1．の最終で述べた問題の起源がここにあるということがわかるだろう。この心身二元論は，精神を重視する方向として**意識心理学**，あるいはヒトを理性・合理的存在であるとする人間観に発展し，身体あるいは物質性を重視する方向として，**人間機械論**や科学的な心理学へと発展した。

　意識研究は，イギリス経験論に受け継がれた。この立場では，個々の事実から一般的原理を帰納していくというスタイルが用いられるが，精神についても，ロック（Locke, J.）に代表されるように，生まれたばかりのヒトは白紙（タブラ ラサ）であって，そこから経験によって，さまざまな観念が形成されると主張される。そして，意識はこれらの観念の連合によって形成されるとする**連合主義**（associationism）に発展していった。ところが，皮肉なことにこの連合主義は，むしろ現在の客観的な心理学を代表する行動主義（第 2 節参照）の原理の 1 つになった。

3．実験心理学の始まり

　19世紀中ごろは，心理学が実証的な科学として，哲学から独立した時期であるといわれている。心身問題について，精神と物理的刺激との関係を解明しようとしたのがフェヒナー（Fechner, G. T.）である。彼の方法は，**精神物理学**とよばれた。彼は，刺激と感覚との間の関数関係を求めようとして，感覚の大きさは刺激の物理量の対数に比例するという，**フェヒナーの法則**（第Ⅰ部第4章参照）を発見した。

　意識研究を思弁的な研究にとどめず，これに実証的な実験を導入したのがヴント（Wundt, W.）である。彼は，精神の本質を主体的体験である意識と考え，これを科学的に研究するために，徹底的な自己観察すなわち**内観**（introspection）を用いた。その意味で，彼によれば，心理学は直接経験の科学であり，間接経験である物理現象と対比される。彼は，厳密な条件統制を行ない，この内観を用いて得られた言語報告データを分析した。そして，意識の要素は，単一感覚と単純感情の2種類であり，それぞれ質と強度という2種類の属性があると推定した。

　さらにヴントは，これらの要素の結合の仕方には，受動的な連合（association）と，能動的な統覚（apperception）があると考え，前者の連合については，イギリスの連合主義の伝統を受け継いでいる。精神が意識であり，この意識はこのような分析可能な要素から構成されるという考えは，**構成主義心理学**（structural psychology）とよばれている。

第2節　20世紀以降の心理学

1．ヴント批判

　20世紀の心理学は，ヴントの実験的手法に敬意を払いながらも，彼を批判することから発展した。そこから，20世紀の3大潮流とよばれる，**ゲシュタルト心理学**，**行動主義**，**精神分析**が生まれている。ゲシュタルト心理学は，意識はゲシュタルトとよばれる全体的な形態質で，単に要素を集めた以上の形質をもっていると主張した。また，客観性を重視する行動主義は，主観的な意識は研究の対象になりえないと批判した。さらに，精神分析は，ヒトの精神は，意識のみならず無意識がたいへん重要で，意識をいくら分析しても理解することができないと批判した。精神分析は現代の臨床心理学の大きな流れの1つであり，第Ⅱ部第1章で詳しく説明されているので，ここではゲシュタルト心理学と行動主義について，簡単に述べ，さらに現代の**認知心理学**にどのように連続しているのか概観したい。

2．行動主義心理学

　18世紀の人間機械論や反射学の発展，さらに19世紀のダーウィン（Darwin, C.）の進化論の影響から，ヒトだけが意識をもった特別な存在であるとする見方に対する疑念として，客観性をより重視する心理学が芽ばえてきた。モーガン（Morgan, C. L.）が提唱した「**モーガンの公準**」とよばれる解釈原理はその一例である。これによれば，動物の行動を解釈するとき，低次の心理的尺度（物理的あるいは生理的といったより単純な尺度）で解釈できるならば，それより高次の心的能力の結果として解釈してはならない。たとえば，ネコが水を飲むという行動を解釈するとき，体内の水分の減少を検知して行動が促進されていると解釈できれば，「ネコは水を欲している」という主観的な解釈は禁止されるわけである。

　このような動向を背景として，ワトソン（Watson, 1913）を中心とする行動主義革命がおきた。彼は，科学的な実験心理学が対象とできるのは客観的に観察可能な行動のみと考え，それまで意識を伴った内容として記述されてきた感情や欲求あるいは言語・思考などの概念をすべて行動に置き換えた。そして，行動を，生体に対する環境からの刺激とそれに対する反応として記述することを提唱した。これは，刺激（stimulus）と反応（response）の頭文字をとってSR主義ともよばれる。

　同じころ，ロシアではパブロフ（Pavlov, I. P.）が条件反射（conditional reflex）とよばれる現象を発見した。イヌの口の中に食べ物が入ると唾液が分泌されるのは反射だが，彼は，食べ物を与える前に，メトロノームの音を聞かせた。その結果，イヌは，メトロノームの音を聞いただけで唾液を出すようになった。これは条件づけとよばれ，ワトソンは，これこそ行動主義が研究すべきテーマであり，学習とは，経験によってある刺激と反応が結びつくことであると考えた。これは，イギリスの連合主義を，意識を排除して受け継いだものでもあり，SR連合主義ともよばれる。

　行動主義者の中にも，条件反射は，受動的すぎてヒトを含めた動物の学習原理にはなりえないと考える人々があった。たとえば，空腹のラットを，レバーを押すと餌が出てくる仕掛けの箱に入れておくと，最初は偶然押していたレバーを，餌をとるために押すようになる。スキナー（Skinner, B. F.）は，これを**オペラント条件づけ**と命名し，パブロフが発見した条件づけを**レスポンデント条件づけ**とよんで区別した（第Ⅰ部第5章参照）。レバーという刺激と押すという反応に連合が形成されるという点ではSR連合主義だが，この連合は，ネズミが能動的に環境に働きかけなければ形成されない。この能動性を重視した立場は，新行動主義とよばれる。

3．ゲシュタルト心理学

　意識研究を否定するという行動主義ほど強烈な批判ではないが，精神は単純な要素から構成されるとする構成主義に対して，ゲシュタルト心理学は，全体が寄せ集められた要素以上の形質を示すと批判している。たとえば，和音の長調と短調の区別について考えてみよう。ドミソの和音は長調だが，ソの代わりにラにするとドミラとなり，これは短調になる。構成主義からは，ラという要素の中に短調になった原因を見つけなければならない。しかし，音楽では，長調か短調かは音の組み合わせ，すなわち全体で決定されることは常識で，これは構成主義に対する代表的な反例である。

　実験的にゲシュタルトを最初に実証したのはウェルトハイマー（Wertheimer, M.）である。彼は，2本の線分を，平行に，あるいは互いに直角をなすようにして配置し，ストロボスコープを用いて1本ずつ短時間間隔（それぞれ約60ミリ秒）で次々に提示すると，先に提示された線分が次に提示された線分へとすばやく移動するように見えるということを発見した。この現象は，実際に動いていないのに，見かけ上は動いて見えるということで**仮現運動**（apparent movement）とよばれる。ネオンサインで，光が動いて見えるような現象も代表的な仮現運動である。もし，構成主義が主張するように，2線分に対する知覚は個々の線分に対する単一感覚が寄せ集められたものであるとすると，線分が動いて見えることは説明できない。したがって，これは，構成主義の要素論的主張に対する反証例であって，ゲシュタルトという全体性によって初めて説明できるものである。

4．認知心理学・認知科学

　行動主義では，ヒトは白紙で生まれてきて，さまざまな連合によって学習が行なわれると考えている。ところが，チョムスキー（Chomsky, N.）は，個々の刺激—反応についての知識を積みあげていっても，私たちが使用している天文学的に膨大な量の文を理解したり算出したりするというのは不可能であると指摘した。特に，文法について，日常の会話で用いられる予想以上に不完全な文から3歳から5歳くらいの間に母語の文法的知識が獲得される事実を説明するには，ヒトが生得的に文法獲得を可能にする何らかの装置を想定しない限り困難なのである。この仮定は，白紙の状態に連合が形成されるとする行動主義の主張の破綻を意味する。

　また，行動主義のSR連合理論において，「精神」は主観的であるという理由で，どこにも位置づけられていない。しかし，1950年代ごろから，刺激と反応を媒介する精神をなんとか客観的に記述すべきであるという必要性は，チョムスキーのような文法獲得装置を想定する立場以外にも，ゲシュタルト心理学をはじめとする他の領域か

ら，さらには新行動主義者の中からも訴えられ始めていた。ヒトが白紙の状態で生まれるわけではなく，論理的な構造を内在しているとする考え方は，発達心理学者のピアジェ（Piaget, J.）も主張していた。彼は，**シェマ**（schéma）とよぶ子どもが外界を認識するための心的枠組みを生得的に仮定し，認知発達を，環境との活発な相互作用を通してシェマを変換させていく過程ととらえた（第Ⅰ部第3章参照）。

　これらの考え方は，同時期のコンピュータ科学の発展とともに，精神活動を脳というハードウェアによる情報処理とみなす立場に受け継がれてきた。情報処理用語は，少なくとも客観的に定義することが可能であるということから，科学性を主張する立場の研究者にも，記述道具として用いられるようになった。しかし，実際の精神活動は，コンピュータの情報処理とは異なる。それにもかかわらずこのアプローチが現在も発展し続けている理由は，情報処理による定義によって認識過程を厳密なモデルで記述できるようになったこと，さらに，ヒトの認識と同じようなコンピュータプログラムを作成しようとする人工知能の発展によって，ヒトとコンピュータプログラムを比較可能になったことだろう。認知心理学は，当初はヒトの認識活動を情報処理の用語で記述するというアプローチとして発展したが，広義には，情報処理アプローチとして，感情研究などにも拡大し続けている。また，このアプローチは，心理学を，言語学，哲学，脳科学，コンピュータ科学と融合させ，**認知科学**という新しいパラダイムを生み出している。1950年代からのこの変革は，認知革命とよばれる。

第3節　心理学の方法

1．心理学における測定と尺度

　客観性を保つためには，心理学においては，測定はたいへん重要である。測定には，生理学的な反応の測定から，性格検査などによる測定など，さまざまなものがある。それぞれの用途において，どのような尺度を用いるかが決定されるが，スティーブンス（Stevens, S. S.）によれば，以下の4種類に分類される。

　まず，単に分類を示すものを，**名義尺度**（nominal scale）とよぶ。たとえば，野球選手の背番号には数字が用いられているが，この場合数字の識別性のみを利用するもので，数の大小や演算は適用されない。第2に，測定対象の順序を表現するものは**順序尺度**（ordinal scale）とよばれる。政党の好みの順序を数字で表わしたものが例として考えられるが，この場合，1位と2位の間隔と，2位と3位の間隔が等しいことが保障されていないので，測定値に対して加減算を適用できない。数値間の間隔の等しい第3の**間隔尺度**（interval scale）では加減算が可能で，単位を導入することができ

る。しかし，しかし，原点（0）の位置は定まらないので，積商などの演算をすることができない。第4の**比率尺度**（ratio scale）では，積商の演算が可能で，一般に，長さや重さと同じように扱われる。脳波などの生理的な指標や，行動の回数，あるいは反応時間などは，比率尺になる。

2．実験観察

　心理学の方法には，大別して，人間の普遍的な特徴を観察しようとするものと，検査などによる人間の個人差を記述していこうとする方法がある。

　前者では，主として実験的方法が用いられる。実験的方法では，たとえば，騒音がどの程度計算作業を妨害するかを調べる場合，騒音が大きな条件（実験条件）と騒音がない条件（統制条件）を設定して比較するというように，人為的に条件の差をつくり出し，作業効率にどのような違いが生じるかを観察することによって，騒音と計算作業の間に因果関係を見いだすことを目的としている。人為的に操作する変数は**独立変数**（independent variable）であるが，特に，このような条件設定の基準となるものを**要因**とよぶ。またこの場合，作業効率は，**従属変数**（dependent variable）である。さらに，要因の効果を純粋にみるためには，実験に組み込んだ要因以外の変数の効果（たとえば，「部屋の明るさ」など）は排除する必要があり，これを**統制**とよぶ。

3．個人差の心理学

　人間の性格や知能，あるいは臨床心理学的な問題などについて，個人間で差があり，かつ一個人が比較的安定的に特定の傾向を示すとき，個人差を仮定することができる。この差異が，遺伝によるものなのか，育ちなどの環境要因によるものなのかは歴史的に議論されてきた。

　個人差を測定するためには，実験観察法が用いられることもあるが，主として，発達検査，知能検査（第Ⅱ部第8章），質問紙法検査（第Ⅱ部第9章），投影法検査（第Ⅱ部第10章）などが用いられ，これらは総称して，検査法とよばれている。

　一般に，よい検査であるためには，**信頼性**（reliability）と**妥当性**（validity）が高いことが重要である。信頼性とは，その尺度得点が偶然によって変動する度合いの小ささ，すなわち尺度得点の分散の中に含まれるランダムな誤差の割合が少ないことであり，したがって，信頼性の高い検査は，何度行なっても，結果にはあまり変動はない。一方，妥当性とは，意図した構成概念を，その尺度得点が実際に測定している度合いを指す。しかし，この**構成概念妥当性**は実際に検証することができない。そこで，実際の研究においては，たとえば，不安の高さを測定する新しい検査を作成した

とき，既存の不安テストとの相関を検討することによって行なわれる。これを**併存的妥当性**とよぶ。ただし，既存のテストの構成概念妥当性自体も検証されているわけではないので，ときに循環論法的な誤謬に陥ることがある（第Ⅰ部第9章）。

【推薦図書】

『新・心理学の基礎知識』　中島義明・繁枡算男・箱田裕司（編）　有斐閣　2005

『現代基礎心理学Ⅰ　歴史的展開』　八木　冕（編）　東京大学出版会　1986

第I部　心理学

脳と心理学

　脳死という考え方が社会に浸透してきているように，私たちが人間という独自の存在であることにとって脳の働きは必須と考えられる。脳科学は現在，科学において最も挑戦的な領域の1つである。そして遠くない将来に，心理学は脳の科学とより密接な関係を築くことになるだろう。この章では，心の働きの基盤となる脳と神経の基礎的なしくみと働きを紹介する。

第1節　はじめに

　心はいったいどこにあるのだろう？　古今東西，多くの人がこの問いに答えようとしてきた。ある人は霊魂の働きかけによって心が生じると考え，ある人は心臓に心が宿っているとした。人間の身体を流れる体液のバランスが心の性質を決定すると考えた人もいれば，心は脳を介して身体とつながっているものの，本質的には身体とまったく別物だと主張した人もいた。現代では，心と身体が密接に関連していることや，心の座が脳にあることを疑う人はいない。すなわち，心には，脳という明確な身体的・生物学的基盤のあることが明らかになっている。

第2節　脳の構造

　人間の脳は，成人で1,200〜1,500g程度の淡い茶色の塊である。非常に重要な器官でありながら柔らかく壊れやすい。このため，厳重に守られている。頭髪や頭皮も，この守りの一環である。頭皮の下には硬い頭蓋骨があり，頭蓋骨の中に入ると，外から順に硬膜，クモ膜，軟膜とよばれる3種類の脳脊髄膜が脳を囲んでいる。さらに，クモ膜と軟膜の間にはクモ膜下腔とよばれる隙間があり，脳脊髄液で満たされている。脳はこの液中に浮かんだ状態になっており，外部から衝撃を受けても，脳本体は衝撃を受けにくくなっている（図1-2-1）。
　脳本体は，大別すると，**大脳**，**小脳**，**脳幹**という3つの部分で構成されている（図1-2-2）。脳は，長い生命の進化の過程の中で，もともとは単なる神経細胞の集まりだったものから発達してきた。まず，呼吸や体温コントロールなど，生命を維持し，生物としての基本的機能を保つために必要な脳幹が発達し，次に身体の運動をコ

12

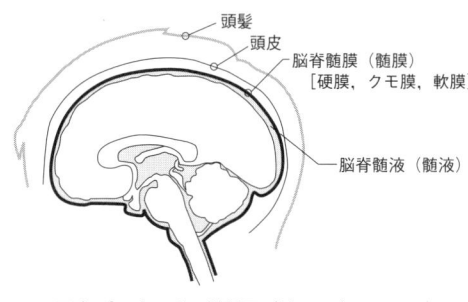

図1-2-1 脳の横断面（越野・志野, 2004）

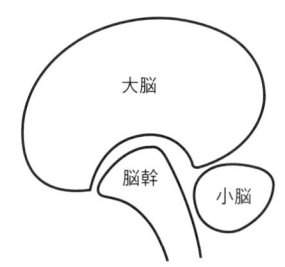

図1-2-2 脳の基本構造
（越野・志野, 2004）

ントロールし，敏捷な動きを可能にするために小脳が発達した。さらに，この脳幹や小脳を囲むようにして，複雑な精神活動を司る大脳が発達してきたのである。つまり，進化的にみると，脳は内部に行くほど古く，外部に行くほど新しいということになる。人間では，他の動物に比べて，大脳が非常に発達していることが特徴である。人間に独特の心の働きは，その大半が大脳活動によって説明されると考えてよい。

第3節　大脳の働き

　大脳は動物が高等になるほど発達が進み，人間では脳の大部分を占めるようになった。表面積は新聞紙1面大ほどにもなり，折り目をつけて収容するしかなくなり，このことから，複雑な深い溝に覆われた人間の脳の外観がつくり出されたと考えられている（図1-2-3）。大脳は，**前頭葉，頭頂葉，後頭葉，側頭葉**という4つの部位に分かれている。前頭葉と頭頂葉を区切るのが中心溝であり，側頭葉はシルヴィウス溝の下側にある。大脳は，人間における最高次の中枢として，外部環境から刺激を受け取り，過去の記憶に照らしあわせてその意義を判断したり，適切な反応を運動指令と

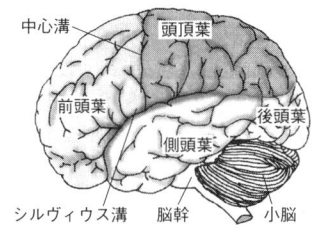

図1-2-3 脳の全体像（黒谷, 2002）

して送り出したり，計画を立てて実行に移したり，さまざまな知的活動を営んだり，情動や気分を司ったりなど，人間らしい高度な精神活動に深くかかわっている。また，それぞれの活動については，中心的な役割を担う脳の部位がある程度定まっているが，実際の活動に際しては，大脳のさまざまな部位が，お互いに，また大脳以外の脳の部位とも密接に連絡をとり，情報を交換しあって活動を進めていることが明らかになっている。

第4節　大脳皮質と大脳辺縁系

大脳は，表層部分にある**大脳皮質**と，内側にあり，脳幹を取り巻くように存在する**大脳辺縁系**に大きく分けられる。大脳皮質は，その中でも種々の知的活動や運動・知覚の統合中枢としての役割をおもに担っている。これに対して，大脳辺縁系は進化的にはより古い脳であり，本能や感情，記憶と深い関連をもっている。動物が高等になるほど，大脳皮質が進化し，脳に占める大脳皮質の割合が高くなるため，大脳辺縁系の割合は相対的に低くなることが知られている。

1．大脳皮質

大脳皮質は，そのおもな働きによって**運動野**，**感覚野**，**連合野**などに区分けされており（図1-2-4），これらの部位が分担したり，協働しながら，種々の精神活動を営んでいる。

（1）運動野

自分の意志で身体を動かす随意運動の指令信号を身体の各部に送り出すところである。

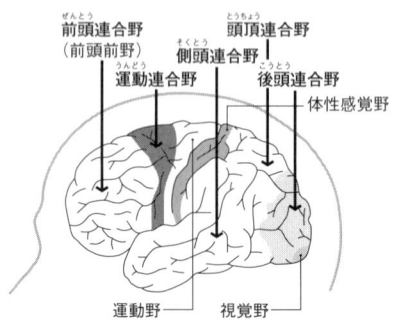

図1-2-4　大脳皮質の区分（岩田，1998）

（2）感覚野（視覚野，聴覚野，嗅覚野，体性感覚野）

末梢の感覚器官（目，耳，鼻など）を通じて入ってきた情報を統合する中枢である。体性感覚というのは，触覚，圧覚，温・冷覚，痛覚などの表面感覚と，運動感覚や深部痛などの深部感覚を併せたもので，体性感覚野はこれらの中枢である。図1‐2‐4には視覚野と体性感覚野を示した。

（3）連合野

連合野は，大脳皮質の2/3を占める面積で，人間の精神活動にかかわる非常に重要な働きをしているところである。中でも最高の中枢と考えられるのが前頭連合野である。ネコの場合には大脳皮質の中で3％しか占めていないが，チンパンジーでは17％，人間になると30％近くを占めるようになる。この前頭連合野は，思考・学習・推論・注意・計画・創造など，さまざまな知的活動と深いかかわりをもっていると考えられている。また，意欲や抑制にも関連が深く，この部位に損傷を受けると，深刻な意欲の障害のために，周囲の出来事にまったく無関心になったり，自分からは何もしようとしなくなったり，逆に，行動の抑制がきかなくなり，社会的に不適切な行動をとったりするようになる場合がある。さらに，感情は，次項に述べる大脳辺縁系との関連が深いと考えられているが，感情を最終的に調節したり，制御したりするのも，この前頭連合野の役割である（言語に関する領域については，第Ⅰ部第7章第4節を参照されたい）。

運動連合野は，運動のプログラム，すなわち，うまく運動を遂行するための手順をつくってそれを運動野に伝え，実行させる司令塔のような役割を果たす。直接，筋肉に運動の指令を出すのは運動野だが，どのような運動をどのような手順で遂行するかについて運動野に指示を与えるのが，この運動連合野である。

頭頂連合野は，空間内の位置や方向性の認知を司る部位で，この部位が障害されると，たとえば，点と点を結んだり，図形の向きを判定することができなくなってしまう。また，図形の模写や，遠近・上下の判断に基づく手足や身体の運動にも支障が出る。

側頭連合野は，目から入った視覚情報（形，図形，人の顔，色など）や，耳から入った聴覚情報を意味あるものとしてとらえる働き，すなわち，形態や色の認知，聴覚情報の理解などにかかわっている。この部位が障害されると，たとえば，人の顔を見てもそれが誰かがわからない（しかしその人の声を聞くとわかる），人の話を聞いても意味が理解できない，話すことはできてもその内容がまちがっていて，しかも本人はそのことに気づかないなどの問題が生じてくる。

後頭連合野は，目から入った視覚情報の分析・統合にかかわっている。この部位が

障害されると、たとえば、花を見ても、それが花だとわからなくなる（しかしその香りを嗅いだり触れたりすると言える）、色の区別はつくのにその名前が言えなくなるといったように、視覚情報だけでは、見ているものが何かがわからなくなったり、わかっていてもその名前を言えなくなってしまう。

脳梗塞や外傷などの脳病変によって連合野の働きが障害されると、その部位によって、失語・失行・失認などとよばれる特殊な症状が現われることがある。これは、中枢の脳病変のために、末梢器官自体は障害されていないのに、全体として、その働きがうまくいかなくなるものである。たとえば、失語では、末梢の発語器官（口や舌を動かす筋肉など）は障害されていないのに、ことばが話せなくなったり、末梢の聴覚器官（鼓膜や鼓膜の振動を伝える骨の働きなど）には問題がないのに、聞いたことばを理解できなくなる。このような高次脳機能の障害を対象とするのが、神経心理学とよばれる心理学の分野である。

2．大脳辺縁系

大脳辺縁系（図1-2-5の四角で囲んだ部分）は、大脳皮質のすぐ内側にあり、扁桃核（扁桃体）、帯状回、海馬などからなっている。

（1）扁桃核

大脳辺縁系は、感情の中でも、特に、本能的・原始的な感情との関連が深いが、このような感情を生み出すのが扁桃核である。すなわち、扁桃核には、目の前にあるものが快をもたらすものか不快をもたらすものかについて、過去の記憶や体験をもとに判断し、快をもたらすものには接近し、不快をもたらすものを避けようとする働きがある。

（2）帯状回

帯状回は、意欲に関連が深く、動機づけをコントロールする部位である。扁桃核に

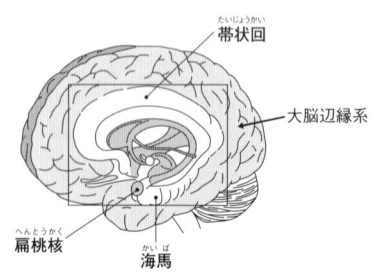

図1-2-5　**大脳辺縁系**（岩田, 1998より一部改変）

よってあるものが快と判断され，食欲や性欲などの本能欲求が起こると，次にはそのものを手に入れようとか，欲求を満たそうという気持ちが起こってくる。そして，それを実現するためにどうすればよいか考えようとする。このような，行動・思考の両面にわたる意欲や動機づけをコントロールするのが帯状回の役割と考えられている。もちろん，欲求の実現に必要な行動をとるかどうかには，大脳皮質の判断も大いにかかわっている。大脳皮質の命令で，欲求を我慢したり，不快に耐えたりせざるをえないような状況も当然起こり得る。いずれにしても，扁桃核や帯状回は，快不快の感情や本能欲求に基づく行動をコントロールする中心的な部位と考えられている。

（3）海馬

海馬は，記憶や学習に関連の深い部位である。記憶には，頭で覚える記憶（宣言的記憶）と，自転車乗りなど，身体で覚える記憶（手続き的記憶）がある。宣言的記憶は，個人の人生で生じた特別な出来事についての記憶（エピソード記憶）とくり返し学習によって獲得した記憶（意味記憶）に分けられる（第Ⅰ部第6章参照）。また，記憶は，その保持される時間の長さによって，感覚記憶，短期記憶，長期記憶などに分けられる。海馬は，記憶の中でも，エピソード記憶の短期記憶に関係が深いと考えられており，この部位に損傷があると，前日誰と話したかなど，少し前のことを忘れたり，新しいことを覚えられなくなったりする。

第5節　左右の大脳半球

大脳は，大脳縦裂とよばれる大きな溝で，左右の**大脳半球**に分けられている。大脳皮質の機能には一部，左右差がある（これを大脳の"側性化"という）。おおまかにいって，左脳は思考や計算，言語能力に優れ，分析的，論理的，右脳は空間の全体的な把握や言語の感情的表現，音楽の理解などに優れ，総合的，直感的である。たとえば，言語中枢は，ほとんどの人では左半球にあり，この部位を損傷すると，ことばが喋れなくなったり，理解できなくなったりするが，右半球の損傷ではそのようなことは起こらない。もっとも，左右の大脳半球は互いに連絡を取りあって働いている。言語機能についても，言語の発語や理解は左半球が担当するが，その感情表現については右半球が担当するなど，両半球は，それぞれの得意分野を分担しあい，相補的に働くことによって高度な認知機能を発揮していると考えられている。

第Ⅰ部　心理学

第6節　脳の細胞と情報伝達

　ここまでは，脳の基本的な構造や機能について，マクロな視点から簡単に紹介してきた。ミクロな視点からみると，脳はどのようになっているのだろうか。脳の各部は，**神経細胞（ニューロン）**とよばれるミクロンレベル（1ミクロンは1/1000 mm）の細胞で構成されている。その数は，大脳だけでも140億，脳全体では千数百億ともいわれているが，これらの細胞は，お互いに連絡を取りあって，きわめて複雑な神経回路をつくり出している。感覚器官などから入ってきた情報は，この神経回路を通って，脳のさまざまな部位に伝達され，処理されている。

　神経細胞にはさまざまな形のものがあるが，どれも基本的には，細胞体，軸索，樹状突起という3つの部分に分かれている（図1-2-6）。情報は，細胞体から軸索を通って，次の細胞の樹状突起へと伝わっていく。情報を受け取った次の神経細胞は，同じようにして，さらに次の神経細胞へと情報を伝え，こうして次々に情報が伝達されていく（図1-2-7）。

　1つの神経細胞は枝分かれした軸索の先端のところで，他の神経細胞の樹状突起と連絡している。この接合部をシナプスという。この接合部は，実際にはつながっておらず，ほんのわずか（20〜30ナノメートル［1ナノメートルは100万分の1ミリ］）だが離れている。この間隙を**シナプス間隙**という。情報は，神経細胞の中を電気信号の形で伝わるが，シナプス間隙を越えることができない。そこで，電気信号はここで

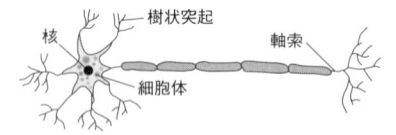

図1-2-6　**神経細胞（ニューロン）**（黒谷，2002）

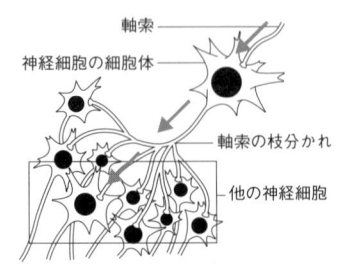

図1-2-7　**神経細胞間の情報伝達**（渡辺，2004）

18

第2章　脳と心理学

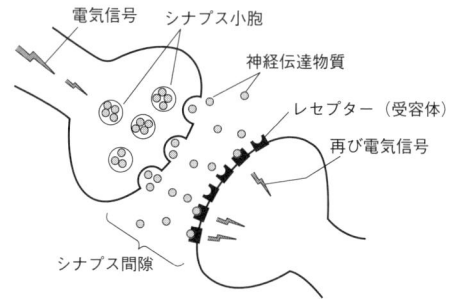

図1-2-8　シナプスでの情報伝達（越野・志野，2004）

いったん化学信号に姿を変える（図1-2-8）。そのメカニズムはおよそ，次のようなものである。軸索の先端にはシナプス小胞という袋状の組織が多数あり，その中には**神経伝達物質**という化学物質が入っている。電気信号がシナプス小胞のところまでやってくると，シナプス小胞は神経細胞末端に移動し，そこで開口して神経伝達物質をシナプス間隙に放出する。一方，情報を受け取る神経細胞の樹状突起の先端や細胞体には，その神経伝達物質を受け止めるレセプター（受容体）が存在する。シナプス間隙に放出された神経伝達物質がこの受容体に結合すると，この化学信号は，そこで再び電気信号に変形され，電気信号の形で次の神経細胞に伝わっていく。こうして，情報は1つの神経細胞の中では電気信号の形で，神経細胞と神経細胞の間（シナプス間隙）は化学信号（化学物質）の形で伝えられていくのである。

　ちなみに，心の病気は，脳の働きの一部が変調をきたした状態と考えられるが，心の病気の中には，神経伝達物質の活動に異変をきたしているもののあることが知られている。たとえば，うつ病では，セロトニンやノルアドレナリンとよばれる神経伝達物質の活動が低下している。そして，この活動を正常化する抗うつ薬を投与すると，多くの場合，症状が改善する（図1-2-9）。こういったことからも，心と脳が密接に関連していることがわかるのである。

第7節　脳と睡眠

　人間の成人は1日の約1/3の時間を眠って過ごす。しかしその間も，脳は正確なリズムを刻んで活動を続けている。睡眠は，急速眼球運動（REM）のみられる**レム睡眠**と，それのみられない**ノンレム睡眠**に区別され，成人では一夜の睡眠のおよそ80%がノンレム睡眠，20%がレム睡眠である。ノンレム睡眠は脳波の特徴によって段階1

第Ⅰ部　心理学

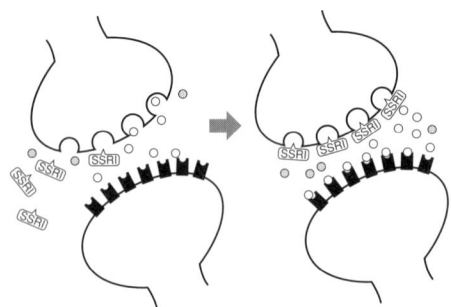

図1-2-9　抗うつ薬の働き（越野・志野，2004）
シナプス間隙に放出されたセロトニンは，いったん次の神経細胞のレセプター（受容体）に結合したり，シナプス間隙をただよったあと，一部は元の神経細胞に取り込まれ，再利用される。SSRI（Selective Serotonin Reuptake Inhibitor：選択的セロトニン再取り込み阻害薬）と呼ばれる抗うつ薬は，この再取り込み口をブロックすることによってセロトニンの再取り込みを抑制する。この結果，シナプス間隙のセロトニン量が増加し，多くのセロトニンが放出されているのと同じ効果が得られることになる。

〜4に区別され，段階4が最も深い。睡眠はふつう，段階1のノンレム睡眠で始まり，段階2，3，4としだいに深くなった後，少し浅いほうへ移り，やがて入眠後90分前後で第1回目のレム睡眠が出現する。以後は約90分の周期でレム−ノンレムサイクルが3〜4回くり返される。ノンレム睡眠は明け方に近づくにつれて浅くなり，レム睡眠の占める割合が多くなる。レム睡眠は"身体のための睡眠"，ノンレム睡眠は"脳のための睡眠"ともいわれ，両者はある程度，異なった役割を担っていると考えている。また，夢を見るのは，脳の活動の活発なレム睡眠中がほとんどであり，ノンレム睡眠中に出現することはほとんどない。睡眠や夢の意義については，疲労回復や記憶の整理など，いろいろな考え方が提出されているが，確実な所見はまだ得られていない。

第8節　おわりに

　本章では，心の生物学的・身体的基礎としての脳と，その働きについて紹介した。脳の働きはきわめて複雑である。「脳の働きが，私たちに理解できるほどに単純であるならば，それほどの単純な脳をもつ私たちに，脳の働きを理解できるはずがない」というライアル・ワトソン（Watson, L.）のことばの通り，脳の働き方については，いまだに，理解されていることよりは理解されていないことのほうがはるかに多い。脳の秘密を明らかにすべく，多くの学問分野で日々研究が進められているが，心理学は，その中でも有力な一分野として，脳科学への貢献を期待されている。同時に心理

学にとっても,今後,心理学がさらに発展していくためには,これまで以上に,脳科学の知見を積極的に利用していくことが求められるようになるだろう。

【推薦図書】
『入門ビジュアルサイエンス　脳のしくみ』　新井康允　日本実業出版社　1997
『図解雑学　脳のしくみ』　岩田　誠(監修)　ナツメ社　1998
『好きになる精神医学―こころの病気と治療の新しい理解―』　越野好文・志野靖史　講談社サイエンティフィック　2004
『絵でわかる脳のはたらき』　黒谷　亨　講談社サイエンティフィック　2002
『こころの病に効く薬―脳と心をつなぐメカニズム入門―』　渡辺雅幸　星和書店　2004

心の発達

　人の心は，歳を重ねるにつれ，理解できなかったことができるようになったり，今までにはなかった悩みを抱くようになったりなど，一定の方向性をもった変化を遂げる。そして，自分より年下の人を見ていると，「あのころは私もああだった」と思うことがあるように，多くの人が同じ順序を追って変化する部分があり，人生のそれぞれの時期に特有の傾向がみられる。年齢によって人の一生をおおまかに分け，それぞれの区分における特徴や変化に焦点を当てて，これらの方向性や順序性を明らかにしていく心理学の分野は，発達心理学とよばれている。

第1節　発達の諸側面

　心の発達は，知的発達，情動の発達，社会性の発達などに分けることができる。知的発達とは，記憶，推論，思考能力などの発達を指し，情動の発達とは，感情の分化や感情表出行動などの発達を指す。社会性の発達とは，他者の感情を推測したり他者と協力したりする能力や，集団の中でのふるまい方などを身に付けていくことを指す。これら心の発達は，身体・運動機能の発達と深く関係している。

　発達のうち，遺伝的影響を強く受ける発達の仕方を「**成熟**」といい，環境の影響を強く受ける発達の仕方を「**学習**」ということができる。身長の身体的発達は前者の例であり，よほど劣悪な環境下におかれない限り，環境の良・不良にかかわらず大差のない成長を遂げる。しかし，後者の側面が強い社会性の発達は，しつけや教育，信頼できる他者とのかかわり，多くの人々との多様な接触を通じて養われていくものであり，順当な発達を遂げるか否かは環境によって大きく左右される。どこまでが遺伝による影響で，どこからが環境の影響なのかといった線引きはたいへん困難であり，遺伝と環境の両要因が複雑に絡みあい，相互に作用しあって発達に影響を及ぼしている。

　発達には，ある時期を逃すと，後に適切な刺激や環境を与えても，生涯その能力を開花させることができない可塑性の低いものがある。たとえば絶対音感は，遅くとも6歳までに訓練を行なわなければ，その後は訓練を行なっても身につきにくいという報告がある。このような，特定の発達をうながすのに決定的となる期間のことを**敏感期**（または**臨界期**）という。敏感期については，個人差や例外もみられる。絶対音感

や外国語の早期教育に象徴されるように，特定の能力を獲得する（またはしない）ことが長い目でみてその子にどのような意味があるのか考えることも必要であり，あまりとらわれすぎないことも大切である。

近年の発達心理学における特徴に，「**生涯発達**」というとらえ方がある。平均寿命の伸びや高齢化社会到来のあおりも受け，学校卒業以降の成人を対象とした研究や，中高年に関する研究も充実してきている。そこでこの章では，子どもと青年の発達に関するいくつかの著名な理論に加え，盛んになりつつある中年期，老年期の研究についても紹介する。この「中年期」「老年期」といった発達心理学において用いられる区分は，学校制度などとの兼ね合いなどを考慮した便宜上のものであり，研究の目的や研究者によって設定が異なるが，本章では乳・幼児期，児童期，青年期，成人期，中年期，老年期の段階を想定して話を進める。

第2節　子どもの発達

1．乳児期・幼児期の特徴

人間は，出生後1年の間は子宮外胎児の状態であるといわれている。他の高等哺乳動物を思い浮かべてみると，シカやヒツジの赤ちゃんは生後数時間で自分の足で立って歩き，クジラの赤ちゃんも胎内から出たとたんに親と同じ環境下で泳ぐことができる。それに比べ，ヒトの赤ちゃんは寝返りをうつことさえできず，自分で歩いて移動できるようになるのは生後約1年のことであり，養育者の手厚い庇護がなければ生存できない未成熟な状態で生まれてくる。ポルトマン（Portmann, 1961/1951）はこのことを「**生理的早産**」とよんでいる。

確かに，生まれたばかりの人間の赤ちゃんは，運動機能や脳神経の発達において未成熟だが，赤ちゃんはそんなにも非力なのだろうか。じつは，乳児は大人にもわからないような，音の聞き分けや匂いの嗅ぎ分けができ，外界の情報を取り入れることに関してはたいへん優れていることがわかっている。また，大人が舌を出すと新生児もまねて舌を出すなど，大人の表情を模倣することができたり，大人の示す喜びや悲しみの表情を区別できたりするなど，生後数日でも豊かなコミュニケーション能力を備えていることが示唆されている。ほかにも，特定の刺激に特定の動作で反応する**反射**とよばれる機能も備わっている。たとえば，口のまわりを触られるとそちらに顔をむけ吸う（哺乳反射，吸いつき反射），掌に触れるものをつかむ（把握反射）などである。これらの反射は生後4～5か月で消失していき，その後徐々に意志のある自発的な行動が増えていく。

2．子どもの知的発達

　数，量，空間などに対する子どもの思考能力の質的違いに着目し，4つの**知的発達段階**を提唱したのが**ピアジェ**（Piaget, J.）である。1つめの段階は，感覚の働きと運動的活動によって世界を知っていく「感覚運動期（誕生〜2歳ごろ）」である。感覚でとらえた物に対し，運動で反応していくことのくり返しにより，知識の枠組みをつくり上げ，環境に適応していく。この知識の枠組みはシェマ［schéma］と呼ばれている。たとえば見た物を口に入れてみて，それが吸えるものか吸えないものかを知る，といった具合である。次の「前操作期（2〜7歳ごろ）」の段階になると，表象を構成し考えられるようになる。ここでいう操作とは，身体的な活動のことではなく，「感覚運動」から変化した，思考の活動，働きのことを指している。この期の特徴の1つに，自己中心性があげられる。図1−3−1の三つ山課題は，子どもに山の周囲を一周させA地点からの「みえ」を確認させたあと，さまざまな位置（B地点やC地点）に人形を置き，その人形からはどう見えているかを子どもに問うものである。前操作期の子どもは，人形からも自分と同じ世界が見えているとしか考えられず，他者の視点が取りづらいといわれている。

　「具体的操作期（7〜11歳ごろ）」に入ると具体的な事柄に対しては論理的な操作ができるようになる。図1−3−2の液量保存課題に象徴されるよう

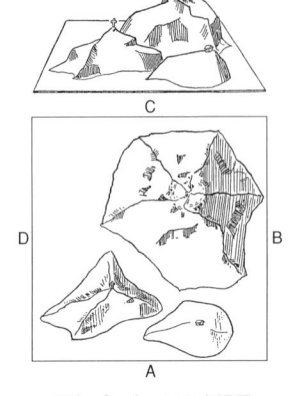

図1−3−1　三つ山課題
（Piaget & Inhelder, 1956）
3つの山は大きさや色が違い，頂上には，家，十字架，雪とそれぞれ異なるものが置かれている。

① 同じ器に同量のジュースが入っていることを確認する子ども

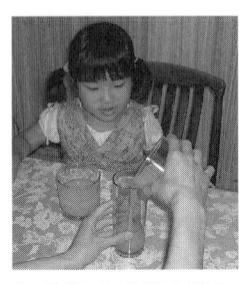

② 子どもの見ている前で，一方のジュースを細長い器へ移行

③ 「どちらのジュースが多いかな？」と尋ねられ，細長い器の方を指差す子ども

図1−3−2　液量保存課題に答える前操作期の子ども（3歳9か月）

な，保存の概念が成立するのは具体的操作期になってからで，前操作期の子どもは，見かけの高さという次元から直感的な判断をし，容器が変わっても液体の体積は不変であることが理解できない。

最終段階は，抽象的，形式的な操作を伴った思考が可能となる「形式的操作期（11歳ごろ〜）」である。「AがBより大きくて，BがCより大きいとすると，AとCではどちらが大きいでしょう？」といった問題の解決に必要な，仮説的事象をイメージし考える能力は，形式的操作期になって備わるものだという。

それぞれの段階に想定されている年齢は厳密なものではなく，2つの段階が重なる時期もあるとされている。形式的操作期にあるはずの大人も，つねに仮説・抽象的な思考ができるわけではない（第6章第4節）。ピアジェの研究に対する批判点や実験の詳しい方法などについては，推薦図書を参考にされたい。

3．子どもの社会性の発達

子どもの社会は，まず信頼できる養育者との関係から始まる。ボウルビー（Bowlby, J.）によると，生後2か月くらいまでは，子どもは見知らぬ人と特定の養育者とを区別することもないが，しだいに養育者に対する特別な好意が顕著になり，生後6か月ごろにはその人の不在を不安がるようになる。このような養育者と子どもの間の強い情緒的絆を**愛着**とよぶ。3歳ごろになると，養育者の不在にも少しの間なら耐えられるようになるが，これは子どもの心の中に，愛着対象者の確固たる存在が確立するためである。子どもはその存在を拠り所に，安心して外に向かって自分の世界を広げていけるようになる。こうして，特定の養育者との二者関係を基本とした世界から，同世代の他者などより多くの人々と交わっていくことにより，子どもの社会は広がり，社会性が培われていく。愛着関係は，子どもの言語の発達に大きな影響を及ぼすだけでなく，将来の友人関係や適応状態にまで影響を及ぼすとされてきた。しかし現在では，乳幼児期に保育所などにあずけられ，ある一定の時間養育者と離れる体験をしても悪影響はないことや，愛着対象となる養育者が必ずしも特定の1人でなくともよい例も報告されている。

自分と養育者だけの小さな世界から，具体的にどのような交わり方をして世界を広げていくのであろうか。子どもの**遊び**の形態を例に紹介したい。遊びは発達にとって重要な要素を多分に含んでおり，特に**社会性**の発達には不可欠なものである。仲間とのぶつかりあいや譲歩の経験を通じ，他者の感情を察し，自分と異なる考えの存在を認識するなどの社会的スキルを身につけていく。また集団に仲間入りすること，仲間を受け入れることを学ぶ。古典的な研究によると，遊びは次のように分類され（表1

表1-3-1 パーテンによる社会的遊びの発達的分類
(Parten, C., 1932より矢野・落合, 1991が作成)

傍観	他の子どもが遊ぶのをそばで見ている。
1人遊び	他児の近くで遊んでいても、話しかけたりして交渉することなく、お互いに別々の遊びに専念している。
並行遊び	他児のそばで同じようなおもちゃで遊んでいる。おもちゃの貸し借りや会話はするが、他児が立ち去っても無関心でいる。
連合遊び	子ども同士が同じ1つの遊びをし、おもちゃの貸し借りやその遊びに関する会話が行なわれる。
相補的組織遊びまたは共同遊び	共通の目標に向けて組織され統制された集団が作られ、1人か2人のリーダーがいる。はっきりした集団への所属感があり、異なる役割を分担し、お互いに補いあって1つの目標に向かうという分業が行なわれる。

-3-1)、集団でいても各自の遊びは独立している「並行遊び」中心の状態から、複数人での協力が必要になる「共同遊び」が優位を占めるようになるのが4,5歳ごろだといわれている。身近な自然スペースやオープンスペースの減少にみるように、子どもの遊びの環境は世代により変化している部分もあり、屋内での遊びの増加、コンピュータゲームの普及など、遊び方法の変化についても留意が必要であろう。

第3節 青年期の拡張と成人期

　児童期から**青年期**への移行は、第二次性徴に伴う、いわゆる思春期の徴候の現われが目安となっている。**発達加速現象**とよばれる性の成熟の早まりによって、青年期と称されるべき年齢が従来よりも低くなってきている。一方、青年期から成人期への移行は、就職、経済的自立などが区切りの指標とされているが、高学歴化やフリーター人口の増加などにより、全体として移行が遅れる傾向にあり、かつ個人差も大きくなってきている。その結果、青年期は前にもうしろにも広がることとなり、かつてない長さに拡張している。

　青年期には、自己に対する意識の高まりとともに、他者からの視線に対する意識も強まり、自分を客観視するようになる。子どもから大人への過渡期であるため、成熟する身体に戸惑ったり、自分はいったい何者なのかと思い悩んだり、心理的にも動揺と不安をはらんだ時期である。青年期の**発達課題**の1つに、親などの大人からの精神的な自立を意味する**心理的離乳**があげられる。しかしながら、青年期の拡張とも関連して、青年期に「離乳」にいたらず、たとえば結婚後も実家の母親に過度に頼る息子・娘のように、成人期とよばれるはずの年代になっても依存しあう親子関係も現われ

ている。

　青年期・成人期の発達を考えるにあたり近年考慮すべき点は，女性の生き方が昔に比べ，また男性に比べ，多様化していることであろう。旧来の成人期の発達課題でもある仕事，結婚，出産・子育てに対する態度や，実際のかかわりには大きな個人差が生じており，専業主婦の女性，仕事にうちこみ非婚を望む女性，職業生活と家庭生活を両立させる女性など，さまざまな生き方がある。社会の価値観も拡散しており，働く女性に対する賞賛がある一方，女性の伝統的役割を重視する考え方も根強い。この多様さが，成人期における女性の生き方の選択を困難にしているといわれている。

第4節　生涯発達心理学

1．生涯発達とは

　約4半世紀前まで，発達心理学は人が生まれてから成人するまでを研究対象とすることが多く，成人（20歳前後）がいわば人の完成形というのが前提であった。そして，いったん成人すれば大きな発達上の変化はなく，その後は衰退があるのみという考えから，成人以後の研究は乏しかった。しかし近年では，人は一生涯を通じて発達していくもので，中年期，老年期に入っても新たに獲得する部分があり，今まで思われていたほどすべての機能が，老年期に失われるわけではないと考えられている。このように誕生から死まで，人生を通じての心の変化やつながりをみようとするのが生涯発達の視点である。

2．中年期

　中年期は，人生の正午と称されるように，人生の中でも最も生産的で，安定し，実りある時期であると同時に，これまでの人生を見つめ直し，午後をどう生きていくべきか再構築する転換期であるといわれている。自分の家庭を築き，子どもも成長し，会社でも責任ある立場を担い，経済的にも若い成人期と比較し豊かになるといった側面がある一方，配偶者の選択はこれで正しかったのか，現在の仕事を自分の生涯の仕事としてよいのか，といった迷いが再燃しがちである。また，主婦として夫や子どものために生活の大部分を割いてきた女性の中には，夫との親密性が変化し子どもに手がかからなくなった今，自分は何をすべきなのか，どうなりたいのか悩む人や，子どもの結婚などを境に，**空の巣症候群**とよばれる無気力感や虚脱感にさいなまれる人もいる。

3．老年期

　ある巨匠といわれるピアニストの20代のときの演奏と，70代のときの演奏が残されている。比較するとどうであろうか。20代のそれは，確かな技術に支えられたパワーみなぎる文句のつけようのない演奏であり，70代のそれは，筋力の衰えからか20代のときのような精密さには欠けるが，余裕と説得力があり，深みある演奏であった。おそらくこの例は，老年期の発達にもあてはまり，知覚や運動にかかわる能力が低下しても，いや，低下するからこそ，高まっていく部分もあることを示唆している。たとえば，加齢に伴い知能も変化する。**流動性知能**とよばれる，初めてぶつかる課題を迅速に処理する知能（図形弁別や短期記憶能力など）は，青年期をピークに低下をたどるものの，**結晶性知能**とよばれる社会的知識や言語的理解力を司る知能は，老年期に入ってもさらに高まることが知られている。

　加齢による心理的・身体的衰えには個人差があり，同窓会に出席すると，同級生といえども老化には大きな差があるという。毛髪の量や背筋の曲がり具合，補聴器や杖の使用，もの忘れの度合いなどは同年齢でも異なるし，性差のみられる部分もある。さらに，その老いを自身がどれだけ認識しているか（老性自覚）にも違いがみられる。

　老年期の研究には，高齢者の諸機能の見直しなど，新しい高齢者像を模索するものや，高齢者と家族との関係を扱ったものなどがあるが，今後さらに研究が進んでいくことであろう。

【推薦図書】

『講座生涯発達心理学第1巻　生涯発達心理学とは何か　理論と方法』　無藤　隆・やまだようこ（編）　金子書房　1995

『実験で学ぶ発達心理学』　杉村伸一郎・坂田陽子（編）　ナカニシヤ出版　2004

『子どもの養育に心理学がいえること―発達と家族環境―』　H.R.シャファー（著）　無藤　隆・佐藤恵理子（訳）　新曜社　2001

『ベーシック現代心理学4　青年の心理学改訂版』　落合良行・伊藤裕子・齊藤誠一　有斐閣　2002

『女性のライフデザインの心理（1）　自分らしい生き方を考える』　柏木惠子・伊藤美奈子（編）　大日本図書　2001

第4章 感覚と知覚

　外界に適応した行動をとるためには，外界を理解する必要がある。外界の情報を受容しそれを把握するのが，感覚（sensation）と知覚（perception）の働きである。しかし，私たちは外界の刺激をそのままの形で認識しているわけではない。外界から一部の情報を選択的に取り込み，複雑な処理を経て得た解釈に基づいて外界を理解しているのである。

　厳密にいえば，感覚と知覚は一貫した経験であり，どこからどこまでの過程が感覚あるいは知覚となるのかを明瞭に分類するのは不可能である。だが，一般に，感覚と知覚は便宜的に区別されることが多い。たとえば，ある音の並びが「聞こえる，聞こえない」はより感覚的な反応であるのに対し，「それが音楽として聞こえるかどうか，どの楽器によって演奏されているか」はより知覚的な反応といえる。

第1節　感覚

　感覚は，視覚，聴覚，嗅覚，味覚，皮膚感覚のいわゆる「五感」とよばれる5種類，あるいはそれらに，運動感覚，平衡感覚，内臓感覚を加えた8種類に分類される。感覚のおもな働きは，受容器で刺激を受け取り，電気的な信号（インパルス）に変換し，感覚神経を経て脳に伝えることにある。

　以下では，まず感覚全般に適用できる感覚システムの基本性能について述べる。次いで，視覚と聴覚それぞれを取りあげる。

1．刺激閾と弁別閾

　非常に弱い音が物理的に存在していても，その音を聞き取れない場合がある。このように，ある限界以上の強さをもつ刺激でないと，私たちの感覚は生じない。感覚を生じさせる刺激の最小の強さを，**刺激閾**（絶対閾ともよばれる）という。一般に，刺激閾は刺激の性質や状況によって異なるし，個人によっても異なる。また刺激閾とは逆に，刺激の強さがあまりにも大きい場合は，正常な感覚が得られず，痛覚などに変化する。正常な感覚が得られる刺激の強さの上限を**刺激頂**という。

　刺激閾が刺激の存在の有無を区別する境界線であるのに対し，強さの異なる刺激を異なるものとして区別する境界線を**弁別閾**（**丁度可知差異**ともよばれる）という。た

とえば，100gと101gの重りは同じ重さに感じられるが，100gと102gの重りは異なった重さに感じられる場合，その重りの弁別閾は重さにして2gだった，と表現される。弁別閾と刺激強度の関係に関する理論としては，さまざまな感覚系において弁別閾と刺激強度の比が一定になるというウェーバーの法則と，それを基礎としたフェヒナーの法則（感覚量は刺激量の対数に比例するという法則）が知られている。

2．視覚システム

　私たちに視覚を生じさせる刺激は，波長が約380～780nmの電磁波である。その範囲内の電磁波が，人の眼の**網膜**に到達し，光の受容器である網膜の視細胞2種類を刺激することで電気的な信号を生じさせている。2種類の視細胞とは，**錐体**と**桿体**である（図1-4-1）。錐体は明所視を，桿体は暗所視を司る。なお，色を感じるのは錐体の働きによる。

　映画館で上映開始時に照明が消えたら，最初はほとんど何も見えないが，しだいにまわりのようすが見えるようになり，数十分するとまわりの人々の顔もよく見分けられるようになる（**暗順応**）。そして，映画を見終わった後，映画館から出ると，眼を開けているのがつらいくらいのまぶしさを感じることがあるが，すぐに慣れ，まわりが見えてくる（**明順応**）。これらの現象は，錐体の機能する明るさと桿体のそれとの違いに拠るものであり，それぞれの機能へと移行する過程で生じる現象である。

　図1-4-2を見てほしい。**明所視**では，約550nmの波長（黄みがかった緑）に

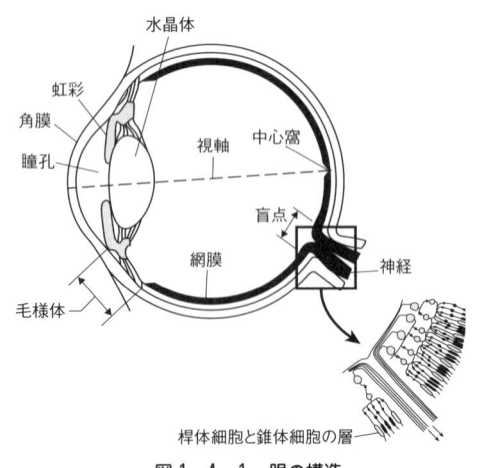

図1-4-1　眼の構造

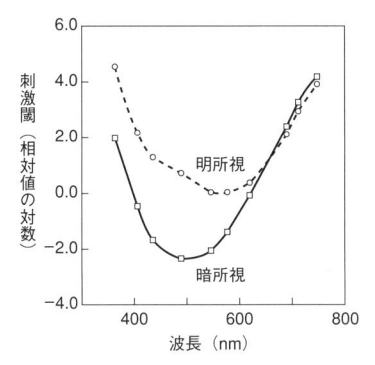

図1-4-2　明所視と暗所視（Wald, 1945）
閾値が大きい（グラフの上方）ほど感度は低い。

対して刺激閾が最も低く，それよりも長波長の側になっても短波長の側になっても刺激閾は上昇する。これに対して，**暗所視**では約510nmの波長（緑，ただし暗所視では色は見えない）で刺激閾が最も低く，それよりも長波長や短波長の側では刺激閾が高くなる。明所視と暗所視の刺激閾のこの違いは，赤色や黄色の花は昼間では明るく見えるが，夕方になると，それらよりも木の葉や芝生などの緑のほうが明るく見えるようになる，というプルキンエ現象を説明する。つまり，明所視から暗所視へゆっくりと移行することによって，長い波長の光よりも短い波長の光のほうが相対的に明るく見えるようになる，というわけである。

3．聴覚システム

　音は空気中に生じる振動，つまり圧力変化の波（**音波**）として伝わる。音波の周波数は，音の高さ（ピッチ）の知覚に関係しており，基本的には周波数が上昇するにつれて高い音として知覚される。また，音波の振幅は音の大きさ，波形は音色といった心理属性に関係している。

　私たちが音として知覚できる音波の範囲は，周波数（音の高さ）とデシベル（音の強さ）に規定されている。図1-4-3にみられるように，高い周波数よりも低い周波数のほうが閾値は高く，より強い音でないと聞こえにくい。また，耳に聞こえる音の範囲は年齢などの個人差によっても異なり，高齢になるほど高い音（高い周波数の音）が聞こえにくくなる。

第Ⅰ部　心理学

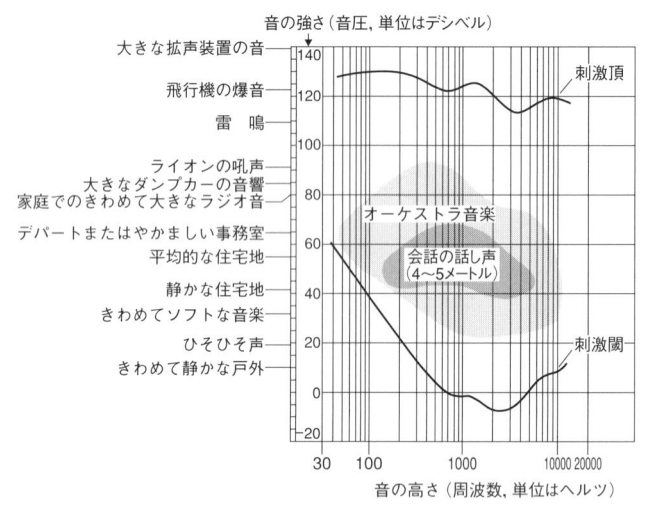

図1-4-3　音の等感度曲線（八木，1997より一部改変）
私たちは約20〜20,000ヘルツの範囲の音を聞くことができる。

第2節　知覚的な体制化

　図1-4-4を見てほしい。「これは何か」と聞かれたら，初めて見た人は黒色の部分が海で白色の部分が地面を表わす地図に見えるかもしれない。しかし，中央の部分に何らかの動物がいるとして見てみよう。そうすると，これが何であるのかがわかり，意味のあるまとまった形として見えるようになるはずである（正面を向いている牛を見ることができよう）。同様のことが，音の系列の聴取時においても行なわれて

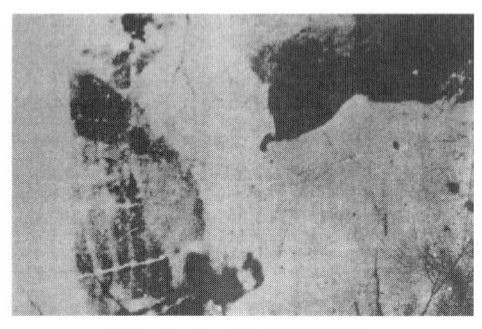

図1-4-4　これは何だろう？

いる。たとえば，ピアノの鍵盤をたたいて生じる音の系列を聴く場合，必ずしもそのすべてを音楽的な音の系列として聞こえるわけではない。ある音系列は"音楽"，ある音系列は"単なる音の羅列"として聞こえる。この違いは，音の系列に対してまとまりを与える知覚の処理が心内（脳内）でうまくなされたかどうかに基づく。これらの例のように，私たちの心は，見たり聞いたりするものを，単なる寄せ集めのバラバラなものとしてではなく，できるだけ意味のあるまとまりとしてとらえようとしている。この働きを，知覚的な体制化という。

1．群化の要因

では，どのような要因に基づいて体制化がなされるのであろうか。この疑問について，ゲシュタルト心理学者たち（第Ⅰ部第1章参照）は，群化の要因（図1-4-5）とよばれる以下のものなどをあげている。

①近接の要因：時間的・空間的に近い距離のものどうしをまとめる。英文中の単語を近接の要因でまとまったものとして見る。たとえば，「factorofproximity」では理解が困難だが，「factor of proximity」のように間に空白を置くと意味がわかる。

②類同の要因：類似したものどうしをまとめる。囲碁やオセロゲームの白駒と黒駒で自分と相手を区別するのは，この要因による。

③よい連続の要因：なめらかに連続しているものどうしをまとめる。もつれた糸やコード線をほぐすことができるのは，この要因による。

④閉合の要因：互いに閉じ合うものどうしをまとめる。数式や文中において（　）や〔　〕で囲んだ部分がまとまりを示すと思うのは，この要因による。

私たちは，要因それぞれを単独に用いてまとまりを知覚しているというよりも，いくつかの要因を組み合わせて最も簡潔で秩序あるまとまりとして知覚しようとする傾向にある。この傾向は，ゲシュタルト心理学者たちによって**プレグナンツの法則**とよ

①近接の要因

②類同の要因

③よい連続の要因

④閉合の要因

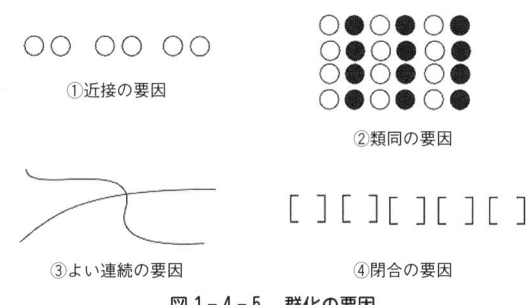

図1-4-5　群化の要因

ばれている。

2．図と地

再度，図1−4−4を見てほしい。この絵を牛の絵として見ている人は，白い部分を牛，黒い部分を背景（牛の影）として認識しているはずである。このように，対象と背景を区別する働きを**図と地の分化**といい，注意して見ている意味のある対象を「図」，背景的な部分を「地」という。一般に，部分や形が小さかったり，取り囲まれたりする領域は図として認識されやすいことが知られている。ここであげた視覚以外の他の感覚においても，図と地の分化を確認できる。たとえば，オーケストラの多様な音の流れを聞いたとき，その中からヴァイオリンによって演奏されている旋律を主旋律の図として知覚し，それ以外の楽器の音を伴奏の地として聞くかもしれない。

日常生活では，図と地の分化は自動的に行なわれており，意図的になされない限り図と地が逆転することは珍しい。だが，図1−4−6のような**反転図形**（客観的には同一の図形でありながら，知覚的な解釈が複数成立する図形）の場合は，図と地が自動的に交互に起こることもある。つまり，図1−4−6の例でいうと，中央の白い部分を図として見ていると盃が見えるが，その盃をじっと見続けると，しだいに黒い部分に2人の横顔が図として見え始めるのである。

図1−4−6　ルビンの盃
（Rubin, 1921）

第3節　奥行き知覚と知覚の恒常性

私たちの目の網膜は平面的に広がっており，そこに映し出される像は二次元的な広がりにすぎない。なのに，なぜ私たちは三次元の世界を知覚することができるのであろうか。本節では，まず，どのようにして奥行き知覚がなされるのかについて述べ，次に奥行き知覚に関連する**知覚の恒常性**について述べる。

1．奥行き知覚

私たちが車道を挟んだ向こうの歩道に渡ろうとするとき，走ってくる車と自分との距離が十分に遠いものであるかを確認したうえで車道を横切るであろう。この行為は自分と車までの距離をある程度正確に知覚していなければできないことであり，私たちは次のような手がかりを用いて自然に奥行きを知覚している。

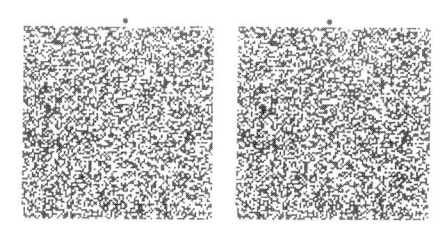

図1−4−7　ランダム・ドット・ステレオグラム (Julesz, 1971)
左右のパターンの上にある黒丸を融合したあと，下の図を見ると正方形のパターンが浮かび上がってくる。

①調節：対象に眼の焦点をあわせるときに，眼のレンズである水晶体のふくらみを変化させる筋肉感覚の違い。
②輻輳：両眼を対象にあわせるときに，両眼と対象を結ぶ視線の角度（輻輳角）は距離によって異なるが，そのときの眼球を内側に向けて回転させる筋肉感覚の違い。
③両眼視差：右眼と左眼が離れているために生じる左右の網膜上の像のズレ。このズレを脳内において融合することで奥行きを感じる。**両眼視差**は有力な手がかりであり，これのみを手がかりとして奥行きを知覚できることは，図1−4−7のようなランダム・ドット・ステレオグラムからわかる。
④運動視差：静止している観察者が移動する対象を見た場合，観察者から近いほど対象は速く，遠いほど対象はゆっくりと動いて見える。また，移動する観察者が静止している対象を見た場合，たとえば動いている電車の窓から外の木に眼を向けた場合，注視している木よりも手前にある対象は電車と反対方向にすばやく動き，木よりも遠方にある対象は電車と同じ方向にゆっくり動いて見える。以上のような相対的な運動速度の違いを手がかりとして，観察者は対象までの相対的な距離を理解する。
⑤絵画的手がかりなど：きめの勾配（石や草花などの網膜像の大きさと密度は遠くになるほど小さく密になって見えること），重なり合い（近いものは遠いものを覆う），線遠近法（たとえば線路が地平線で収束して見えること）などは，画家が二次元のキャンバスに三次元の絵を描くために用いてきた手がかりである。

2．知覚の恒常性

　5m先にいるネコが10m先に移動した場合，私たちの網膜上に投影されたネコの大きさは1/2に変化するが，私たちはそのネコの大きさが半分になったとは思わない。このように，私たちは，自身の網膜上に投影された対象の像が変化しても，その

対象を比較的不変でかつ安定した属性をもつものとしてとらえる傾向にある。これを，知覚の恒常性という。

知覚の恒常性の中で最も詳細に研究されているのは，大きさの恒常性であろう。上記のネコの例は，対象の大きさの知覚が，網膜像の大きさ以外の要因からも影響を受けていることを示している。その要因の代表的なものは対象までの距離の情報であり，私たちは網膜上の像の大きさが変化しても，対象までの距離に依存して，網膜に投影された大きさを実際の大きさに自動的に変換していると考えられている。また近年では，対象までの距離以外にも，対象が一般的にどのくらいの大きさなのかといった記憶の要因も付加的な手がかりとなっていることを示唆する実験結果が報告されている。

知覚の恒常性としては，大きさの恒常性以外にも，見る位置や角度によって網膜に投影された像が異なっても対象の形が不変に見えるという**形の恒常性**や，太陽の光の下で黒い石炭を見るとそれがどれほど照らされて明るく光っていても黒く見えるという明るさの恒常性などがある。

第4節 錯覚

私たちは，外界の刺激を写真のように知覚しているわけでなく，網膜に写った刺激を解釈し，その結果として刺激を知覚している。

上述した知覚の恒常性は，感覚器に入ってくる情報が異なっていても対象を同じものと見る知覚特性である。それとは逆に，錯覚は感覚器に入ってくる情報が同じであっても対象を異なるものと認識する知覚特性である。錯覚は視覚，聴覚，触覚などのいずれの感覚でも生じる。視覚の錯覚（錯視）の内，特殊な幾何学図形によって生じるものを幾何学的錯視という。幾何学的錯視の代表的な例を，図1－4－8に示す。

私たちの日常生活の中でみられる錯視の例の1つが，**月の錯視**である。月の大きさは不変であるため，月が天頂近くにあっても地平線付近にあっても網膜上に投影される像の大きさはほとんど同じである。にもかかわらず，地平線付近の月は天頂付近の月よりも大きく見えることがある。月の錯視を説明する1つの説として，天頂までの見えの距離よりも地平線までの見えの距離のほうが大きいと判断された結果大きさの恒常性が崩れたため，というものがある（詳しくは，松田，2000を参照）。

(a) ミュラー・リヤーの錯視　　(b) エビングハウスの錯視　　(c) ポッケンドルフの錯視

(d) ヘーリングの錯視　　(e) ツェルナーの錯視

図 1 - 4 - 8　幾何学的錯視

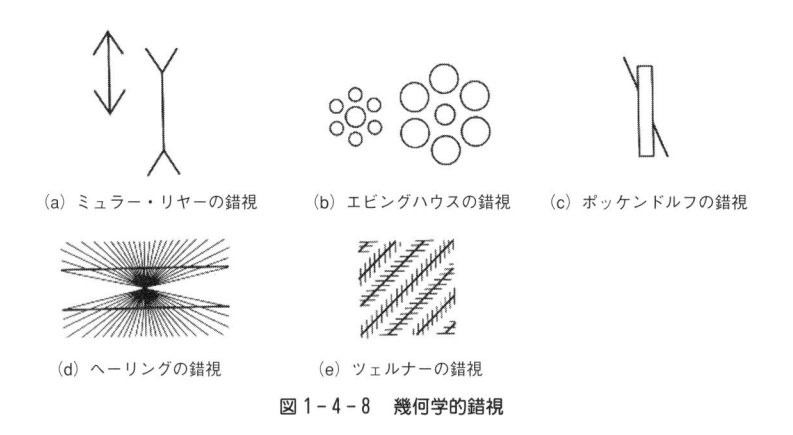

第 5 節　運動の知覚

　私たちは対象が実際には動いていない（網膜上では何も動いていない）にもかかわらず，その対象を動いたものとして知覚する場合がある。これは，広い意味で仮現運動とよばれている。たとえば，ある点 A が光り，それが消え，少し離れた別の場所で点 B が光ると，点 A と点 B の時間間隔や距離間隔が適切である場合，2 つの異なる光りとしてではなく，点 A から点 B への光の運動として知覚するであろう（たとえば踏切の赤信号が交互に変わる状況をイメージするとわかりやすいかもしれない）。この現象は，仮現運動の最も典型的な例である。またほかにも，流れる雲に月が囲まれると雲が止って月が動いて見えること（**誘導運動**）や，暗闇の中に存在する光を見つめていると実際に光が動いていなくとも光が動いているように見えること（**自動運動**）なども，広義な意味での仮現運動に含まれる。

【推薦図書】
『情報処理心理学入門 1 ―感覚と知覚―』　P. H. リンゼイ・D. A. ノーマン（著）　中溝幸夫
　・箱田裕司・近藤倫明（共訳）　サイエンス社　1983
『知覚心理学の基礎』　松田隆夫　培風館　2000

第5章 学習

　一般に学習というと，学校における教科学習を想像するが，心理学では，学習はたいへん広い概念で，最も広義には，経験によって生ずる行動の変容として定義される。教科学習において人間がどのように知識を獲得するかは，むしろ現在では記憶研究で議論される（第Ⅰ部第6章参照）。この章では，行動主義が提唱した学習原理と，社会的学習理論を概観する。行動主義では，直接観察可能な刺激と反応の連合を学習の単位とし，条件づけという手法によってその連合を確立させることが学習の原理と考えられた。これには，レスポンデント条件づけと，オペラント条件づけがある。また，第2節では，他者の行動を観察することによって学習がなされるモデリングについて説明する。

第1節　学習とは何か

　前述の通り，学習とは「経験によって生ずる行動の変容」と定義される。
　「行動の変容」には，遺伝的に定められた行動の変容（たとえば赤ちゃんがある年齢になると歩けるようになる，といった例）と，経験による行動の変容とがあるが，前者を成熟，後者を学習と呼び，区別している。条件づけとは，学習を生じさせるための手続きのことである。
　第1章で述べたように，19世紀に心理学では実験的手法を導入するようになった。しかし，このときヴント（Wundt, W.）が提唱した方法は内観法すなわち自己観察であり，観察対象は主観的なものであった。この流れへの批判の1つが，20世紀のワトソン（Watson, J. B.）らが提唱した行動主義であった。行動主義では，心理学の実験対象は客観的に観察可能な行動でなければならないとされ，本章で扱う行動についても同様の定義である。
　後述するスキナー（Skinner, B. F.）は，行動を以下の2種類に分類した。1つは，刺激によって引き起こされる反応であるレスポンデント行動であり，もう1つは自発的な行動であるオペラント行動である。レスポンデント行動を学習させる手続きをレスポンデント条件づけといい，オペラント行動を学習させる手続きをオペラント条件づけという。
　第2節と第3節では，これら2種類の条件づけの手続きとその特徴について説明す

る。

第2節　レスポンデント条件づけ

1．パブロフの実験

パブロフ（Pavlov, I. P.）による**条件反射**の実験をもとに，レスポンデント条件づけの手続きを説明する。

イヌは餌を与えられると無条件に唾液を分泌する。餌を無条件刺激（unconditioned stimulus：US），唾液の分泌を無条件反応（unconditioned response：UR）とよぶが，このUSとURの関係は生得的に定められたものである。ここで，イヌに対して，餌（US）とメトロノームの音（条件刺激，conditioned stimulus：CS）をいっしょに提示する（対提示する）ことを続ける。この場合でも当然イヌは唾液を分泌する。すると，やがてメトロノームの音（CS）だけを提示された場合にも，唾液を分泌する（条件反応，conditioned response：CR）ようになる。これを条件反射という。

このように，あらかじめ生得的に定められた刺激（US）と反応（UR）の関係を用いて，別の刺激（CS）に反応（CR）を生じさせることを，レスポンデント条件づけという。

2．強化・消去・自発的回復・般化・分化

レスポンデント条件づけの手続きの中で，USとCSを対提示することを**強化**という。また，条件反射の成立後，CSのみを単独で提示することを続けると，しだいに条件反射は消失する。これを消去という。しかし，その後しばらくして再度CSのみを提示すると一時的にCRが現われる場合もある。これを**自発的回復**という。

条件反射が成立すると，CSとして用いられた刺激だけでなく，CSに類似した刺激（たとえば類似したメトロノームの音）に対しても同じように反応が生じる。これを**般化**という。CSとの類似度が高いほどより反射量は多い。

また，類似した刺激について，片方の刺激にだけUSを対提示し，もう片方につい

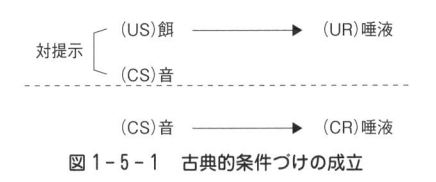

対提示 ⎰ （US）餌 ──→ （UR）唾液
　　　 ⎱ （CS）音

（CS）音 ──→ （CR）唾液

図1-5-1　古典的条件づけの成立

ては対提示しないことをくり返すと，USを対提示した刺激にのみCRが生じ，対提示しなかった刺激にはCRが生じなくなる。これを**分化**という。

当初，レスポンデント条件づけにおいてはUSとCSの対提示は時間的に接近している必要があること（接近の法則），どのような刺激であってもUSと対提示すればCSとなりうること（刺激等価性の法則）が主張されていた。しかし近年の研究によって，これらの法則は必ずしも妥当ではないことが明らかになっている。

以下に2つの研究例を挙げる。

1つは，随伴性の考え方である。随伴性とは，USとCSがどのくらい関係して提示されるかを表わすものである。「US（餌）なしにCS（音）が与えられる」場合と「US（餌）と一緒にCS（音）が与えられる」場合があり，前者より後者が多いほどCSとUSは関係がある，すなわち随伴性が高いといえる。レスコーラ（Rescorla, 1966）が行なった研究では，USとCSの時間的接近よりも，このUSとCSの随伴性の高さが条件づけの成立に重要であることが示されている。

もう1つは，味覚嫌悪条件づけについての研究である。

ネズミに対して，気分の悪くなる薬（US）に先行して甘い飲み物（CS）を対提示する。気分の悪くなる薬（US）には嫌悪反応（UR）が起こることがあらかじめ確認されている。すると，従来はネズミが好んで摂取していた甘い飲み物（CS）に対して，嫌悪反応（CR）を示すようになる。これは，ガルシアによって行なわれた味覚嫌悪条件づけに関する実験の例である（Garcia & Coelling, 1966）。

ここで重要なことは，USとして「電気ショック」を与えた場合はUSとCSの対提示の間隔が接近していても嫌悪条件づけが成立しないことである。すなわち，レスポンデント条件づけにおいてCSとUSの提示間隔が接近していることは必要十分条件ではないこと，さらにCSとUSはどのような組み合わせでもよいのではなく，選択的に組み合わされる必要があることが明らかになったのである。

第3節 オペラント条件づけ

1．スキナーの実験

オペラント条件づけの実験では，スキナー（Skinner, B. F.）の開発したスキナー箱とよばれる実験装置が用いられることが多い。箱の中にはレバーと給餌装置があり，レバーが押されると給餌装置から餌が出てくるしくみになっている。この箱の中に飢餓状態のネズミを入れると，試行錯誤の末にレバーにふれ，餌を得ることができる。このようなことをくり返すと，ネズミは自発的にレバーを押すことを学習する。ここ

で餌のことを強化子といい，**強化子**を与えることによって自発的にレバーを押す反応を強めることを**強化**という。

このように，自発的な反応行動の結果として強化子という報酬が与えられることで行動を促進する手続きを，オペラント条件づけという。

2．シェーピング

スキナー箱に入ったネズミは，初めからレバーを押す行動ができるわけではない。このような実験を行なうには，ネズミがレバーを押すように仕向ける必要がある。この手続きを**シェーピング**という。

まずは，ネズミが少しでもレバーのほうを向けば餌を与える。これによって，レバーのほうを向く行動を条件づける。これが成立すると，次にレバーの近くへ寄る行動が現われれば餌を与えて条件づける。こうして，最終的に目標とする行動が生じるまで段階的に条件づけを行なう。

ペットのイヌにお手を教えたり，イルカショーのイルカにジャンプをさせたりするのも，基本的にはこのシェーピングを用いたものであり，段階的に行動を学習させることで複雑な行動を習得させることができるのである。

3．消去・般化・弁別

反応に対して報酬となる強化子を提示しないことを続けると，しだいに自発的な反応頻度が低下し，強化を始める前の水準に戻る。これを**消去**という。

レスポンデント条件づけの場合と同じく，オペラント条件づけにおいても，互いに類似した刺激に対して反応が起きる。これを**般化**という。また，ある条件下では強化子を与え，別の条件下では強化子を与えないようにすると，強化子を与えた条件では反応が起こり，強化子を与えなかった条件では反応が起こらない。このように，状況を区別することを**弁別**という。

4．強化スケジュール

反応（自発的なレバー押し行動）に対してどのようなスケジュールで強化子（餌）を与えるかを定めたものを**強化スケジュール**という。強化スケジュールには2種類あり，反応に対して必ず強化子を与える方法を**連続強化**といい，これに対して反応の一部にのみ強化子を与える方法を**間欠強化**という。強化スケジュールの違いによって，反応のようすが変化することが知られている。

間欠強化は強化の回数あるいは時間によって以下の4つに分類される。「3回の反

応に対して1回の強化」など，定められた回数の割合で強化子が与えられる場合を「比率スケジュール（FR）」という。きっかり3回に1回と定められている場合は「定比率スケジュール（VR）」であり，平均して3回に1回である場合は「変動比率スケジュール」である。一方，「3分に1回」など定められた時間ごとに強化子が与えられる場合を「間隔スケジュール」という。この場合も，きっかり3分ごとに強化子が与えられる場合を「定間隔スケジュール（FI）」といい，平均して3分に1回与えられる場合を「変動間隔スケジュール（VI）」という。FRやVRでは，反応が顕著であるが，FIでは反応回数に応じて強化子が与えられるわけではないため，強化子が与えられた直後の反応は低下する。

　子どもが「お手伝いをした」（反応）ときに「親にほめられる」（強化）ような関係もオペラント条件づけであるが，このような私たちの日常生活においてみられるオペラント条件づけは，間欠強化である場合が多い。一般に，間欠強化は連続強化よりも反応が消去されにくいといわれている。このような，消去の起こりにくさの程度のことを消去抵抗という。

第4節　社会的学習理論

　バンデューラ（Bandura, 1965）は**社会的学習理論**（social learning theory）を提唱し，人は，「他者の行動を観察すること（**モデリング**）によって学習する」ことを示した。

　図1-5-2に示すように，従来の行動主義心理学，とくにオペラント条件づけの考え方からは，学習は「個人の実際の経験（行動）」と「刺激に対する反応（報酬など）」の強化を受けることが必要条件だとされていた。つまり，行動主義では望ましい行動をしたときに「報酬（正の強化子）」が与えられると生起頻度が増え，望ましくない行動をしたときに「罰（負の強化子）」が与えられると生起頻度が減るなど，学習者は実際に経験して行動してみないと学習できないと考えられていた。これに対し，社会的学習理論では，「直接的な経験（行動）や強化子（報酬と罰）がなくても」学習が成立することを実験にて示し，理論化したものである。

　このように，学習者自身は経験（行動）せずとも，他者の行動を観察することによって成立する学習を**観察学習**（または**代理学習**）という。観察学習においては，学習者は直接的に強化（報酬）を受けることはない。しかし他者が強化されるのを観察することによって，間接的に強化を受けると考えられる。この強化を**代理性強化**という。たとえば，子どもが兄姉の行動と親の反応（報酬や罰）を見て適切な行動を学習

第5章　学習

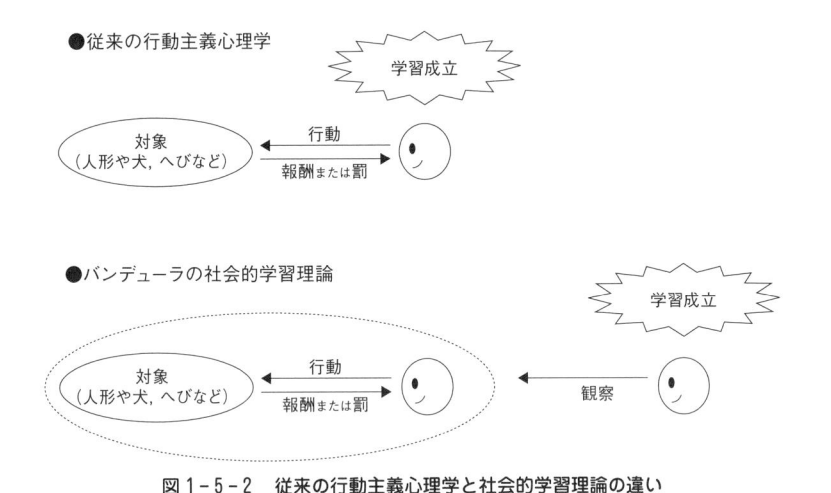

●従来の行動主義心理学

対象（人形や犬，へびなど） ← 行動／報酬または罰 → 😊　学習成立

●バンデューラの社会的学習理論

（対象（人形や犬，へびなど） ← 行動／報酬または罰 → 😊）← 観察 ── 😊　学習成立

図1-5-2　従来の行動主義心理学と社会的学習理論の違い

したり，部活動や仕事などで先輩や熟練者の行動を見て技術の習得をする場合などがそうである。

　この社会的学習理論の基となった実験は，バンデューラ（Bandura, 1965）の，攻撃行動の観察学習に関する実験であった。この実験では，子どもたちが2つのグループに分けられた。1つめのグループの子どもたちは，他者（モデル）が攻撃的な行動をし報酬を与えられる場面を見て，2つめのグループの子どもたちは，攻撃行動をしたモデルが罰を与えられる場面を見た。その結果，報酬を与えられる場面を見たグループの子どもたちは，罰を与えられる場面を見た子どもたちよりも攻撃行動が多かったという結果になった。また別の実験では，モデルが明らかな報酬を与えられていなくても，子どもたちはモデルの行動を自発的に模倣することが示されている。

　このように観察学習とは，他者の行動の内容と結果を観察して模倣することによって，適応的な行動パターンを習得し，不適応な行動パターンを消去する学習過程のことを意味する。その最大の意義は，人の生死にかかわるような危険な行動を一回一回試さなくてよいこと，また通常であれば長い時間のかかる行為の学習（習得）を他人の行動の結果を見て短時間で学習できることである。

　観察学習には，最低，観察者とモデルの2人が必要だが，観察するモデルの行動は，現実に目の前で起こる直接的なものであっても，テレビやビデオなどの映像媒体を介した間接的なものであっても生ずることがわかっている。そのため，攻撃行動が格好のよいものだという内容の映画やテレビ番組を頻繁に視聴することによって，視聴者の行動に悪影響を及ぼすことが懸念されている。

さらに，その後さまざまな研究によって，社会的学習は，性役割行動，自己コントロール，道徳判断の形成，愛他行動，問題行動の治療，教育場面への応用などさまざまな社会的行動の形成においてもかかわることが示されている。たとえば，モデルとなる者が問題行動（たとえば喫煙，暴力行動，反道徳的な行動など）を起こすと罰（事件や事故，対人関係の崩壊など）が起こり，やめた場合に報酬（人からほめられる，健康になる，人間関係や仕事がうまくいくなど）が起こるというような映像や現実の場面に接触することにより，適応的な行動パターンが習慣化しやすくなる，などである。

【推薦図書】

『メイザーの学習と行動』　J.E.メイザー（著）　磯　博行・坂上貴之・川合伸幸（訳）　二瓶社　1999

第6章 記憶と思考

　感覚・知覚によって入力されてきた情報は，私たちが環境に適応するために使用される。そのためには，情報を効率的に貯蔵し，この使用の方法についての戦略が必要になる。心理学では，前者の過程を**記憶**とよび，後者の過程を**思考**とよぶ。現在，これらは，情報処理アプローチを採用している認知心理学の領域（第Ⅰ部第1章参照）において重点的に研究されている。

第1節　記憶のしくみ

　心理学では，記憶を3つの過程に分けて考えている。ものごとを覚える過程を**記銘**，覚えた情報をもっておく過程を**保持**，覚えた情報を思い出す過程を**想起**とよぶ。認知心理学では情報処理の考え方に基づいて説明するために，この3過程を，**符号化**，**貯蔵**，**検索**とよぶ。そして，この3過程のいずれかで忘れてしまうことを**忘却**とよぶ。

第2節　記憶の二重貯蔵モデル

　アトキンソン（Atkinson, R.C.）とシフリン（Shiffrin, R. M.）は，記憶の貯蔵モデルを提唱した（図1-6-1）。彼らは，記憶を，**感覚記憶**，**短期記憶**，**長期記憶**の3段階に分けて，貯蔵と検索のシステムをモデル化した。

1．感覚記憶

　私たちが知覚した情報は，目や耳といった感覚器官を通して認識され，感覚記憶に貯蔵される。感覚記憶の容量は大きい。感覚記憶に情報が貯蔵される時間は，感覚器

感 覚 記 憶　→　短 期 記 憶　⇅　長 期 記 憶

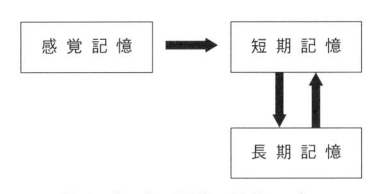

図1-6-1　記憶の貯蔵モデル

官によって異なる。たとえば，視覚刺激の感覚記憶は**アイコニック・メモリー**とよばれ，その持続時間は，およそ500ミリ秒以下であるといわれている（Sperling, 1960）。感覚記憶の持続時間を短いと感じるかもしれないが，すぐに消えてしまうからこそ，私たちは知覚するさまざまな情報を処理することができるのである。

2．短期記憶

　感覚記憶に入った情報のうち，注意が向けられた情報が短期記憶に入る。一度に短期記憶に保持される情報の容量には制限があり，7 ± 2 項目であるといわれている。この数字は，「マジカルナンバー 7 ± 2」とよばれている。私たちは数字であれば5〜9桁，文字であれば5〜9文字を覚えることができる。IBMNECNTTSONY という文字を覚えるときに，バラバラの文字で覚えることはむずかしいが，「IBM」，「NEC」，「NTT」，「SONY」と意味のある単位に分けて覚えると，4つの単語になり，容易に覚えることができる。つまり，7 ± 2 項目の「項目」は，単に数字1個や文字1つを意味するのではなく，1つの意味のまとまりを指す。このような単位を**チャンク**とよぶ。

　感覚記憶に入った情報は，15〜30秒間貯蔵される。さらに，覚えたい項目を頭の中でくり返すと，さらに長い時間，その項目を覚えておくことができる。このように情報を覚えておく処理を**リハーサル**といい，**維持リハーサル**と**精緻化リハーサル**の2種類がある。前者は，項目を頭の中でくり返すリハーサルであり，短期の保存に向いている。後者は，意味づけをするなど処理を深くするリハーサルであり，長期の保存に向いている。例としては，「794年平安京遷都」の年号を「鳴くよウグイス平安京」と語呂あわせすることがあげられる。

　ところで，暗算を行なうためには，数字を覚えながら計算をする必要がある。このような状況を説明するために，短期記憶の概念に情報処理機能を付け加えたのがバドリー（Baddeley, 1986）の**作動記憶**（working memory）という概念である。彼は，作動記憶として3つのシステムを考案した。第1の**音韻ループ**は，貯蔵モデルの短期記憶の働きと似ており，音声的な言語情報の一時保持を行なう。第2の**視空間スケッチパッド**は，視空間的な情報の一時保持を行なう。第3の**中央実行系**は，視空間スケッチパッドと音韻ループの働きを管理し，作動記憶での情報処理を統制する。この概念によって，文章を読むときの代名詞の指示語の理解や複雑な計算といった，情報の処理と保持が平行進行する過程を説明できるようになった。

3．長期記憶

　短期記憶に入った情報のうち，より長期の保存が必要な情報が符号化処理を経て長期記憶に入る。特に，短期記憶に入った情報を意味づけたりする精緻化リハーサルを行なった情報が，長期記憶に入りやすい。長期記憶には容量や保持時間の制限はないといわれている。また，長期記憶は保存される情報の種類によって，**宣言的記憶**と**手続き的記憶**の2種類に分類される。宣言的記憶は言語によって記述できる事実に関する記憶を指す。手続き的記憶は，泳ぎ方といったような動作にかかわる記憶で，言語的に記述できるとは限らない記憶を指す。タルヴィング（Tulving, 1972）は，宣言的記憶をさらに，**エピソード記憶**と**意味記憶**に分類した。エピソード記憶とは，「昨日，友人とお昼に食堂でカレーライスを食べた」といったように，個人が過去において経験した事柄に対する記憶である。意味記憶とは，「ニワトリは鳥である」というように，誰もが共通にもっている抽象的で超時間的な世界に関する知識の記憶である。

　意味記憶に貯蔵される一般的知識の構造を表わすモデルに，**ネットワークモデル**がある（Collins & Quillian, 1969）。このモデルでは，各概念が1つのノードで表わされ，概念間を結ぶ矢印は，両者の関係の種類と方向性を示している（図1-6-2）。それぞれの概念ノードはカテゴリーの包含関係に基づいて階層的に体制化され，ネットワークを形成している。下位の階層のものは上位の階層のものももっていると仮定していることから，できるだけ少ない認知的負担でできるだけ多い情報処理的な成果をあげることができる。このことを**認知的経済性**という。たとえば，鮭は魚であることがわかれば，ヒレがある，泳げる，エラがある，ということが自明のこととなる（ネットワークモデルについては，第Ⅰ部第7章第6節参照）。

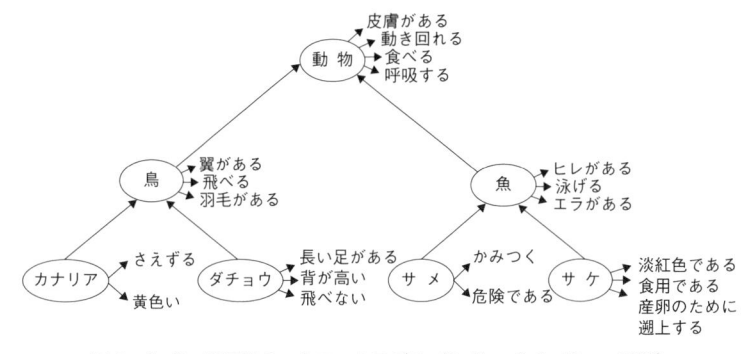

図1-6-2　階層的ネットワークモデル（Collins & Quillian, 1969）

一般的知識の構造が階層的であることは，反応時間を測定する実験で実証されている。

　a．カナリアは皮膚をもっていますか？（動物の概念）
　b．カナリアは空を飛びますか？（鳥の概念）
　c．カナリアは黄色いですか？（カナリアの概念）

これらの問いへの真偽判断にかかる反応時間は，c＜b＜aとなったことから，概念の階層があがればあがるほど反応時間が長くなることが示された。この結果から，一般的知識の構造が階層的であることが実証された。

第3節　問題解決と意思決定

1．問題解決

　部屋を暖めるにはどうすればいいだろうか。あるいは，上司との人間関係を円滑にするにはどうすればいいだろうか。思考とは，このように，私たちが物理的環境や社会的環境に適応するために，言い換えれば，**問題解決**をするために用いられる。

　行動主義（第Ⅰ部第1章参照）の影響で，心理学はあくまで客観的であらねばならないという教条が強すぎた20世紀前半は，思考は主観的な事象として，あまり研究の対象とはならなかった。この時代は，思考は行動主義者からは試行錯誤（trial and error）とみなされ，ゲシュタルト心理学からは洞察（insight）とみなされていた。

　しかし，ヒトと同じような思考を行なうコンピュータプログラムを作成することを試みた人工知能研究が引き金となり，1970年以降，この領域は爆発的に発展している。ニューウェルとサイモン（Newell & Simon, 1972）は，思考を問題解決とみなし，問題が発生した初期状態から，問題が解決された目標状態までの，変換過程ととらえた。この変換のことをオペレータとよび，解決のための手段に相当する。たとえば，初期状態が「貧乏」で，目標状態が「金もち」なら，「給料が高い会社に就職する」はオペレータの1つになる。

　しかし，初期の研究で扱われたのは，このような「金もちになる」のような漠然とした問題ではない。そもそも「金もち」とはどのような状態なのか明確ではないし，目標到達にあまりにも膨大なオペレータが考えられるからである。このような問題を，**不良定義**（ill-defined）**問題**とよぶ。一方，パズルや定理の証明など，初期状態，目標状態，オペレータが明確に定義されたものを**良定義**（well-defined）**問題**とよぶ。

　問題解決過程は，図1－6－3に示されるように，初期状態を頂点とした樹形図で

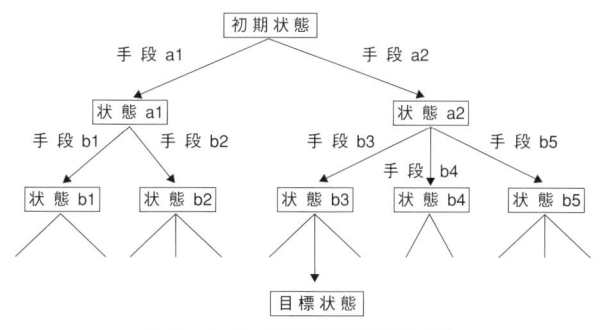

```
                    初期状態
              手段 a1    手段 a2
           状態 a1        状態 a2
       手段 b1 手段 b2  手段 b3      手段 b5
                           手段 b4
       状態 b1 状態 b2 状態 b3 状態 b4 状態 b5
                        目標状態
```

図 1-6-3　問題解決の樹形図の例

表現することができる。これを問題空間とよぶ。この図では，まず a 2 という手段をとり，次いで b 3 を実行すれば目標に到達できることが示されている。しかし，現実には，このように簡単に解決できる問題は少ない。いわんや，不良定義問題は正確には樹状図で表現できるわけではない。問題解決研究における最も重要な問題は，記憶容量に限界があるヒトが，どのようにして複雑な問題空間において目標に到達できるのかである。

　問題空間において，ある手順に従えば必ずその問題が解決されるような手続きが存在するとすれば，それを**アルゴリズム**（algorithm）とよぶ。しかし，実際，ちょっと複雑問題を解決しようとすれば，アルゴリズムは膨大な手続きになり，またそもそも不良定義問題にはアルゴリズムは存在しない。したがって，ヒトは，通常，**ヒューリスティック**（heuristic）とよばれる方法で問題解決を行なっていると考えられている。これは，必ずしも成功するとは限らないが，類似の過去経験の中から簡単に成功した方法を思い出して行なう，時間や労力が少なくてすむ手続きである。ヒューリスティックについては，次項（意思決定）や，第 4 節（推論）において具体例を示す。

2．意思決定

　意思決定研究は，問題解決の過程のうち，複数の可能性から 1 つの選択肢を選択する過程に焦点を絞っている。意思決定の判断基準として，**効用**（utility）という概念が考えられている。これは，ある選択肢を選択した結果の望ましさを表現する尺度である。たとえば，昼食の選択において，うどんが好物の人にとっては，うどん選択の効用は，ラーメン選択の効用よりも高いだろう。しかし，もし，うどんがラーメンの 3 倍の価格の場合には，その価格差も効用に考慮されることになる。言い換えれば，効用とは，予想される結果の，利得から損失を差し引いたものである。

意思決定は，その状況によって次のように分類することができる。第1は確実な状況下での決定で，複数の選択肢において，それぞれどのような結果がもたらされるか，選択者にとって明確な場合である。第2はリスク下の決定で，各選択肢の結果が，確率的な場合である。リスクとは，ある確率で，害を及ぼす現象や活動で，たとえば，成功すれば命は助かるが，失敗する可能性もあるという手術を受けるような状況がこれに相当する。第3は不確定な状況下での決定で，選択肢の結果自体の利得が不明な場合である。たとえば，うどんを注文したいのだが，そのうどんがおいしいのかまずいのかが不明といった状況がこれに相当する。

　意思決定では，ある選択から考えられる複数の結果について，それぞれの結果の主観的生起確率とその期待効用の積の総和である**主観的期待効用**（subjective expected utility：SEU）が規範とされる。手術を受ける場合は，手術の成功の可能性（確率）と，手術後の健康の改善という効用に基づいて，受けるかどうかが決められるだろう。しかし，実際には，主観的期待効用に反するとされる現象が数多く報告され，ヒューリスティックの使用によるものと推定されている。

第4節　推論

1. 演繹的推論と帰納的推論

　推論とは，あるいくつかの前提からもっともらしい帰結を導くことで，大別して演繹的推論と帰納的推論とがある。演繹的推論では，帰結命題は前提から論理的必然性をもって導かれなければならない。すなわち，前提が真ならば帰結は必ず真になる。たとえば，「人はすべて死ぬ。ソクラテスは人である」から，「ソクラテスは死ぬ」を導く三段論法がその代表例である。一方，帰納的推論では，いくつかの事例観察から蓋然的な一般法則が導かれ，「カラス a は黒い，カラス b は黒い，カラス c は黒い」から「カラスは黒い」を導くものが代表例である。帰納的推論では，カラス d やカラス e を観察していないにもかかわらず，帰結においてカラス全体についての性質に言及しているので，観察していない不確実な情報を追加しているともいえる。

　演繹的推論の課題には，前提に条件命題を含む条件的推論と，含まない定言的推論がある。いずれも，ヒトの思考は合理的かどうかという哲学的な問題を検討する際に用いられてきた。一方，帰納的推論は，それ自体が研究されているというよりは，仮説や概念の形成，あるいは類推の基本的な原理として研究対象になっている。

2．確率的推論

　確率とは，何らかの出来事の結果，ある事象が生起する蓋然性を示す測度である。確率的推論においてはさまざまなヒューリスティックが用いられて，誤答の原因になっていると考えられている。たとえば，学生時代に女性差別反対運動にかかわってきたリンダという女性が，卒業後10年経って，「銀行員である」確率と「銀行員でかつフェミニスト運動家である」確率とではどちらが高いかを質問されると，多くの人々は後者を選択する。しかし，後者は「PかつQ」という連言事象なので，確率論的にはP（銀行員である）以下のはずである。これを連言誤謬とよぶ。

　トヴァスキーとカーネマン（Tversky & Kahneman, 1983）は，この誤答現象を代表性ヒューリスティックによるものとして説明した。すなわち，人々は，リンダについての文章から彼女を代表するようなイメージを描き，そのイメージに最も一致する選択肢の確率が高いと判断するわけである。

3．ウェイソン選択課題

　ウェイソン選択課題（Wason selection task）は，推論領域において最も扱われている課題で，図1－6－4にその例が示される。この例で用いられている「もしEならば,2である」という条件文のルールは，Eでかつ2ではないカードの存在によって偽とされる。したがって，正答は，Eと5である（もし5の反対側がEだったら偽になる）。ところが，多くの人々はEと2を選択してしまう。なお，2の反対側は何であってもルールが偽となるわけではないので，反対側を見る必要がない。

　この課題を，たとえば条件文を「もし飲酒するならば,20歳以上でなければならない」として，ルールが守られているかどうかを調べるには，「ビール」「ジュース」「25歳」「15歳」のうち誰をチェックする必要があるかという形式にしてみよう。この

表にアルファベット，裏に数字が印刷されたカードが何枚かある。ここに4枚のカード，

E　B　2　5

が並べられている。さて，これらのカードにおいて，「もし表がEならば，裏は2である」というルールが守られているかどうかを知るためには，どのカードの反対側（EやBなら反対側の数字，2や5なら反対側のアルファベット）を調べる必要があるか？

図1-6-4　ウェイソン選択課題の代表例

形式では，正答（ビールと15歳）率が大きく上昇することが知られており，主題化効果とよばれている。これを説明する理論は，思考で用いられる知識が領域固有的か否かという議論にかかわっている。領域固有性とは，思考が，内容とは独立した形式的操作によって行なわれるのではなく，領域に依存しているということを示す用語である。ウェイソン選択課題のこの2つの例のように，論理的に同型の課題が，ある状況においてのみ正答率が向上する場合，ヒトは，その状況における課題解決での領域固有性をもつと推定される。この場合では，飲酒とその法律という領域固有の知識が働いたと解釈される。

　ウェイソン選択課題においては，「許可」や「義務」レベルの実用的な知識が用いられているという理論や，利益を受け取るには対価が必要という社会契約レベルの知識が用いられているという理論が，現時点で有力である。後者は，社会契約は，社会的哺乳類である類人猿の時代から利他行動を進化させるのに必要だったという進化心理学の理論と結びついている。利他行動とは，他者の利益のために，報酬を期待することなく自発的になされる行動を指す。しかし，それは必ず自らの利益に関係するものであり，適応論上は，純粋な利他行動は存在しないといわれている。

【推薦図書】

『記憶力を強くする』　池谷裕二　講談社ブルーバックス　2001
『認知心理学4　思考』　市川伸一（編）　東京大学出版会　1996
『認知心理学を語る1　おもしろ記憶のラボラトリー』　森　敏昭（編著）　北大路書房　2001
『認知心理学を語る3　おもしろ思考のラボラトリー』　森　敏昭（編著）　北大路書房　2001
『記憶のふしぎがわかる心理学』　高橋雅延　日本実業出版社　1999
『認知心理学2　記憶』　高野陽太郎（編）　東京大学出版会　1995
『思考・進化・文化』　山　祐嗣　ナカニシヤ出版　2003

第7章 言語と知能

 ヒトは，日常生活の多くの場面で，さまざまな形で言語を使用する。直接的には，聞く・話す・読む・書くといった活動がそれにあたるが，その具体的な内容や目的はさまざまであり，また，これらの直接的な言語活動以外でも，さまざまな場面のさまざまな認知活動において，言語は有形・無形の役割を果たしている。本章では，そのような，言語の多面的な特徴を概観し，ヒトの認知活動とのかかわりについて論じる。

第1節　言語の性質

1．言語の一般的特徴

 地球上には非常に多くの言語が存在し，そのおのおのは互いに大きく異なっているが，それらに共通するような，一般的な特徴も存在する。具体的な言語表現においては，単語や音素（それ以上分割できない母音・子音など）の並びが一定の規則に従う，といった**構造性**をもつ一方，単語の綴りとそれが表わす事物の間には，直接的には何の関係もない，といった**恣意性**ももちあわせている。言語はまた，架空のものごとやまったく新しいものごとも表現しうるというというような，**超越性・創造性**も併せもっている。
 一方，たとえば失語症になっても，通常は他の認知機能が損なわれることはなく，言語機能は，他の認知機能とはある程度独立して，自律的に機能していると考えられる。このような性質は**モジュール性**とよばれる。

2．言語表現の構造

 音声による言語表現では，複数の音素が音節（母音を中核とし，一度にまとまって発音される単位）を構成し，複数の音節が単語を構成する。一方，文字による言語表現では，文字の並びが単語を構成する。いずれの場合も，単語（**形態素**ともよばれる）は，ある一定の規則（**統語規則**）に従って並べられ，ひとまとまりの意味をもった文を構成する。文を構成する単語の並びには，その背後に，統語規則を反映した構造（**統語構造**，図1－7－1）が存在する。言語研究においては，統語構造に関する分野を**統語論**（syntax）という，それに対し言語表現の意味に関する分野を**意味論**

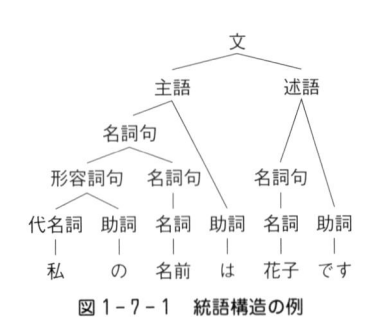

```
                    文
              ／        ＼
           主語          述語
            │          ／  ＼
          名詞句      名詞句
         ／    ＼    ／    ＼
      形容詞句  名詞  名詞句  助詞
       ／ ＼   ／＼  ／  ＼
    代名詞 助詞 名詞 助詞 名詞 助詞
      私   の  名前  は  花子  です
```

図 1-7-1　統語構造の例

(semantics)，言語表現とその送り手や受け手や状況との関係を扱う分野は**語用論** (pragmatics) という。

また，文より大きい単位の構造として，文の集まりとしての談話や文章がある。この談話や文章の背後にも，**文脈**や文どうしの関係を反映した構造（**談話構造**）が存在すると考えられる。

以上のように，言語表現の構造は，音素や文字のレベルから，談話や文章のレベルまで，階層的な構造をもっており，言語表現の理解や産出も，これらの構造に沿って行なわれると考えられる。

第2節 ▎言語の意味

1．単語の意味

単語の意味とはそれが表わす対象であるが，その対象には外形的な実体としての側面（**外延的意味**）と，それがもつ意味内容としての側面（**内包的意味**）がある。たとえば「宵の明星」と「明けの明星」はともに金星を表わし，同じ外延的意味をもつが，夕刻に出るのは「宵の明星」であって「明けの明星」ではなく，内包的意味は異なる。

また，単語，特に一般名詞が表わすものは，通常は複数の対象を含む概念である。たとえば「イヌ」という語は，すべてのイヌを包含する概念を表わす。このとき，その概念を特徴づける特性（の集まり）をその単語の意味ととらえることもできる。それは，「○○とは××である」というような辞書的なもの（**指示的意味**）だけではなく，その単語によって喚起される情緒的なもの（**情緒的意味**）も考えられる。

2. 統語構造と文の命題的意味

　文の意味は，原則的に，その文を構成する単語の意味を統語構造に沿って組み合わせることにより得られる。そのような文の意味は**命題的意味**とよばれる。個々の単語の意味の組み合わせかたは，その文の統語構造に依存し，たとえば「ネコがネズミに噛みついた」と「ネズミがネコに噛みついた」は，同じ単語を使っていても，まったく異なった命題的意味をもつ。

3. 語用論的意味

　言語表現は，先に述べた命題的意味以外の意味をもつ場合もある。たとえば，「今何時かわかりますか？」という質問は，文字通り現在時刻がわかるかどうかを尋ねているのではなく，現在時刻そのものを尋ねていると考えるのがふつうである。このような，言語表現の表面に現われていない意味を**語用論的意味**という。

第3節　ヒトの認知活動における言語

1. 言語表現の理解（言語理解）

　ヒトの認知活動において，言語に直接かかわるのは言語表現の理解と産出である。文の意味（命題的意味）の理解は，第2節の2．でふれたように，単語の意味を統語構造に沿って組み合わせることによって行なわれると考えられる。

　素朴に考えれば，単語の意味（辞書）と統語規則が与えられれば，文の意味は簡単に定まるように思われるが，1つの単語が複数の意味をもっていたり，1つの文の統語構造に2つ以上の解釈があったりするなど，現実には種々の**あいまい性**があり，与えられた一文の意味を定めることは容易ではない。

　結局，文の意味を正しく決定するためには，多くの場合，文脈や周囲の状況に関する情報，さらには第6節でふれるような一般的な知識などが不可欠である。

　また，言語表現にはつねに十分な情報が含まれているとは限らず，その理解には推論や問題解決が必要な場合もある。このようなレベルでの言語理解は，「理解する」とはどういうことか，という問題や，「私は理解しているのか？」という認識の問題も絡んでくるため，かなり複雑な様相を呈してくる。

2. 言語の機能

　情報を伝達するという言語の基本的な機能は，対人関係においてはコミュニケーションの促進といった役割を果たすが，情報伝達以外でも，ヴィゴツキー（Vygotsky,

L. S.）は，幼児期の子どもに多くみられるひとりごとが，認知や行動を調節するための道具として働いていることを指摘した。この働きは，成人になっても，**内言**として残り，人間の思考に影響を与えていると考えられる。言語はまた，概念の形成とも相互に深く関係していると考えられる。これについては第5節でふれる。

3．言語の獲得・発達

　子どもは生まれつき言語を操れるわけではなく，その発達過程においてその能力を獲得する。この言語能力の獲得に関する重要な理論がチョムスキー（Chomsky, N.）の**生成文法理論**である。生成文法理論では，ヒトは，言語を習得するしくみを生得的にもっていると考える。これは，**普遍文法**（universal grammar）とよばれ，複数の原理と媒介変数から成るものとされる。子どもは，その発達過程において，外部から与えられる言語情報を手がかりに媒介変数を決定し，それによって，その原理と媒介変数に規定された，個別の言語の言語能力を獲得するとされる。

第4節　脳科学から見た言語

　脳科学研究の成果により，ヒトの大脳の左半球に言語機能にかかわる重要な領域が複数存在していることが知られている。その1つ，**ブローカ領域**は，左半球の前頭葉にある。ここに損傷があると，統語構造を認識したり生成したりする機能が損なわれることから，統語機能に関与していると考えられている。**ウェルニッケ領域**は，左半球の側頭葉にある。ここに損傷があると，文法的には正しくても意味の通らない文や無意味な単語を話したり，抽象的な思考が困難になったりするため，概念レベルの機能に関与していると考えられている。

　先に言語機能のモジュール性について述べたが，言語機能の一部をなすこれらの部分もおのおのがある程度独立しており，モジュール性をもつと考えられる。

第5節　ヒトの知能と概念の働き

　ヒトの知能にはさまざまな側面があり，限られた紙数でそれらを網羅することはできないが，本節と次節では，言語とも密接な関係がある概念と知能について論じる。

1．言語と概念

　言語の形成過程においては，人々が認識してきた対象物をカテゴリ化して得られた

概念がその言語の語彙（単語の集まり）を形成してきたと考えられる．一方，その言語を母語とするヒトは，新たに認識した対象物をどのカテゴリに分類するか，その言語の語彙に依存して決定することになる．

その結果，たとえば日本語の「時計」が英語では"watch"と"clock"に区分されるなど，言語によって対象物のカテゴリ区分の仕方は異なり，その情緒的意味もまた異なってくる．このように，言語は概念構造を通じて，ヒトの認知に大きな影響を与えていると考えられる．このような考え方は，提唱者であるサピア（Sapir, E.）とワーフ（Whorf, B. L.）の名前から**サピア－ワーフの仮説**とよぶ．

2．概念の機能

概念とは，ヒトが認識した事例（モノやコト）のうち，類似したものをひとくくりにして記号をつけ，それによって一括して扱えるようにする働きである．

このような認知活動の利点は，類似した事例を共通の枠組みでとらえること，すなわち，一般化（抽象化）を通して，過去の経験を将来の（類似した）事例において役立てたり，個々の事例ではなく，概念として情報（知識）を記憶することで，記憶の負荷を減らしたりできることにある．

概念化の際の，事例の「ひとくくり」の大きさ（粒度）は，一般化の効果や記憶の負荷を考慮した場合，粗すぎてもこまかすぎても適切ではない．事例どうしを必要十分に弁別できて，かつ記憶負荷ができるだけ抑えられる水準が最も適切な粒度であると考えられる．この最も適切な粒度のカテゴリ化による概念のレベルを，ロッシュ（Rosch, E.）らは**基礎レベルの概念**とよんだ．この基礎レベルの概念は言語や文化によらない共通のものが多く，それを表わす単語は多くの言語においてみられる．

もっとも，この「必要十分な弁別」は，各事例のもつ特性のどの点で異なっていれば弁別すべきか，という問題に帰結し，それは，各事例のどのような特性が重要であるか，という価値の体系に依存している．この価値の体系は，ヒトの生理的特性に関することでは全人類共通であるが，文化や社会的な地位などの境遇によって，あるいは個人によっても少しずつ異なり，その結果，ヒトのもつ概念体系は，文化や境遇が近いほど似ており，文化や境遇がまったく異なっていても，生理的特性に根ざす部分についてはさほど異ならないと考えられる．

3．概念の性質

概念の間には，それらの概念に属する事例の包含関係に基づく，上位－下位の関係が考えられる．たとえば「パン」という概念に対して，「食料」はその上位の概念で

あり,「あんぱん」はその下位の概念である。このような概念の上位-下位関係の構造を**概念階層**という。また,ある概念に属するおのおのの事例は,それがどのくらい典型的であるかの程度(**典型性**)に差がある。たとえば同じ「鳥」概念に属していても,ヤンバルクイナはスズメほど典型的ではない。

4.概念のモデル

認知科学においては,前項に示した概念の性質を反映するような,さまざまなモデルが提唱されてきた。最も古典的な概念のモデルは**定義的特性理論**とよばれるもので,それに属する事例に共通する特性の組によって概念を規定するものである。このモデルの利点の1つは,概念階層をうまく説明できることである。一方,最も典型的な事例(**プロトタイプ**)を仮定して,それに類似する事例のまとまりとして概念を規定するモデルや,概念を分ける基準は事例の特性ではなく,それを認識するヒトが,その事例をどのようなものとして理解するかという意味づけに基づいているとするモデル(**理論ベースの概念観**)もある。

第6節 知識とその表現

1.言語と知識

先に第3節の1.でふれたように,言語表現の理解には一般的な知識が不可欠であり,逆にヒトが知識を獲得する情報源としても,言語情報は重要である。一方,ヒトは概念を基盤に知識を構成すると考えられるため,概念と知識もまた密接な関係をもつ。

2.知識のさまざまな側面

ヒトの知識というものは,きわめて多岐にわたり,また,さまざまな性質をもつものが混在していると考えられる。

①専門知識と常識:いわゆる**専門知識**は,特定の領域(ドメイン)に限定された深い知識であり,**常識**は,領域に限定されない一般的な知識である。

②領域依存の知識とタスク依存の知識:先の専門知識の多くはその専門領域に限定された知識であり,**領域依存の知識**とよばれる。それに対し,複数の領域に共通して現われるような一般的な仕事(タスク)のための知識は**タスク依存の知識**とよばれる。これらは,いわば互いに直交する関係にあると考えられる。

③宣言的知識と手続き的知識:**宣言的知識**とは概念的な知識であり,現実世界の状

況に関する叙述的な知識である。一方，**手続き的知識**とは，何かを遂行するにはどうすればよいかという目的指向の知識である。このような考え方から，宣言的知識は what の知識，手続き的知識は how（to）の知識，といわれることもある（第Ⅰ部第6章第2節参照）。

④経験的知識と理論的知識：根拠はなくとも経験的にわかっている，という**経験的知識**（ヒューリスティックス）に対し，数理的・科学的背景をもった，一貫性・整合性を伴う体系的な知識は，**理論的知識**とよばれる。

⑤完全な知識と不完全な知識：領域やタスクをきわめて限定した場合，知識として知り得るべきことすべてを網羅することは不可能ではない。そのような知識は完全であるといえる。しかし，多くの場合，そのようなことは不可能である。したがって知識は，ほとんどの場合，ある意味では不完全である。

3．知識表現

知識のモデルとしての知識表現は，さまざまな目的に応じて多くのものが提案されている。よく知られているものでは，**スキーマ**（または**フレーム**）がある。これは，概念や事例に対応した構造体で，概念や事例間の関係をスロットとよばれるスキーマ内の変数を用いて表現するものである（図1－7－2a）。**意味ネットワーク**も類似した内容をもつが，こちらはノードとリンクを用いて表現する（図1－7－2b）。

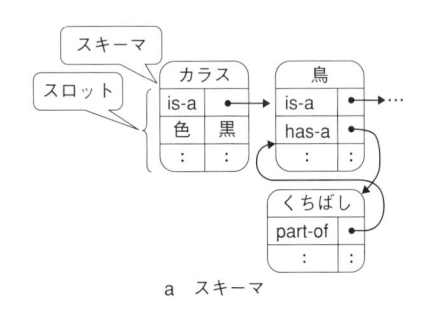

a　スキーマ

b　意味ネットワーク

```
Climb:
    (near ape chair)
    ⇒remove: (near ape chair)
      add: (on ape chair)

 （サルのそばに椅子があれば（条件）
  サルはその椅子に乗る（動作））
```

$(\forall x)$ カラス$(x) \Rightarrow$鳥(x)
$(\forall x)$ カラス$(x) \Rightarrow$黒い(x)
$(\forall x)(\exists y)$ 鳥$(x) \Rightarrow$くちばし$(y) \land$持つ(x, y)

c　プロダクションルール　　　　　　　　d　第一階述語論理

図1－7－2　知識表現の例

これらはおもに宣言的知識を表現するものであるが，手続き的知識を表現するものとしては，**プロダクションルール**が代表的なものである。これは条件と動作の対として記述され，条件部が満たされたルールの動作部を実行することで，ある種の推論を行なったり，行動を決定したりするものである（図 1 − 7 − 2 c）。

また，**スクリプト**という知識表現は，ある局面におけるヒトの典型的な行動をある種のシナリオとして記述したもので，言語表現の理解において，登場人物の行動や意図を推測するのに用いることができる。

これら以外にも，種々の論理を用いた知識表現なども提案されている。これらはおもに推論や問題解決に適している。**第一階述語論理**が代表的なものである（図 1 − 7 − 2 d）。

【推薦図書】

『ヒルガードの心理学』　R.L.アトキンソンほか（著）　内田一成（訳）　ブレーン出版　2002

『人工知能の基礎　情報系教科書シリーズ15』　馬場口登・山田誠二　昭晃堂　1999

『心理学の基礎3訂版』　今田　寛・賀集　寛・宮田　洋（編）　培風館　2003

『認知心理学を知る第3版』　市川伸一・伊東裕司（編）　ブレーン出版　1996

『言語の科学入門　岩波講座言語の科学1』　松本裕治ほか　岩波書店　1997

●2　心と社会

第Ⅰ部　心理学

第8章　動機づけと情動

　人の行動は多様であるが，それぞれの行動には，その行動と結びついた特定の原因があると思われる。たとえばＡさんが勉強を中断して食事をしたのは「空腹だったから」であろうし，また，飼いイヌが死んでＢさんが泣いたのは「悲しかったから」であろう。行動の原因と考えられるもののうち，前者のグループは動機づけとよばれ，後者のグループは情動とよばれる。
　ここではまず，動機づけについて学び，次に情動について学ぶことにしよう。

第1節　動機づけと欲求

1．動因

　「動機づけ」は英語のモチベーション（motivation）の訳語であり，特定の行動が生じる原因という意味である。人の場合には，行動を生じる原因となる心のはたらきを示すために「動機（motive）」や「欲求（need）」の用語が使われることがある。
　行動は目に見えるが，その原因となるものは推測するしかない。とりわけ，人間の行動は非常に複雑であるから，その原因を特定することはむずかしい。しかし，生きていくために必要な資源を得ようとする摂食行動は動物一般に共通であり，生理的状態と強く結びついているから，動機づけについて考える糸口としては適当であろう。
　生物は，生きていくために生理的必要条件を一定範囲内に維持しなければならない（**ホメオスタシス**）。欠乏による生理的な不均衡を回復するために必要な行動が生じる場合，その原因は，特に**動因**（drive）とよばれる。ヒトであれば，食事のあと何時間かたつと空腹を感じ，食べ物を探す行動が現われる。食べ物が見つかれば摂食が生じ，満腹すると摂食が停止する。動物が空腹感や満腹感を意識しているかどうかを直接に検証することはできないが，実験によって，どのような場合に摂食が起こり，また停止するかを調べることができる。摂食が起こる条件としては，胃の中に食べものがなくなること，血中の糖が低下することがあげられる。まったく栄養のない食物であっても，経口摂取によって一定量が胃の中にたまると，摂食行動は停止する。胃に穴をあけて食べたものが腸に送られないようにしたネズミでは，いつまでも摂食が止まらない。一方，十二指腸にある糖のセンサーが糖分を検出すると，胃に内容物がなくても，摂食行動は停止する（Rolls, 1999）。

動因によってひき起こされる行動としては，摂食行動のほか，排泄，休息，睡眠，暑さ寒さからの逃避，苦痛刺激からの逃避などをあげることができる。多くの動物では特定の季節に繁殖行動が現われるが，これも生理的な欠乏を満たそうとする行動であると考えられる。

2．誘因

　特定の生理的な欠乏状態はその欠乏を解消する特定の行動を起こしやすくするが，その行動が実際に起こるかどうかは，生理的な欠乏状態の強さ（動因の強さ）だけでなく，動物をとりまく環境内にある，特定の行動の目標となる事物にも依存している。摂食行動を例にとれば，血糖値が低下した場合に摂食行動が起こるが，食べ物でないものを見せても摂食は生じない。一方，同一の食品を十分に摂取し，摂食行動が停止したあとでも，色，味，形の異なる他の食品を提示すると摂食行動が再開する。このことは多様な栄養物を摂取するためには有用なメカニズムであると考えられる。

　おいしそうな食べ物は，それほど空腹でなくても食欲をそそり，摂食行動を起こさせる。まずそうな食べ物は，かなり空腹であっても食欲を減退させ，摂食行動の発現を止めたり遅らせたりする。環境内にあって，特定の行動を生じやすくさせる性質をもつものは**誘因**（incentive）とよばれる。誘因としての力の強さのことを誘因価という。

　多くの動物には明らかに味の好みがある。このことは複数の食品を等距離にならべ，動物がどの食品を選択するかを調べることによってわかる。単細胞生物であっても，食物に好き嫌いがあることが知られている。摂食行動を起こしやすい食品は誘因価が高いといえる。人の場合，誘因価の高さは快不快の大きさとして体験される。

3．快と不快

　生理的な欠乏状態である動因は，特定の行動を生じさせる。ヒトの主観的体験をもとにして考えると，求めているものが得られるときには快の感情が伴い，得られないときには不快感が伴う。動因による行動の開始と停止は，快不快の評価によって制御されていると考えることができる。すなわち，生理的に必要なものが欠乏した状態は不快であり，この不快を低減するための行動が起こり，欠乏が満たされていく過程で快が生じる。欠乏が満たされると，それ以上の行動は不快を生じ，動因による行動は停止すると考えられる。

　食物，水，異性，温度環境，苦痛刺激など，すべての動物が共通して求め，または回避しようとする事物であるから，ヒト以外の動物の場合でも，ヒトが体験する快不

快に相当する何らかの神経的過程が共通して存在すると考えるべきであろう。近年の脳機能研究によれば，刺激に対するヒトの快不快体験に関連して活動する脳の部位は，**扁桃核（扁桃体）**とよばれる**大脳辺縁系**の部位や**視床下部**など，動物に同様の刺激を与えた場合に活動する脳の部位と一致していることが少なくない。

4．二次的欲求

快不快の体験の中には，当初それ自体は快でも不快でもなかったものが，経験を通じて快や不快と結びつく場合がある。人の社会では，その典型として金銭をあげることができる。金銭それ自体は生理的な快を生み出さない。しかし金銭は，さまざまな快の源泉，たとえば食事や衣服，あるいは多様なサービスと交換することができる。そのため，人々は金銭を得ると快を感じ，失うと不快を感じる。このような快不快は，明らかに生まれつき備わった生理的機能とは無関係であって，**学習**を通じて，金銭の取得や喪失が生理的快不快に結びつくことによって成立する二次的なものである。二次的に得られる快不快を求め，あるいは避けようとする欲求は二次的欲求とよばれる。このような学習はヒトだけでなく，多くの動物で成立する。たとえば，子どもにいじめられた体験をもつイヌは，子どもを見ただけで逃げ出すようになるであろう（第Ⅰ部第5章「学習」参照）。

5．社会的欲求

行動を起こすきっかけとなるのは，生理的な動因だけに限られない。社会的存在であるヒトは，集団の中で他者からなされる評価を快不快として感じ取る。したがって集団内の他者から高く評価される事物を手に入れることは，二次的に快を生み出す。逆に，集団内の他者から低く評価される事物を獲得することになった場合には，二次的に不快が生じる。有名大学を出て一流の企業に就職したいという欲求をもつ人は少なくない。この場合，大学そのものが直接に快をもたらすわけではなく，他者からの賞賛や，その後の高収入の期待が快として作用するのである。

人の心における快不快は，生物学的な快不快との関連を見てとることが困難なものも少なくない。むずかしい概念を理解したり，美しい作品をつくり出すことにも快が伴う。収入や他者からの評価などとは無関係に，自らの理想に向かって努力を惜しまない人はけっしてまれではない。マズロー（Maslow, 1970）の欲求階層モデルでは，最も低位に生理的欲求が置かれ，知的欲求や美への欲求を経て，最も高い段階の欲求として自己実現の欲求があげられている（図1-8-1）。

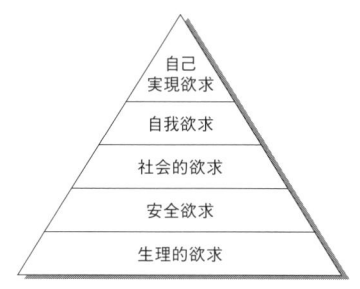

図 1-8-1　マズローの欲求階層モデル（Maslow, 1970）

第2節　感情・情動

「情動」は英語の emotion の訳語である。多くの場合，日本語の「**感情**」と同義であると理解して差し支えない。主観的体験については「感情」の語が用いられることが多く，身体的変化が伴うことを示す場合には「情動」の訳語が好まれる。

1．快不快と感情

欲求は快を求め，不快を避けようとする心の働きである。人間の場合，欲求は「～したい」という気持ちとして体験されるが，この体験自体には必ずしも快や不快の感覚は伴わない。しかし，欲求が満足されると快の体験が得られ，欲求が満足されないと不快な体験が生じる。

私たちは環境内の事物について，知覚によってそれが何であるかを認識するだけでなく，さまざまな感情をもつ。快の感情は，環境が自分自身にとって「都合のよい」状態になったときに生じ，不快の感情は，環境が自分自身にとって何かしら「都合の悪い」状態になったときに生じる。動因や欲求が自己の内部における不足状態の反映であるのに対し，情動は，動物を取り巻く環境の「都合の良し悪し」の判断とかかわっている。環境が「都合の悪い」状態になれば，その環境から逃げ出すか，環境を変えることが動物の生存にとって必要なことであろう。

動因によって生じる行動が個々の動物の内部の生理的な不足状態の解消に向かう行動であるのに対して，情動は個々の動物の外界に発生した出来事に対して，何らかの対処を行なう行動である。自然環境においては，動物が対処しなければならない外界の出来事は，餌の発見，敵との遭遇，異性との繁殖行動など，比較的少数に限定されていると考えることができる。そのため，それらの出来事のそれぞれに対処する，生

存に有利な行動（情動行動）が，あらかじめ準備されているという考え方がある。
　トムキンス（Tomkins, 1982）は，動因と感情の根本的な違いは，前者の機能が主として周期的に生じる身体内の現象に対応する行動を起こすことであるのに対し，後者の機能は周期性に乏しい（予測のむずかしい）外界の出来事に対応する行動を起こすことであると述べている。この考え方によれば，動物が基本的にもっている比較的少数の情動行動を，ヒトも共有しているとみなすことができる。エクマン（Ekman, 1982）によれば，ヒトの基本的情動は驚き，嫌悪，悲しみ，怒り，恐怖，幸福の6つである。また，イザード（Izard, 1991）はこれらに興味，軽蔑，恥を加えている。

2．対処行動としての情動

　情動行動は外界の出来事に対して対処する行動であるから，多くの骨格筋の運動を伴い，また，それをバックアップする自律神経系や内分泌系の活動変化を伴う。キャノン（Cannon, 1953）は動物が敵と遭遇したときには闘うか逃げるかしかない，と考えた。このような危機に対処するためには，闘うにせよ逃げるにせよ，骨格筋の活動を活発にする必要がある。このような場合，哺乳類では，アドレナリンとノルアドレナリンというホルモンが血中に分泌され，**自律神経**の**交感神経**の活動を活発にし，心拍数の増加，血圧の上昇，呼吸数の増加，血糖値の上昇などを起こして骨格筋に酸素や栄養を補給する。これらは，動物が敵と遭遇したときに生じる，生存の可能性を高める行動と適切に結びついた生理的変化であるとみることができる。これらの身体的変化には，ヒトの場合，主観的体験が伴う。飢えの動因の場合に主観的な空腹感が体験されるように，闘う場合においては**怒り**の感情が伴い，また逃げる場合においては**恐怖**の感情が伴うと考えられる。
　情動が，動物が環境内で遭遇するさまざまな問題を解決する行動であるとすれば，それぞれの情動にはそれぞれ特有の，問題解決に適した機能があるはずであり，それに伴って，それぞれ異なった生理的変化が起こるはずである。しかし恐怖と怒りに関しては，体験として明瞭に区別することができるにもかかわらず，どちらも似たような生理的変化を生じるため，生理的変化だけでは両者を区別することがむずかしい。つまり感情体験の多様性は，身体的・生理的変化の多様性だけでは説明がむずかしい。
　シャクターとシンガー（Schachter & Singer, 1962）は，実験参加者にアドレナリンを注射したあと，2種類の待合室のどちらかに案内する実験を行なった（図1-8-2）。一方の待合室には愉快そうにふるまっている人物がおり，他方の待合室には不機嫌そうな人物がいる。アドレナリンを注射された実験参加者は，心拍数が増え，高

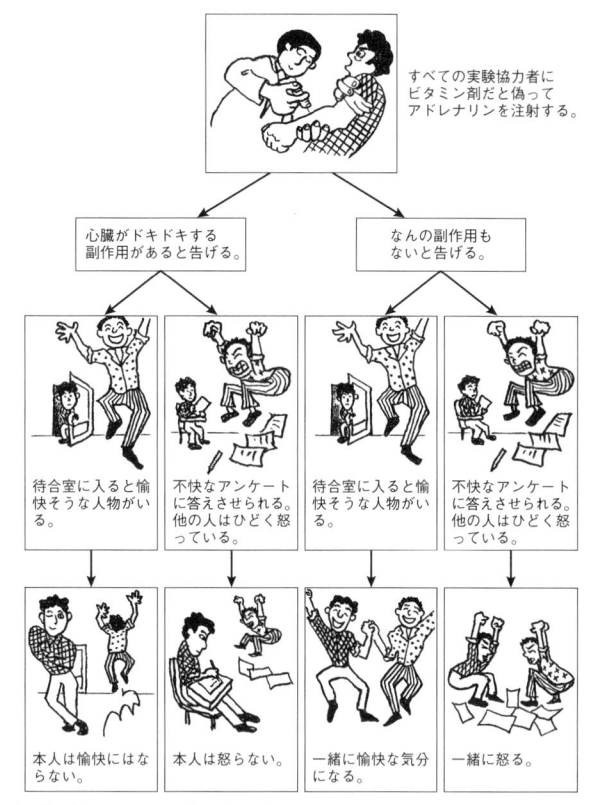

図1-8-2 状況の認識と感情（Lindsay & Norman, 1977をもとに作成）
アドレナリンは同一の生理的変化を引き起こすが，生じる感情は状況をどのように認識するかによって異なる。

揚感が生じるが，一方の待合室に案内された実験参加者は自分の高揚感を幸福感ととらえ，他方の待合室に案内された実験参加者はそれを怒りととらえた。また，アドレナリン注射の効果（心拍数の増大など）についてあらかじめ知らされていた実験参加者は，自分の高揚感を注射のせいであると考え，感情体験を報告しなかった。この研究は，同一の生理的変化が生じても感情の体験は同一にはならないこと，むしろ，身体変化の原因に関する知識が感情体験を決定していることを示している。人はさまざまな感情体験を区別して認識しているが，それは外的環境の変化の原因の認識が異なるからかもしれない。

3．環境の評価と情動

　情動行動が生じるきっかけは，自分自身とかかわりのある外界の出来事の認識とその評価である。外的環境の評価は，遺伝的に決定されたメカニズムによって行なわれることがある。たとえば，ほとんどの哺乳類は，糖類の味覚そのものが快の体験を生じさせるため，生得的に「甘味」を好む。外的環境の評価は，もちろん，体験によっても形成される。ある食物を食べたあとで体調が悪くなるとすれば，次からはその食物は不快なもの，危険なものとして避けられるようになるだろう。さらにザイアンス (Zajonc, 1980) は，快不快の体験が伴わなくても，くり返し体験される対象に対しては快感情をもつようになるという興味深い現象を見いだしている。

　単純な快不快の感覚に比べると，人の情動体験を決める条件ははるかに複雑である。買い物の際に500円玉を排水溝の中に落とし，それを拾うことができないとわかると，悔しさを感じる人が少なくない。しかし財布を出したときに誰かとぶつかって，その拍子に500円玉を落としたのだとすれば，私たちは悔しさではなく，その人物に対する怒りを感じるだろう。さらにその人物がもしも老人や幼児であったとすれば，怒りはかなり弱いものになり，ときにはまったく怒りの感情はあらわれず，悲しみに似たあきらめの感情が生じるかもしれない。このように，生じる感情とその大きさは，生じた出来事をどのように認識し，評価するかによっても異なる。**評価理論** (appraisal theory) とは，感情が生じる以前に，必ず外的状況を評価する過程があるはずだという考え方である (Scherer et al., 2001)。

　人間の場合，外的環境の評価は自分自身の体験に基づかずに行なわれる場合が少なくない。たとえば「爆弾」と書かれた箱が置かれており，そこから煙が吹き出したとしたら，たいていの人は恐怖を感じて逃げ出すだろう。しかし実際に爆弾を見たり，爆発にさらされた体験をもつ人は（少なくとも現代の日本では）ほとんどいない。どうして見たこともない「爆弾」と書かれた箱に対して，それが危険なものであるという評価を生じるのだろうか。それは，私たちが教育の場を通して爆弾に関する知識を得ており，また，新聞やテレビの報道から被害者の体験を知っているために，爆弾が危険で恐ろしいものであると評価するのである。

4．情動行動に伴う身体変化と感情体験

　私たちはふつう，「爆弾が怖いから逃げる」と考える。しかし19世紀末の有名な心理学者であるジェームズ (James, 1892) は，常識とは逆に，「逃げるから怖いという感じが生じるのだ」と主張した。ジェームズの考え方によれば，危険なものを見て逃げる行動は反射的に生じるのであるから，逃げる行動が実際にあらわれるまでは，大

脳の皮質に「怖い」という印象は伝わってこないはずだという。筋肉活動の感覚がフィードバックされて，感情体験の，少なくとも一部分をつくり出すという考え方は，最近の研究でも支持されている。エクマン（Ekman, 1982）は，筋肉の活動の中でもとりわけ顔面の表情筋の活動が，それぞれの情動行動に対応して異なっているため，私たちの感情体験は，表情筋の活動の感覚として与えられるのだと考えている。たとえば，笑いに似た表情を実験参加者につくらせると，顔面の表情筋の活動パターンが知覚され，快の感覚が生じ，読んだマンガのおもしろさが増大するという。

　脊髄に損傷を受けると，その部位が脳に近いほど，身体の末梢部分からの感覚が多く失われる。そのため，脊髄損傷部位によって，体験される情動の強さが異なるという報告もある。私たちはともすれば「うれしい」「悲しい」のような主観的体験の側面（感情）のみを情動としてとらえがちであるが，感情の過程を実際に支えているのは，さまざまな身体活動であるということができるだろう。

第3節　表出行動とコミュニケーション

　情動は心の中の出来事（感情）であるだけでなく，周囲の人々にも伝わる公共的な出来事でもある。情動行動は環境中に重要なことが生じた場合に自動的に生じる。恐ろしいものを見た人は恐怖に顔をひきつらせ，悲鳴をあげるかもしれない。人の顔や声の表情は，その人自身の感情状態の表われであるが，それだけにはとどまらず，その表情を見聞きする周囲の人々の行動をも変化させる。社会集団の中で人が体験する多くの感情は，対人的場面で生じるものである。集団内における人の行動は他者によって観察される。したがって情動行動は，それが公共の場で表出される場合には，**コミュニケーション**行動として機能することになる。

　ヒトは社会的な動物であるから，人の社会集団においては，個々人の行動は単に個体としての動物の行動としてだけではなく，社会的な行動としてもとらえねばならない。情動行動における表出行動（emotional expression：感情表出と訳されることが多い）は**非言語コミュニケーション**の1つとして，人間の社会生活において非常に重要な機能をもっている。怒った顔をしている人に積極的に近づきたいと思う人はほとんどいない。もしも道を尋ねるとすれば，怒った顔をしている人よりも，にこやかな表情の人を選ぶであろう。怒り感情とかかわる情動行動は，怒りを表出している人物の身近に非常に不快な事象があることを示し，また幸福の感情表出は快の所有を示すと考えられる。幸福の感情を表出している個体に近づいて分け前をもらうほうが，不快な事象を抱えていると思える個体に近づくよりも利益になるに違いない。悲しみの

表出はしばしば援助行動を誘発する。悲しそうな顔つきの人を見ると，助けてあげたいという気持ちが起こる人が少なくない。

　日常の生活を振り返ってみればわかるように，友人の表情が明るかったり，暗かったりするのを見ると，自分自身の気分が変化するだけでなく，その友人に対する働きかけの仕方も異なってくる。社会生活においては，他者の表情を読みとる力だけでなく，自分の表情を適切に制御する力も必要である。不愉快なことがあったからといって一日中怒り顔をしていては，対人関係を必要とする多くの仕事は円滑に進まない。ヒトには基本的な情動行動があり，生得的な表出行動を生じるのであるが，同時に，社会的情況によって，表出してはならない，あるいは表出しなければならない表情がある。そこでそれぞれの人の集団においては，感情表出に関する規則(**表出規則**：display rules) がつくられるとエクマンは考えている。たとえばお葬式の最中に笑ってはいけないし，人からプレゼントをもらったときには，じつはあまり欲しくないものであったとしても，にっこり笑って「ありがとう」と言わなければならないのである。

　このように社会的な文脈の中で顔の表情が操作されることを考えると，顔の表情は感情に伴って表われてくるというよりは，むしろコミュニケーションの手段として意図的に操作され，道具的につかわれているのではないかとも考えられる。実際，そのような側面は否定できないが，普遍的な感情表出があるからこそ，コミュニケーションが成立するのだとも考えられる。エクマン（Ekman, 1972）やアイブル−アイベスフェルト（Eibl-Eibesfeldt, 1984）は，世界各地の多様な文化において共通した感情表出がみられること，また生まれつき盲目の子どもの表情にも共通した感情表出がみられることを示した。感情に伴う顔の表情は模倣や教育・訓練によって学ばれたものではなく，生物としてのヒトが共通してもつ「自然な気持ちの表われ」とみなされるからこそ，対人関係において感情表出が重要視されているといえるだろう（図 1 - 8 - 3）。

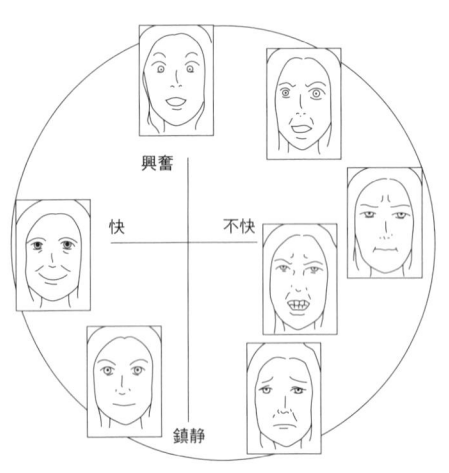

図 1 - 8 - 3　エクマンの表情写真と感情表出の円環モデル
(Ekman & Friesen, 1975をもとに作成)

第4節 動因による行動と情動行動の普遍性

　イヌやネコなどのペット動物を素朴に観察すると，それらの行動から，「おなかが減っている」とか，よそのネコの侵入に対して「怒っている」など，その動物の心的状態が区別できるように感じられる。実際に私たちは動物の行動の多くに共感的理解を示す。それは動物の行動の原因となる動因や情動行動において，私たちヒトと共通する部分が多いということでもある。**進化論**を提唱したダーウィンは，生存に役立たない行動は淘汰され，役立つ行動が残ると考えた。ヒトもまた他の動物と共通の祖先からわかれたものであるとすれば，他の動物の情動的行動と人間の情動的行動とはよく似ているはずである（Darwin, 1872）。感情体験の有無は別として，動因に基づく行動，外的環境に対する情動行動は，動物が生きていく上で役に立ってきたからこそ，共通して現われるのであろう。

　ヒトをはじめとする霊長類であっても，中枢神経系が比較的単純な爬虫類，両生類や魚類であっても，捕食者に遭遇すれば逃げ，餌や異性を巡って同種個体と戦う。動物の特定の行動が遺伝的に強く規定され，特定の状況下において自動的に生じる場合，そのような行動は「本能的」であるといってもよいかもしれない。これらの行動は，比較的単純な中枢神経系しかもたなかった大昔の動物が，環境に応じて取るべき最適な行動を単純なメカニズムによって選択する機能から発達してきたと考えられる。実際，そのような感情機能を支配する部位は，ヒトにおいても，大脳の中で進化的に最も古い部位に属する扁桃核にあるといわれている。

　ルドゥー（LeDoux, 1996）の説によれば，ヒトの場合，通常は大脳皮質で「認知的」に処理された情報が扁桃核の活動を抑制することによって，起こすべき感情の種類と量の制御がなされているのに対し，時間の余裕がない場合には扁桃核が直接に情報を処理し，大脳皮質の処理を待たずに情動的反応を開始するという。この考え方は，人間の判断がいわゆる理性と同時に，感情的にも行なわれていることを示すものである。ヒトはほとんどの場合に理性的な（長期的な見通しに立脚した合理的な）判断を行なっているにもかかわらず，非常に強い情動的刺激にさらされた場合には，理性的な判断ができなくなる。情動行動はいったん始まると意図的に（つまり大脳皮質の作用によって）止めるのがむずかしい。また，それらの情動行動を意図的におこすことは困難である。ルドゥーの理論は，これらの経験的な事実をよく説明している。

　人の感情体験は環境の知覚によって生じるだけではなく，記憶の想起や，推論，空想によっても生じる。大脳皮質の判断と扁桃核などの脳の進化的に古い部分の判断と

は，相互に制御しあう関係にある。皮質の情報処理の結果が扁桃核などの活動を呼び起こすことがあり，逆に扁桃核等の活動が皮質の活動を呼び起こすことがある。脳の特定の部位が単独で感情を制御していると考えるのではなく，身体的変化とその知覚も含めて，神経系のみならず末梢のさまざまな部位の変化が，情動行動の過程である，と認識する必要があるだろう（第Ⅰ部第2章参照）。

第5節　動機づけと情動の病理

　多くの人々が「したい」あるいは「したくない」と感じることであっても，そのように感じない人々も存在する。また，多くの人々がさまざまな刺激に対してそれぞれ妥当な感情体験や情動反応を起こすのに対して，極端に強い反応を示す人や，逆にほとんど反応を示さない人がいる。これらのすべてが必ずしも病的な意味をもっているわけではないが，多数の人々によって構成される社会的基準からはずれた反応が現われる場合には，生活上の不便や苦痛が生じることがある。

　摂食行動の異常はインスリン分泌の不具合，血糖のセンサーの不具合や脳の機能障害によっても生じるが，学習性の行動であることも少なくない。たくさん食べることを賞賛されて育てられる場合には過食が快をもたらすし，身体的美の社会的基準の変化によっては，栄養不良を疑うような体型が快をもたらすこともある。

　本人や周囲の人々が苦しむ事例の中には，脳神経系の機能障害によるものもあり，不適切な学習によるものもあり，また，複雑な社会生活の中で複数の欲求や感情がぶつかりあって生じる**葛藤**（conflict）によるものもある。

　人は誰でも，快をもたらす対象を手に入れたいと思うが，複数の欲しいものがあるのに，どれか1つしか入手できない場合がある。これは「接近－接近の葛藤」とよばれる。欲しいものに欲しくないものがセットでついてくることがあり，対象に近づくにつれて不快が大きくなり，それ以上近づくことができなくなる。これは，「接近－回避の葛藤」とよばれる。さらに，不快な状況が複数あって，どれか1つを選ばなければならない場合もある。これは，「回避－回避の葛藤」とよばれる。つまり「葛藤」とは，欲求の充足に関して複数の選択肢があって，そのどれもが等価であるために選択を行なうことができない状態であるが，選択をせまられることによって心的苦痛が生じる。

　複数の感情的評価が葛藤を起こすことがある。たとえば，非常に強い不快感をもっていた人物に命を助けられたという場合，感謝の念や好意のほかに，嫌悪感，怒り，悲しみ，恥や罪悪感など多様な感情が同時に現われて，精神的な苦痛を生じることが

ある。

　ハイダー（Heider, 1958）のバランス理論をはじめとする**認知的斉合性理論**によれば，複数の相互に矛盾する快や不快の感情は修正され，平衡に達するはずである。先の例であれば，以前は不快であった人物に対する評価が「善い人である」に変わったり，逆に「私を助けたのは何か裏があるに違いない」と感謝の念を否定したりすることによって，諸感情のバランスが回復することになる。

　一方，フロイトに端を発する精神分析学によれば，強い葛藤がある場合，人は複雑な感情を抑圧し，意識から排除することで苦痛を軽減することがあるという。また，意識から排除された感情の葛藤は意識されなくても，未解決のまま無意識にとどまっているため，それが原因でさまざまな神経症状が生じることがあるという。

第6節　まとめ

　心理学の用語としての動機づけは，日常語では欲求に相当する。欲求を充足しようとする行動の強さは，生理的必要性の大きさだけでなく，欲求の目標となる誘因がもつ快不快の値の大きさによっても異なる。また，事物そのものの快不快だけでなく，目標獲得の成否によっても，私たちは快不快の体験を伴う情動を体験する。動因に基づく行動と情動行動の大きな違いは，前者が内的環境に周期的に生じる生理的不均衡を回復しようとする行動であるのに対し，後者は，外的環境に非周期的に生じる重要な出来事を処理する行動であるといえるだろう。両者とも，動物が生存するために必要な最低限の機能であるから，長期的な見通しにたった理性的な人間の判断とは両立しないことがあり，そのため，欲求や感情の制御が困難であるといわれる。

　人間の情動的な行動がしばしば社会的不適応を生じるとすれば，「感情的」であることが非理性的，ひいては非人間的な事象であるという認識も生まれる。その反対に，これらの情動に伴う感情体験は，人間らしさの源泉でもある。同じ感情の過程が，他者への共感を生み，また私たちの生き甲斐，生存の意味をつくり出していることを忘れてはならない。

【推薦図書】
『ヒルガードの心理学第14版』　E. E. スミスほか（著）　内田一成（監訳）　ブレーン出版　2005
『感情の科学』　R. R. コーネリアス（著）　齊藤　勇（監訳）　誠心書房　1999
『感情心理学』　C. E. イザード（著）　荘厳舜哉（監訳）　ナカニシヤ出版　1991

第Ⅰ部　心理学

『ヒューマン・エソロジー―人間行動の生物学―』　I. アイブル－アイベスフェルト（著）
　日高敏隆（監修）　桃木暁子ほか（訳）　ミネルヴァ書房　2001

第9章 性格

　私たちはそれぞれ，他の人とは違うその人らしい考え方，感じ方，そして行動の仕方（行動様式）をもっている。このような考え方や行動の仕方は，状況の変化にもかかわらず（時や場所を越えて），比較的一貫し，安定している。このことから，私たちには，このような個人の独自性と統一性をもたらすものが存在すると考えられる。そのようなものを意味し，気質，性格，自我，そして知能などの精神的能力を総称して，性格という。オルポート（Allport, 1961）は，「パーソナリティとは，個人のうちにあって，その個人に特徴的な行動や思考を決定する精神身体的体系の力動的体制である」と定義している。

　一般に**性格**（character）と**知能**（intelligence）を含む概念を**パーソナリティ**（personality）とよぶが，狭義には性格とパーソナリティは同じ意味に用いられることが多い。本章でもこの狭義の用い方をする。

　パーソナリティに関する研究を方向づけるものをパーソナリティへのアプローチとよぶ。それらは，精神分析的アプローチ，人間性アプローチ，特性によるアプローチ，行動的アプローチに分けられるが，それぞれのアプローチは，共有される仮説や関心をもっているパーソナリティの特定の側面に関してまとめられている。本章では，主として特性によるアプローチを取りあげる。精神分析的アプローチは第Ⅱ部第1章「精神分析」，第2章「分析心理学」，人間性アプローチは第Ⅱ部第3章の「クライエント中心療法」，行動的アプローチは第Ⅰ部第5章「学習」，第Ⅱ部第4章「行動療法」と関連づけて説明されることが多い。

第1節　性格の記述

　十人十色とか百人百様といわれるように，性格にみられる個人差は多様である。この多様な性格を記述するのに，代表的には**類型論**と**特性論**の2つの立場がある。類型論は人間を典型的な少数の型に分類し，個人差としての行動傾向を質的な違いとして，直感的，全体的に把握しようとする。しかし，個人の多様性を画一化してしまう危険があり，実際にはどの型にも分類できない中間型，混合型が多いという問題がある。一方，特性論は人間の行動傾向をさまざまな行動の特徴（特性次元）における程度の差として，量的，客観的に把握しようとするものであるが，人間理解が断片的，

モザイク的になってしまい，個人の全体性や独自の統一性を見失ってしまう問題がある。

1．類型論によるアプローチ

私たちは日常，快活，社交的，保守的など性格のある側面（要素）から人を記述するが，同時にその人のもつ全体的な性格特徴によって人をいくつかの類型（type）に分類する方法を取る。その人の全体的な特徴から，Aさんは男性的な性格だとか，Bさんは女性的だというようにタイプに分けることはよく行なっている。このように一定の観点から類型を設定して，分類整理する方法を類型論という。

（1）クレッチマーの類型論

漫画やドラマの登場人物をみると，陽気な人は太っており，また神経質な人はやせている。このように私たちは体格と性格（気質）が関係していそうであることを常識的に考えている。体格という観点から性格を分類し，両者の関係を組織的に研究したのが現代精神医学の創始者の1人といわれるドイツのクレッチマー（Kretschmer, 1924）である。なお，**気質**（temperament）ということばは，特に体質に依存する。したがって遺伝によって強く規定されている性格の部分を指すのに使われ，ここでは性格と区別しない。

彼は精神病患者の体型を観察して，2つの代表的な精神病である精神分裂病（この診断名は**統合失調症**と変更されているが，ここでは従来の名称を用いる）と**躁うつ病**のそれぞれに特徴的な体格のあることに気づいた。そこで，体型を注意深く分類したところ図1-9-1のような3種類の体型があることを見いだした。次に精神病の種類と体格の関係を調べてみると，精神分裂病者にやせた**細長型**が多く，躁うつ病患者には**肥満型**の多いことが明らかになった。さらにこの2つの精神病の場合ほど顕著ではないが，てんかんの患者に筋肉質の**闘士型**と発育異常が多いことも明らかになった。

さらにクレッチマーは患者の発病前の気質や，患者の近親などを調べ，精神病の状態と健常者の間には連続性があり，健常者の中にも，精神分裂病に誇張して表われている性格特徴を

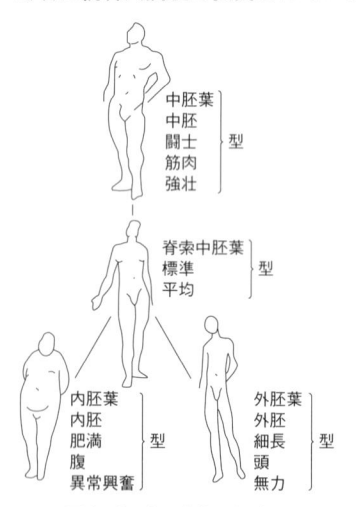

図1-9-1 体格の概略図
(Eysenck & Wilson, 1976)

表1-9-1 クレッチマーの気質類型 (山根, 1980より一部改変)

気 質	特 徴	対応する体型	関連する疾患
躁うつ気質	1 社交的, 善良, 親切, 温かみがある（全般的） 2 明朗, ユーモアがある, 活発, 激しやすい（躁的成分） 3 寡黙, 平静, 気が重い, 柔和（沈うつ成分）	肥満型	躁うつ病
分裂気質	1 非社交的, 静か, 控え目, 変人（全般的） 2 臆病, 恥しがり, 敏感, 神経質（過敏状態） 3 従順, お人よし, 温和, 無関心（鈍感状態）	細長型	精神分裂病
粘着気質	執着する, 几帳面, 重々しい, 安定している, 爆発的に激怒する	闘士型	てんかん

正常な範囲で有している者（分裂気質の持主），躁うつ病やてんかんの患者の特徴をある程度もっている者（それぞれ躁うつ気質，粘着気質の持主）があり，表1-9-1に示されているように，それぞれの性格が，病気の場合と同じように，体型と親和性があると主張した。しかし，精神分裂病の発病の時期は，体つきの細い青年期に多いのに比べて，躁うつ病の発病の時期は遅く，このことが肥満型と躁うつ病の親和性が強い理由の1つである可能性を排除できない。

(2) シェルドンの類型論

体型と気質との関係に関して，より正確で数量的な研究を行なったのはアメリカの医師であり，心理学者であるシェルドンら(Sheldon et al., 1940)であった。彼は約4,000人の男子大学生の身体の写真，および身体の17の部位を計測して，3つの基本体型を見いだした。第1は**内胚葉型**で，内胚葉から発達する消化器系統の発達がよく，柔らかく丸みを帯びた体格である。第2は**中胚葉型**で，中胚葉から発生する骨や筋肉のよく発達した，角張った体型である。第3は**外胚葉型**で，外胚葉から発生する皮膚，神経系統，感覚器官がよく発達した，きゃしゃな，長くてやせた手足をもった体格である。これらの分類は，クレッチマーの肥満型，闘士型，細長型に対応している。

次に各人が，この3つの体型のおのおのの特徴をどの程度もっているかを7段階で評定した。一方性格に関してもシェルドンは，**内臓緊張型，身体緊張型，頭脳緊張型**という3つの特徴的な型のあることを見いだし，体型の場合と同様に各人がそれぞれの特徴をどの度もっているかを7段階で評定した。そして体型と性格の相関を求め，内胚葉型と内臓緊張型，中胚葉型と身体緊張型，外胚葉型と頭脳緊張型の間に高い相関関係を見いだした。このようにシェルドンは体型と性格が関係していることを見いだし（図1-9-2），クレッチマーの類型論を支持した。

その後の十分に統制された研究では，シェルドンの結果と比べて相関はかなり低く

第Ⅰ部　心理学

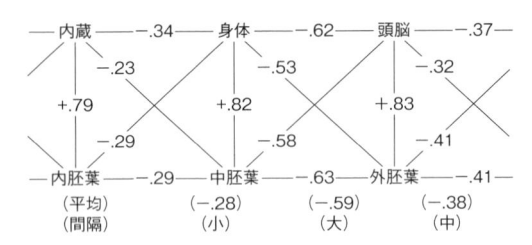

```
―内蔵――‐.34――身体――‐.62――頭脳――‐.37―
       ‐.23      ‐.53      ‐.32
  +.79       +.82       +.83
       ‐.29      ‐.58      ‐.41
―内胚葉――‐.29――中胚葉――‐.63――外胚葉――‐.41―
 (平均)     (‐.28)    (‐.59)    (‐.38)
 (間隔)      (小)      (大)      (中)
```

図 1-9-2　体型と気質の相関（Sheldon, 1942；山根, 1980）

なっているが，体型と性格との関係を支持している（Reese & Eysenck, 1945）。

(3) **ユングの類型論**

ユング（Jung, C. G.）は，個人の心的エネルギー（**リビドー**）が外的な客観的世界と内的な主観的世界のいずれに流れやすいかによって，パーソナリティにおける2つの基本的態度を仮定した。これら2つの態度は，同時には生起しないが，ときには同一人物の中で変動することもある。しかしながら，人は一方の態度に傾く傾向があり，内的事象への方向づけが優位なときは内向者として，他者や物体に対する方向づけが優位なときには外向者として類型化できると考えた。彼はさらに，人が自己と環境，あるいは自分自身の内部世界とを関係づける場合に働く4つの機能（**思考，感情，感覚，直感**）のタイプを区別し，あわせて8つの類型を考えた（河合，1967）。

(4) **フリードマンとローゼンマンの類型論**

身体の病気に心理的要因が関係していることが知られているが，フリードマンとローゼンマン（Friedman & Rosenman, 1974）は，狭心症や心筋梗塞などの冠状動脈性心臓病にかかりやすい人のパーソナリティ類型を見いだし，**タイプA**とし，これと正反対の特徴をもつ人をタイプBとした。彼らは，冠状動脈性心臓病には運動不足，喫煙，コレステロールの多い食事などの要因が関与していることが知られているが，パーソナリティも関与していることを見いだした。タイプAの特徴は，極端な精力的活動（野心家で，目標に向かいがむしゃらに努力し，身体を酷使するが，疲労を訴えることがない），時間的切迫感（慢性的な時間の切迫感をもつ，時間が足りないと感じるために，性急な行動をとったり，いくつものことを並行して行なう），攻撃性（ちょっとしたことでいらだったり，攻撃的言動を示す）などである。特に自分の仕事を妨害されたり，批判されたりすると強い攻撃反応を示す。彼らの研究によると，タイプAはタイプBの2倍以上冠状動脈性心臓病にかかりやすい。

2．特性によるアプローチ

　私たちは個人の性格を表現するときに，落ち込むことがない（気分の変化が少ない），快活な，社交的，保守的などの全体として性格を構成している個々の特徴（要素），すなわち性格特徴をあげる。このような行動の安定した，持続傾向を特性とよぶ。

（1）オルポートの特性論

　私たちは日常，非常に多くの特性用語を用いて自分や他の人々の行動を記述するが，いったいどれくらいの数の特性を用いているのだろうか。辞書には，日常生活で経験的に用いる特性用語が記録整理されていると考えることができる。オルポートとオドバート（Allport & Odbert, 1936）は，辞書から行動の特徴をあらわす用語を約18,000語見いだした。これは全用語の約5％に相当する。彼らは次に，単に評価を表わした用語（楽しい，いやな，など）や状態を表わす用語（たとえば，混乱した）を除き，さらに類義語・同義語を整理して代表的な用語に統一したり，反意語を1つにまとめたりして，約4,500語にまで整理した。そして，最終的に心理学的に意味のあるリストを作成した。

　人々の違いを記述するのに，どのくらいの数の特性が必要なのかについては研究者の間で議論が分かれる。多くの研究者たちはこれらの疑問に答えるために**因子分析**という統計的技法を導入した。因子分析は，異なるいくつかの行動，あるいは特性間の相関の程度を調べる統計的な数学的方法であり，それぞれの特性間の相関の程度に基づいて，少数の基本的なまとまり，つまり因子に単純化する。このようにして，因子分析によって，広範囲な特性に関して得られた膨大な人々の得点の背景にある構造が明らかにされる。

（2）キャッテルの特性論

　キャッテル（Cattell, 1946）は，オルポートとオドバートのリストを整理し，仲間による評定と自己評定のデータを収集した。そして，それらのデータに関して因子分析を実施した。いくつかの研究の結果，キャッテルは特性用語が12から15の因子に分けられることを見いだすとともに，いくつかの因子を加え，16因子からなる性格検査（**16PF**）を作成した。

（3）アイゼンクの特性論

　アイゼンク（Eysenck, 1959；Eysenck & Eysenck, 1964）は精神医学的診断，質問紙，客観的動作テスト，身体的差異の4つの角度から得られたデータを因子分析したりいろいろな尺度を因子分析することで性格を明らかにしようとした。彼は，一貫して**外向性―内向性，神経症的傾向―安定性**という2つの因子を見いだした。アイゼン

第Ⅰ部　心理学

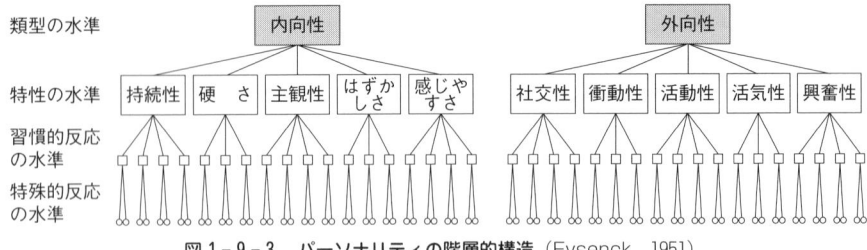

図1-9-3　パーソナリティの階層的構造（Eysenck, 1951）

クはこれらの因子を次元とよび，外向性―内向性に関して図1-9-3のような階層的な構造を提唱している。大部分の人はこれらの次元の中央付近に位置するが，個人を両次元で定義された空間のどの点にも位置づけることが可能であり，非常に広範囲の性格が区別できる。この尺度を測定するためにモーズレイ性格検査（**MPI**）やアイゼンク性格検査（**EPI**）が開発されている。アイゼンクは後に，この二次元に**精神病的傾向**あるいはタフマインドネス（tough-mindedness）というもう1つの次元を加えている。

（4）一貫性論争（人間―状況論争）

　先に，考え方や行動の仕方における個人差は，状況の変化にもかかわらず，その人らしい行動傾向や反応傾向がみられるように，比較的一貫し，安定したものである，と述べた。このように状況を越えて一貫した行動が現われる（これを**通状況的一貫性**という）のは，人間の内部にその人らしい思考や行動の仕方を決定する「何か」内的なものがあるからではないかと推測されているからである。この「何か」内的なもの，すなわち人の思考や感情，行動などにある程度一貫した傾向をもたらすと考えられるものが性格あるいは特性である。そして，内的なものは状況から独立しているから，性格に関連した行動も状況を越えた一貫性をもつ，と仮定できる。そしてこのような考え方をもとにした類型や特性による行動の説明や予測は，状況とは独立に有効と考えられてきた。同じように性格の測定においても，ごく限られた状況での性格しか把握していないのに，その結果をあらゆる状況での行動理解や予測がある程度できると考えられていた。

　ところが，ミッシェル（Mischel, 1968）は，知的機能など一部の領域を除くと，人の行動に現われる性格は，実際にはそれまで仮定されていたような通状況的一貫性をもたない，と指摘した。ある場面で行動に一定の性格特徴を示している人が，他の場面・状況でも一貫してそうした行動パターンを示すという証拠は，結局のところ見つからなかった。つまり，人の行動は，個々の状況に依存しており，状況を越えた一貫

性を保障するものが人の内部には存在しないということである。これまでは状況を越えた一貫性を保障するものがあるという前提に基づいて行動の説明や予測が行なわれてきた。しかし，この論争以後，行動の説明にとっては，人の内部にあるもの（特性）よりも状況のほうが重要である（**状況論**）という考えも起こってきた（渡邊・佐藤, 1993）。

そしてこのような人か状況かという論争の帰結として，「人も状況も」という**相互作用論**が生じてきた。相互作用論では人と状況が互いに影響しあう，より力動的・能動的な相互作用のプロセスに注目している。ミッシェルの指摘は多くの論点を刺激したが，特性論を主張する研究者たちは，特性の有用性を擁護しようとする立場で研究をし，これが後の性格の**5因子モデル**を生み出す伏線となった。

（5）ビッグ・ファイブ（性格の5因子モデル）

クラーエ（Krahe, 1992）によると，1990年代の初めになると**一貫性論争**において，特性論からの反論が起こり，性格心理学における特性の有用性を示すための新しい方法が探究され，数多くの幅広い，多面的な研究が行なわれるようになった。これらの研究は，わかりやすい個人差の記述と解釈を促進するための限られた基本的特性次元を見いだすことに向けられた。いわゆる**ビッグ・ファイブ**（性格の**5因子モデル**）の提唱である。

コスタとマックレー（Costa & McRae, 1982）は，5因子モデルの基づいてネオ性格目録改訂版（NEO-PI-R）とよばれる性格テストを作成した。測定される因子は，**外向性**（extraversion），**神経症的傾向**（neuroticism），**経験への開放性**（openness to experience）という3因子から構成されたNEOに5因子モデルに従って，**調和性**（agreeableness）と**誠実性**（conscientiousness）という2因子を付け加えたものである。

この検査は，実験参加者の層を広げても，自己報告でも他者報告でも，横断的データでも縦断的データでも，多様な因子分析を適用しても安定した5因子を示すことが認められている。上にみられるように，5因子で性格を記述するといっても内容が異なる5因子を主張する研究者もあり，現在のところすべての研究者が共通した性格の5因子構造を認めているわけではない。

第2節　性格検査の信頼性と妥当性

性格を記述するのに必要な特性が見いだされれば，それらの特性を適切にしかも安定して測定するための道具（性格検査）が作成される。そして，この道具を用いて特性を量的に測定することで個人の性格が記述できるようになる。また，臨床的治療に

おいて，治療の効果を評価するためには，来談者がどのように変化したのか，あるいは変化しなかったのか，臨床的治療の評価のためにも**信頼性**と**妥当性**を備えた有効な性格の査定，測定が必要となる。

　性格検査の信頼性（reliability）とは測定結果の安定性（一貫性）のことであって，その尺度を用いて，いつ誰が測っても結果がほぼ同じでなければならない。

　テストの妥当性（validity）とは，その検査が測定しようとしているものを測定しているかどうかの問題である。妥当性は，類似した，かつすでに確立されている検査と比較する（**併存的妥当性**），検査の結果から行動のレベルが正確に予測できるか（**予測的妥当性**），測定しようとしているものがある理論的概念や仮説を測定しているか（**構成概念妥当性**）などによって確かめることができる。すべての検査は，このような信頼性・妥当性を十分にそなえたものでなければならない。

【推薦図書】

『図説現代の心理学1　パーソナリティ』　南　博（監訳）　星野　命（訳）　講談社　1976
『性格の理論　第2版』　詫摩武俊（編著）　誠信書房　1978
『パッケージ・性格の心理　全6巻』　詫摩武俊　ブレーン出版　1985
『性格心理学への招待』　詫摩武俊・瀧本孝雄・鈴木乙史・松井　豊　サイエンス社　1990

第10章 対人関係と集団

人は生きていく中で，さまざまな他者と出会い，交流しながら関係を築いていく。人間は本質的に1人では生きていくことのできない存在だからである。しかし，他者とともにあることは，人生を豊かにする半面，さまざまな苦悩の源泉ともなる。本章では，私たちがどのように他者をとらえ，かかわっているか，他者からどのような影響を受けているかをみていくことにする。

第1節 対人関係

1．対人認知

他者と良好な関係を築くためには，まず相手のことよく知る必要がある。相手の性格や能力が正確にわかれば適切に対応することできるであろう。しかし，これまでの研究から，私たちが他者について行なう判断は，必ずしも正確とは言えず，さまざまな方向に歪められる場合の多いことが知られている。それはなぜだろうか。

（1）暗黙裡の人格論

1つは，私たちが人間の性格について多かれ少なかれ自分なりの素朴な信念をもっていることがあげられる。たとえば，ある人について「有能な」人物だと聞くと，ひょっとするとものごとに「厳格な」人かもしれないと想像し，「温厚な」人物だと聞けば，きっと「気さくな」人だろうと考えるかもしれない。クロンバック（Cronbach, 1955）によれば，このような性格特性間の関連性についての信念は，日常経験を通して徐々に形成されると考えられるが，それほど明確な根拠があるわけでもなく，個々人が漠然と抱いている持論のようなものであることから**暗黙裡の人格論**（implicit personality theory）とよばれている。私たちが，ごく限られた情報からだけでも他者に対してかなり鮮明な印象を形成できるのは，この人格論を知らず知らずのうちに働かせ，相手についてさまざまなことを推測しているからである。しかしながら，その結果形成される印象は相手の実像と必ずしも一致していない可能性はある。

（2）ステレオタイプ

暗黙裡の人格論に加えて，私たちの他者に対する印象を歪めるものとしてステレオタイプがある。**ステレオタイプ**（stereotype）とは，「銀行員はまじめである」とか「ラテン系民族は情熱的である」というように人種や民族，性別や職業など特定の社

第Ⅰ部　心理学

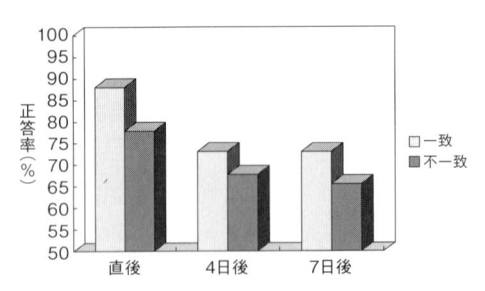

図1-10-1　職業ステレオタイプが対人記憶に及ぼす影響（Cohen, 1981をもとに作成）
参加者はビデオに登場した人物の特徴について一定の時間間隔をおいて再認テストを受けている。職業ステレオタイプに一致する特徴が一致しない特徴より正答率が高い。

会的カテゴリーや社会集団について私たちが抱いている固定観念である。ステレオタイプは，集団に関して得た情報を集約し単純化することによって形成されるため，必ずしも特定の個人にはあてはまらない。ところが，私たちは，おうおうにしてステレオタイプに合うように相手のことを理解しようとする。たとえば，サガーとショフィールド（Sagor & Schofield, 1980）は，「背中を押す」という同じ行為も，行為者が黒人であると白人に比べより攻撃的にみられやすいことを明らかにしている。また，コーヘン（Cohen, 1981）によるビデオ映像を用いた実験では，ビデオに登場した人物の職業（司書とウェイトレス）のイメージに合わない特徴より合う特徴のほうが正確に記憶されることが示された。これらは，私たちの情報処理がステレオタイプに基づく期待を確証する方向にバイアスがかかることを表わしている（図1-10-1）。

(3) 重要他者効果

　また，過去に自分に重要な影響を与えた他者（両親，教師，親友，恋人など）についての知識が対人認知を左右することがある。たとえば，新たに出会った人物がかつて交際していた恋人と顔立ちやしぐさが似ていると，その人物をまだよく知らないのに性格や価値観まで昔の恋人と似ているように感じることがないだろうか。また，その新たな人物に，かつて恋人に抱いたのと同じような感情をもつことがないだろうか。アンダーセンとバウムは（Andersen & Baum, 1994）は，このように重要他者のイメージを新たな人物に重ねてみてしまうことを**転移**（transference）とよんだ。記憶の中に保持されている重要他者のイメージが，新たに出会った人物を理解するときの準拠枠として機能していると考えられるが，これもまた正確な他者理解を妨げるおそれがある。なお，精神分析学において，患者が幼少期に両親などに抱いた感情を治療者に向けることを同じく「転移」とよぶが，想定されている心理機制はかなり異なる。

2．対人感情

　他者との関係は，相手に好意や魅力を感じることが出発点となる。では，どのような場合に私たちは他者に魅力を感じるのであろうか。一般的に，ある人物に魅力を感じるのは，その人物が望ましい特性をもっているからだと考えられる。たしかに，誠実で，責任感があり，温和な性格の人物は，多くの人から好感をもたれるに違いない。しかし，対人魅力は必ずしも相手に備わっている特性によって決まるわけではなく，そのとき自分が置かれている状況やその時点での自分の心理状態に左右される面も大きいのである。

（1）自尊心と対人感情

　自尊心を傷つけられることは，誰にとっても辛いことであろう。人には基本的に自分のことを好ましく思っていたいという願望があるからである。したがって，受験の失敗，失恋など，自分が否定されるようなできごとがあったとき，傷つき低下した自尊心を回復してくれる相手には強い魅力を感じるようになる。ウォルスター（Walster, 1965）の行なった実験では，性格検査を受けた女子学生に結果の良否について偽のフィードバックを与え，自尊心を一時的に低める条件と高める条件をもうけて比較している。その結果，前者の条件では後者の条件に比べ，待ち時間にデートに誘ってくれた男子学生に対し好意的感情を抱きやすいことが示された。

　自尊心と対人感情の関係は，アロンソンとリンダー（Aroson & Linder, 1965）の実験でも確かめられている。この実験では，実験参加者が課題遂行について評価者から一貫してほめ続けられる条件と，最初はけなされるが後半ほめられる条件，一貫してけなされ続ける条件，最初はほめられるが後半はけなされる条件をもうけ，評価者に対する好意度を比較している。すると，好意度がもっとも高かったのは，最初はけなされたが後半にほめられるようになった条件であり，反対に好意度がもっとも低かったのは，最初ほめられたが後半けなされる条件であった。これは低下した自尊心の回復がいかに効果的に相手への好意を高めるかを示すとともに，一度獲得した自尊心を奪われることが好意を低下させる大きな要因となることを示している。

（2）恋愛感情

　非日常的でドラマチックな男女の出会いは恋愛感情が生まれやすい。ダットンとアロン（Dutton & Aron, 1974）が，吊り橋のある渓谷に出かけ，たいへん興味深い実験を行なっている。その吊り橋は高さがかなりあり，上を歩くとぐらぐら揺れて今にも落ちそうになるような橋であった。その橋をわたってきた男性に実験者を装った女子学生が実験への協力を依頼し連絡先を伝える。同じことを低いところにある石橋でも行なう。すると，吊り橋で会った男性は，石橋で会った男性より，なぜか女子学生に

後日連絡してきた割合が高かった。男子学生が実験を依頼した場合は，どちらの橋でもほとんど誰も連絡してこなかった。吊り橋をわたってきた男性は心臓の鼓動が高まるなど生理的に興奮していたと考えられるが，その興奮を目の前にいる女性への恋愛感情と混同したのである。恋愛にはハラハラ，ドキドキすることが多いものであるが，逆にそうした興奮状態にあるときに出会った相手に魅力を感じやすくなるのである。

　また，ドリスコールら（Driscoll et al., 1972）は，交際中のカップルを対象に調査を行ない，2人の恋愛に彼らの親が反対しているほど，熱愛度が高いことを見いだしている。恋愛関係にある2人は障害があるほどかえってそれを乗り越えて成就させようという気持ちが強まるといえる。このような現象を**ロミオとジュリエット効果**（Romeo and Juliet effect）という。これは相手への魅力が2人の関係を取り巻く状況によって大きく影響されることを表わしており，裏返せば，障害がなくなるなど状況が変われば愛情が冷めるということも十分ありうる。

3．関係の維持

　他者との間に友情や愛情が生まれても，それがどのくらい持続するかはわからない。人間関係には争いや葛藤はつきものであり，それらを乗り越え生涯にわたり続く関係もあれば，短期間で崩壊する関係もある。これにはさまざまな要因がかかわっている。

（1）対人葛藤と対処行動

　いかに仲のよい友人どうしでも，またいかに深く愛し合っている夫婦や恋人どうしでも，けんかやもめ事は起きるものである。むしろ，親密な関係ほど葛藤や対立は起きやすいかもしれない。ラズバルトら（Rusbult et al., 1982）は，このようなときに人が取る行動として大きく4つあげている。1つは，「対話」であり，相手と問題について話し合うなど，解決に向けて積極的に努力することをいう。第2は，事態の改善をひたすら信じて待つ「待機」である。第3は，問題と向き合うことを避けるなど事態の悪化を放置する「無視」である。第4は，相手と別れるなど，関係を断ち切る「退去」である。最初の2つは，関係維持を目的とした建設的行動であり，後の2つは，関係破壊的行動といえる。関係を持続させるためには，破壊的行動より建設的行動をとることが望ましいのは当然であるが，人がいつもそのように行動をするとは限らない。一般に，建設的行動が取られるのは，それまでの関係への満足度が高いとき，その関係に多くの資源（金銭など物質的なものだけでなく，サービスや愛情など精神的なものを含む）を投入しているときに限られる。しかし，新しい恋人など魅力的な代替肢が存在するときは，現在の関係への継続意図は低下しやすい。なお，こう

した考え方は，人間関係を資源の交換過程ととらえ，人は他者との相互作用から得られる利益を最大化するよう動機づけられているとする**社会的交換理論**（social exchange theory）が基礎になっている。

(2) **愛着スタイル**

　相手との間に起きたささいなトラブルに過剰に反応することが関係を悪化させる場合がある。相手の否定的言動に過敏に反応する程度には個人差があるが，一般にこのような個人差は，幼少期における養育者との関係が関係していると考えられている。私たちは，自分を育ててくれた他者（多くの場合は親である）に対して強い愛着を形成するが，その過程で，自分はどの程度他者から受容されているのか，他者はどの程度自分の要求に応じてくれるのか等について学習する。その結果が良好であれば，他者は自分を受けて入れてくれるものであり，自分はそれだけ価値のある存在なのだと感じることができるようなる。ところが，結果が悪ければ，他者は自分を受け入れてくれないものであり，それは自分にその価値がないからだと感じるようになる。つまり，養育者との相互作用を通して自己および他者に対する基本的態度である愛着スタイルが形成され，これがその後の対人関係全般を方向づける。

　このような考えは**成人愛着理論**（adult attachment theory）として近年注目を集めている。代表的研究者の1人であるシェイバーは，成人にみられる愛着スタイルを安定型，回避型，アンビバレント型の3つに分類している（Hazan & Shaver, 1987）。安定型は，自己および他者への信頼感が高く，穏やかで幸福な関係が持続しやすい。回避型は，根底に他者に対する不信があるため，他者と親密な関係になることを嫌悪する。アンビバレント型は，他者と親密な関係になりたいという思いは強いが，自分は他者に受け入れられないのではないか，拒否されるのではないという不安を抱きやすく，相手に一方的にのめり込んだり，必要以上に嫉妬したりと，感情の起伏が激しくなる。また，自己への態度を見捨てられ不安（自分は他者から見捨てられるのではないかという不安）によって，他者への態度を親密性回避（他者への不信感から他者と親密になることを嫌う傾向）によって，それぞれ独立に測定し，両者の組み合わせにより愛着スタイルを分類する試みもなされている（Bartholomew & Horowitz, 1991）。

第2節　集団心理

　人間は集団の中にいるときと1人でいるときとでは行動や態度が異なることがある。集団を構成する人々の間にはさまざまな力学が働き，それが個人の行動の生起に大きな力をもつからである。ここではその代表的な例を紹介する。

第Ⅰ部　心理学

1．傍観者効果

　1964年，ニューヨークの町で深夜帰宅途上の若い女性が衆人環視の中暴漢に襲われ殺害されるという事件が起きた。キティ・ジェノヴェーゼという名のその女性は，アパートの自宅に入る直前に男にナイフで刺される。彼女のあげた悲鳴により近所の家々に明かりがつき犯人はいったんその場を離れるが，誰も助けに出て来るようすがないため再び彼女に襲いかかった。彼女の再度の悲鳴に，また家々の明かりがともると犯人は再び立ち去った。だが，やはり誰も助けに出てこなかったので男は再々度彼女に近づきとうとう絶命させしまう。じつは，このとき38人もの人間が事件の経過を目撃していたのである。なぜ，彼らは，誰1人彼女を助けようとしなかったのか，事件を見ていた近所の人たちの冷淡さに非難が集中した。

　しかし，ダーリーとラタネ（Darley & Latané, 1968）は，近所の人たちが冷淡だったのではなく，その場に大勢の人間が居合わせたことが悲劇の起きた原因だと指摘した。つまり，もしも自分1人しかそこにいなければ，誰しも道徳的責任を感じて何らかの援助行動を取るはずである。ところが，自分が大勢の中の1人であると思うと，その責任が分散され事態への介入が抑制される。自分以外の誰かが助けにいくだろうと皆が考えてしまうからである。事実，ダーリーとラタネは，急病人が発生する事態を人為的に導入し，自分のほかに人が多くいると思ったほど援助行動が遅れることを実験により証明している（図1-10-2）。

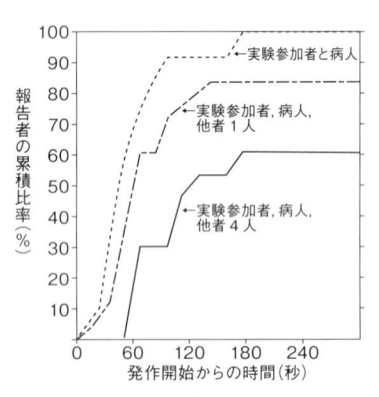

図1-10-2　傍観者効果に関する実験結果（Latané & Darley, 1970；竹村・杉崎, 1997より一部改変）
参加者は，実験操作により，急病人が発生したとき，その場に自分しかいない，他に1人いる，他に4人いると思わされている。他に居合わせている（と思った）人数が多くなるほど緊急事態の報告が遅れている。

2．集団思考

　集団のもつ逆説的な効果をもう1つ紹介しよう。「3人寄れば文殊の知恵」ということわざがあるように，ものごとは1人で考えて決めるより，複数の人間で話し合って決めたほうがよいと考えられている。話し合いに参加したメンバーが優秀で経験豊かであれば，なおさら好ましい結果が期待できよう。ところが，皮肉なことに，有能な人間からなる集団による話し合いが実に愚かしい結果を招くことがある。それは，集団討議に参加したメンバーが**集団思考**（**集団浅慮**，groupthink）に陥るからである。

　集団思考の生起メカニズムは，ジャニス（Janis, 1982）によって詳細に検討されている。集団討議の良さは，意見や情報を幅広く収集し，決定内容のリスクやコストを多角的かつ慎重に検討できることである。しかし，強力なリーダーの下，集団内のメンバーの結束が強いとき，集団内には意見の斉一化を求める傾向が現われ，集団の合意から逸脱する発言を控える，不都合な情報を無視する，もしくは都合よく歪曲する，異議を唱えるメンバーに圧力をかけるといったことがみられるようになる。加えて，自分たちは失敗しないという過度の楽観主義が集団内に蔓延する。その結果，十分な検討を行なわず欠陥のある決定がなされてしまう。また，集団に外部から強いストレスがかかっている，何らかの原因でメンバーの自信が一時的に低下しているといった状況要因も誘因となる。ケネディ政権下で実行され大敗を喫したピッグス湾侵攻作戦やNASAのスペースシャトル・チャレンジャーの打ち上げ失敗は，まさに集団思考の結果だと伝えられている。

3．マイノリティ・インフルエンス

　集団思考は集団内に強い同調圧が働いた結果とみることができる。一般に人々の間には，集団内の多数意見への同調が起こりやすい。周囲と異なる意見を述べることは自分が逸脱者とみられるおそれがあるからである。そして，多くの場合少数意見は無視されるものである。しかし，集団内の少数派が多数派に勝る力を及ぼすことがある。映画「12人の怒れる男」では，皆が有罪を主張する中でただ1人異を唱えた主人公が，他の陪審員をしだいに動かしていくようすが緊迫感をもって描かれている。少数派の影響力（マイノリティ・インフルエンス）に関して先駆的研究を行なったモスコビッチ（Moscovici, 1976）は，少数派が影響力をもつ条件として，この映画の主人公のように態度が一貫していること，熱意をもって自分の意見を述べていること，主張内容が論理的であること，自分の利害に関係なく公正であることをあげている。このような態度は，多数派の人たちの側に，少数派の意見が真に傾聴に値するものであ

るという認知を引き起こすからである。

4．社会的アイデンティティ

　人は誰しも自分の所属する集団には帰属意識や愛着を抱くものである。しかし，そのことが他者との関係にさまざまな影響をもたらす。たとえば，自分の集団と他の集団を区別して，自分と同じ集団の人をひいきする（内集団ひいき），他の集団（外集団）の人たちを自分たちより低く見て排斥する（外集団蔑視）といったことがあげられる。もっとも，所属集団の利益や目標を脅かす集団に対し敵対的感情を抱くのは当然かもしれない。しかし，利害対立や目標葛藤が実際には存在しない場合にも集団間差別は起こる。いったんある集団に所属すると，その集団のメンバーであることが自己概念の一部になるため，集団の価値を高めることによって自尊心の高揚を図るようになるからである。タジフェルとターナー（Tajfel & Turner, 1979）は，このような自己評価の源泉としての集団成員性の認識を社会的アイデンティティ（social identity）と称し，人々が肯定的な**社会的アイデンティティ**を求めようとするために，さまざまな集団間葛藤が生じるのだと主張した。肯定的な社会的アイデンティティを維持するためには，内集団を外集団と比較し，内集団のほうが優れていることを確認する必要があるからである。

　ある個人が保有する社会的アイデンティティは単一でない。個人はさまざまな集団に同時に所属しているからである。したがって，複数ある社会的アイデンティティのうち，状況に応じて特定のアイデンティティが顕現化すると考えられる。オリンピックのような国際的な競技イベントがあれば，多くの人は日本人であることを強く意識し日本人選手を応援するようになるが，国内のプロ野球の試合では，地域住民としての自覚が高まり地元チームの勝敗に一喜一憂する。

　対立する2つの集団に共通目標が発生するなど何らかの理由で内集団―外集団の区分が消滅すると，両集団の成員の間に友好的感情が生まれることがある。これを脱カテゴリー化（de-categorization）という。ブリューアとミラー（Brewer & Miller, 1984）は，脱カテゴリー化が功を奏するためには，両集団の成員が対人理解を目的とした相互作用を行ない，地位や役割の構成に際しても集団成員性によらず個人的属性に基づくことが重要であると述べている。

【推薦図書】
『複雑さに挑む社会心理学』　亀田達也・村田光二　有斐閣　2000
『パーソナルな関係の社会心理学』　W. イックス・S. ダック（著）　大坊郁夫・和田 実

（監訳）　北大路書房　2004
『冷淡な傍観者―思いやりの社会心理学―』　B. ラタネ・J. ダーリー（著）　竹村研一・杉崎和子（訳）　ブレーン出版　1997
『集団凝集性の社会心理学―魅力から社会的アイデンティティへ―』　M. A. ホッグ（著）　廣田君美・藤澤　等（監訳）　北大路書房　1994
『対人行動の社会心理学―人と人の間のこころと行動―』　高木　修（監修）　土田昭司（編集）　北大路書房　2001

第11章 自己と文化

　思春期を過ぎると私たちは誰でも、「自分は他の人と比べてどんな特徴があるんだろうか」や「自分は価値のある人間なんだろうか」などと考えるようになる。心理学には、人が自分のことをどのように考え、どのように感じているか、また人は自分のことをどのように考えたい、感じたいと思っているか、そしてそのような考えが人の行動にどういった影響を与えるのか、ということを研究する領域がある。本章では、そのような「自己」にまつわる研究とその文化差について紹介することにする。

第1節　自己とは何か

1. 自己概念

　自己概念とは、人が自分自身をどんな人間だと「考えている」のかを示すことばである。ジェームズ（James, 1890）は、人間の自己（全体的自己）は、「**知る自己（主我）**」と「**知られる自己（客我）**」に分かれるとした。「知る自己」は、たとえば「私は自分について考えた」の「私」のように、行動し、知る主体としての自己であると定義されている。「知られる自己」は、先の文章の「自分」のように、意識の対象となる自己である。この「知られる自己」のように、自分自身に対して抱いているイメージ全体を「**自己概念**」とよぶ。

　ジェームズはこの自己概念が次の3つから成り立っているとした（図1-11-1）。

①**物質的自己**：自分のものといえる、触ることのできる物体から得られる自分の像のことを指す。自己の身体や物など、直接自分に所属するものから得られる像（たとえば、流行の洋服やバッグをもつ自分や、子どもっぽい顔の私など）、人・場所といった、自分には直接所属しないものから得られる像（たとえば、まじめな親の娘、教室の前の席に座る私）も含む。

②**社会的自己**：社会の中での自分の役割や、他者が自分に抱く印象から得られる自己の像のことを指す。たとえば「私は部長だ」、「末っ子だ」、「友人からお調子者と思われている」など、他者とのかかわりの中で得られる自分の

```
全体的自己 ─┬─ 知る自己
            │    (主我, 英語の"I")
            │
            └─ 知られる自己 ─┬─ 物質的自己
                 (客我, 英語の"me")   ├─ 社会的自己
                 ‖                    └─ 精神的自己
                 自己概念
```

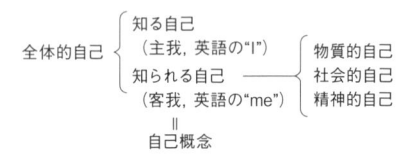

図1-11-1　「自己」の概念図

像である。
③ **精神的自己**：自分の能力，価値観，感情，興味，意見や性格など，より内的な自己の像のことを指す。たとえば「私は運動が得意」，「本を読むことが好き」，「タレントの○○が好き」，「友人が多い」などの認識があてはまる。

2．自尊心

自尊心とは，人が自分自身についてどう「感じている」かを示すことばである。専門的には，自己概念と結びついている自己価値の感覚や感情と定義される。たとえば，自分のことが好きな人や，自分自身のことを受容できている人は，自尊心が高いということになる。ここでは自尊心の代表的な定義と，自尊心の高低による違いをみていこう。

(1) ジェームズの定義

ジェームズ（1890）は，自尊心を，「自分の自分への願望」に対する「実際の成功」の比率によって決定されるとし，「自尊心＝成功／願望」という公式を提唱した。つまり，同じぐらいの成功度の人が2人いたとしても，自分への願望（理想像）が高すぎる人は，全体としての自尊心が下がることになる。

(2) ローゼンバーグの定義

ローゼンバーグ（Rosenberg, 1965）は自尊心を，成長期における親の態度や友人間での経験などを通じて得られる，「自分は（失敗したとしても）愛される存在だ」という認識だと定義した。つまり自分のことを「これでよい」と思える程度，自分を価値ある人間だととらえられる程度である。そしてその度合いを測定する自尊心尺度を開発した。この自尊心尺度は10項目と測定しやすいこともあり，現在最も多く用い

表1-11-1　ローゼンバーグの自尊心尺度（山本ら，1982）

① 少なくとも人並みには，価値のある人間である。
② いろいろな良い素質を持っている。
③ 敗北者だと思うことがよくある。（＊）
④ 物事を人並みには，うまくやれる。
⑤ 自分には，自慢できるところがあまりない。（＊）
⑥ 自分に対して肯定的である。
⑦ だいたいにおいて，自分に満足している。
⑧ もっと自分自身を尊敬できるようになりたい。（＊）
⑨ 自分は全くだめな人間だと思うことがある。（＊）
⑩ 何かにつけて，自分は役に立たない人間だと思う。（＊）

注：回答は「1.あてはまらない」から「5.あてはまる」の5件法。合計得点は，逆転項目（＊）の得点を反転（5↔1，4↔2）させた上で10項目の得点を足し合わせる。

られている代表的な自尊心尺度である（邦訳版は山本ら，1982；表1-11-1）。

（3）高自尊心と低自尊心

　高自尊心と低自尊心は，日常生活にどのような違いをもたらすのだろうか。テストなど能力を試される場面において，高自尊心者は優れた成績を目指し，失敗したときのことは忘れ，自分の欠点には目を向けない傾向がある。逆に低自尊心者は，失敗を避けようとするあまり，目標に目を向けるより，失敗をくり返し思い出すようである。

　他方，高自尊心者は低自尊心者よりも，自分の将来や周囲の状況を肯定的にとらえ，社会的な不安が低く，自分の人生に対する主観的な幸福感が高いことがわかっている（Baumeister, 1998）。ただ，高自尊心者がつねに良い特徴をもつというわけではない。具体的には，自尊心が高すぎる人は，攻撃性が高く，自分への逆境に弱いことが示されている。また現実よりも良いほうに誇張された自己観をもつため，自慢しすぎたり，負けを認めなかったりするなど，社会的スキルが乏しくなることを示した研究もある。

3．自己にかかわる動機

　人は，つねにさまざまな他者と相互作用をし，互いの特徴について認識，評価しながら日常生活をおくっている。そのような中で，人は自分や自分が所属する集団に関して知ろうとし，またできるだけ自分を価値のあるものととらえたいと思っている。このように「自分や自分が属する集団について知りたい」という動機には，おもに以下の3つがあるとされている（Baumeister, 1998）。

　1つめは，自分について正確なことを知りたいと思う**自己査定動機**である。これは，人が自分の性格や能力について，たとえ悪い情報であっても「正しい」ことを知りたいと思う動機である。この動機が強いと「客観的で正確な」情報やそういった情報をくれる人を好むことになる。この動機は，自分について正確に把握することによって，周りの状況や将来に適切に対応できるという点で重要である。

　2つめは，自分について良いことを知りたいと思う**自己高揚動機**である。これは，自己への楽観的評価を含むもので，自分の現状や将来をバラ色に解釈したいという動機である。客観的で正確な情報よりは，主観的な「自分は有能だ」，「自分の将来はきっと良いはずだ」と思える情報を重視することによって，自己や自尊心を良い状態に保つことができ，それが将来の行動へのやる気につながるといえる。

　3つめは，良い悪いにかかわらず，今までもっている自分のイメージを確認したいと思う**自己確証動機**である。たとえば「自分はまじめに努力する人間だ」と思っている人が，他者から「あなたは遊び人だ」と言われた場合，「自分は誤解されている」

と残念に思うだろう。また，逆に「自分は遊び好きだしまじめに努力する人間ではない」と思っている人が，他者から「あなたはまじめだ」と言われたとする。今度は誉められているわけだが，この人はやはり「自分のことを理解してもらっていないのではないか」と残念に思うだろう。この動機が強いと「自分がもつイメージを確認するような」情報を好み，またそのような情報をくれる人を好むことになる。

　上の3つの動機のうち，人は最終的には自己高揚動機を満足させるように，他のさまざまな動機を状況に応じて使い分けているといわれている。自己高揚動機が満足させられると，最終的には自尊心が高まるからである。

第2節　文化によって異なる自己

　ある人が所属する「国」や「文化」によって，さまざまな価値観や行動様式があることは，文化人類学の分野で20世紀のはじめより指摘されてきた。心理学の分野で「文化」の問題が盛んに取りあげられ始めたのは，第二次世界大戦後，人的交流が盛んになってからである。本節では，自己にまつわるさまざまな文化研究を紹介する。

1．文化によって異なる自己のさまざまな側面
（1）価値観の違い

　有名な研究に，多国籍企業IBMに勤める世界53か国の社員を対象にして，さまざまな国の人々の価値観を1967年と1973年に比較した大規模な調査研究がある（Hofstede, 1991）。回答者総数117,000人にも及ぶ膨大な調査データをもとに，ホフステードは文化を5次元でとらえ，次元ごとにさまざまな国の人を得点化した（表1－11－2）。調査年がかなり古いが，この調査の結果，日本人は「男性性」指標が53か国中1位で，「不確実性の回避」という次元では7位（あいまいさを嫌う傾向が高い）ことが示されている。このように同じ質問項目をさまざまな国の人に尋ねたデータを用いて比較することにより，各国の人の特徴を量的に把握することができる。

（2）自己評価の違い

　人は，「自分は人に好かれ，能力があり，良い特徴を備えている」などと現実以上に高い自己評価をもってしまう傾向があるが，この「ポジティブに歪んだ自己評価」を**自己高揚バイアス**という。特に自分を平均的な他者と比較して，自分は平均以上の能力がある，と認識する傾向を**平均以上効果**という。いずれも自己高揚動機の働きによるものと考えられている。

　多くの心理学の実証研究において，北米では，自己高揚バイアスや平均以上効果が

表 1-11-2　ホフステードの文化 5 次元の分類（Hofstede, 1991）

次元	説明
1．権力格差	富や権威の関係など，社会的不平等の大きさの指標。たとえば上司と部下の関係が平等ならこの得点は低くなる。日本は権力格差の高さ46位。上位には中東諸国や東南アジア諸国が入っている。
2．個人主義対集団主義	個人の利益と集団の利益のどちらが優先されるか，という指標。日本は個人主義度22位。アメリカは 1 位。
3．男性性と女性性	社会で重要視されるものを示す指標。男性性が強い社会では物質的・金銭的な成功が重視され，女性性が強い社会ではよい人間関係などが重視される。日本は男性性1 位。
4．不確実性の回避	不確実性の回避傾向が高い（あいまいさに寛容でない）社会では，規則を変えたり，転職をしたりする人は少ない。日本は不確実性回避度 7 位。アメリカやイギリスは下位。
5．長期志向対短期志向	短期志向の価値観は，早く結果を出すことを期待するが，長期志向の価値観では物事を長い目で見る傾向がある。日本は長期志向度 4 位。1 位は中国，ほか東アジア諸国が上位 5 位を占めている。

注：順位づけは調査が行なわれた1967-73年時点でのものなので，現状とは少し異なる可能性がある。

非常に強くみられている。たとえば1976年に米国の高校 3 年生100万人を対象に行なわれた調査では，高校 3 年生の77%が自分のリーダーシップ能力を平均以上だと答えており，60%が運動能力において，85%が他者とうまくやっていく能力において平均以上だと回答している（Dunning et al., 1989）。また，そのような傾向が高いほど，精神的健康も高いという報告が数多くなされている（たとえばTaylor & Brown, 1988, 1994）。

他方，日本における結果は複雑である。アメリカやカナダなどの西洋文化圏と比較して，日本や韓国などの東洋文化圏では自己高揚バイアスがみられないという指摘（Heine et al., 1999）があれば，東洋でも「まじめさ」や「友人を大切にする」など，回答者にとって重要性の高い側面では自己高揚バイアスや平均以上効果が表出されるという指摘（Brown & Kobayashi, 2002 ; 伊藤, 1999）もある。さらに，日本人は仲が良い友人と自分を比較して，友人の方が自分よりも有能であるという評価（相対的な自己卑下）を行なうことや，その人と自分との関係の良さは，他の人たちの関係の良さよりも良い関係であると評価する**関係性高揚**があることも示されている（遠藤，1997）。

(3) 人生満足度と文化

ディーナーら（Diener & Diener, 1995 ; Oishi, et al., 1999）は世界31か国において，自尊心，経済的満足度，家族との関係満足度，友人との関係満足度などが，本人の人生満足度にどれほど強く影響を与えているかを調べた。結果は国によって異なり，個

人主義文化の国（欧米など）では自尊心の高さが人生満足度の高さと強く関係するが，集団主義文化の国（日本や韓国など）ではそれらは関係せず，むしろ友人や家族との関係が人生満足度と関係する可能性が指摘されている。また，経済的に貧しい国では経済満足度が人生満足度に強く影響していたが，経済的に豊かな国では家庭での満足度が人生満足度に強い影響を与えていることが示されている。マズローの欲求階層説（第Ⅰ部第8章参照）にあるように，基本的な欲求が満たされてはじめて所属欲求が重要になると解釈されている。

2．文化による違いはなぜ起こるか

上記で紹介したように，文化によって人の心理や行動が異なることについて，比較文化心理学と文化心理学という側面からのアプローチがある。

（1）比較文化心理学と文化心理学

比較文化心理学では，人間行動の文化差について「基本的な心理は人類に普遍的だが，その現われ方が文化に応じて異なる」と考え，文化と心は別個のものであると考える。つまり，人は自分が住む社会や文化の中のルール（規範）を読み取り，その社会でうまく生きていくために，その規範に合わせて考え行動するという考え方（これを**自己呈示**とよぶ）である。たとえば，どの国の人でもみな自己高揚動機をもっているが，謙遜が重視される東洋文化圏では，他者から疎外されないように自己高揚動機を表に出さないという考えである。

これに対し，文化心理学は「人の心は，その社会・文化の中で歴史的に構成されてきたものであり，ある文化で育った人にはその文化特有の心が存在する」と考える。つまり心と文化は切り離せないもので，文化によって異なる心が育つのは当然なのである。そのため，文化心理学の最終目標は，文化間の人間行動の比較自体ではなく，心理学の理論の**文化的相対化**を図ることにあるとする（北山, 1997）。

（2）文化的自己観

文化による心理の違いを説明するものとして，文化的自己観という考え方がある（Markus & Kitayama, 1991）。図1-11-2（a）は**相互独立的自己観**を模式的に図に示したものだが，この図にあるように，相互独立的自己観が優勢な文化（北米など西洋文化）では，自己は，他者やまわりのものごととは区別され，切り離されている。そして，そのような文化や社会でうまく適応していくためには「自らの中に望ましい特徴を見いだし，それらを外に表現し，現実のものとしていくこと」が重要となる。つまり，このような文化においては，人は「自分がいかに有能であるか，望ましい特徴をもつか」を積極的にアピールするほうが，人に好かれ，その社会でうまく適応して

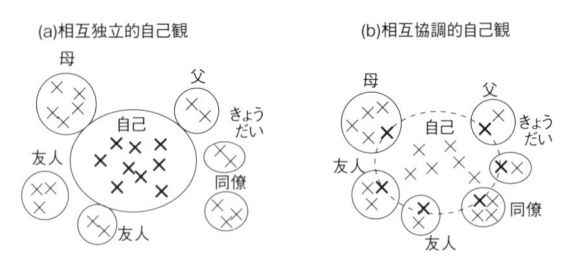

図1-11-2 (a) 相互独立的自己観と (b) 相互協調的自己観
(Markus & Kitayama, 1991)

図中の○は，人の心理的な自己・他者の境界を表わし，×は能力や性格などさまざまな特徴を表わす。自己と他者が重なる箇所にある×は，他者との関係性の中にある特徴であり（例：友人の前ではひょうきんであるが父親の前ではまじめで無口である），自己の中にある×は，他者とは関係がなく，常時知覚される自分の特徴のことである。

生きていけるということになる。

　それに対して図1-11-2 (b) に示したような**相互協調的自己観**が優勢な文化（日本など東洋文化）では，自己の境界線は他者との境界線と重なり合っている。そのような社会でうまく適応していくためには，人は「良い対人関係を作り，自分をその仲間の重要な一部分として認識し，またまわりの人にそう認識されること」が重要である。つまり，このような文化においては，人は「周囲の人たちとよい人間関係を築いていくこと」が非常に重要であり，自分について話す場合は「自分がどれだけ良い人間関係に恵まれていて，周囲の人といかにうまくやっているか」をアピールすることが，その社会でうまく適応していくことにつながるのである。

【推薦図書】

『日本の「安心」はなぜ，消えたのか―社会心理学から見た現代日本の問題点―』　山岸俊男　集英社インターナショナル　2008
『グラフィック社会心理学第2版』　池上知子・遠藤由美　サイエンス社　2008
『文化と心理学―比較文化心理学入門―』　D.マツモト（著）　南　雅彦・佐藤公代（監訳）　北大路書房　2001
『社会心理学―アジアからのアプローチ―』　山口　勧（編著）　東京大学出版会　2003
『自己と感情―文化心理学による問いかけ―』　北山　忍　共立出版　1998
『木を見る西洋人森を見る東洋人―思考の違いはいかにして生まれるか』　リチャード・E・ニスベット（著）　村本由紀子（訳）　ダイヤモンド社　2004

第12章 健康と社会

人はみな健康でありたいと願っている。では健康とは何か，健康な状態とはどのような状態をいうのか。複雑多様化するニーズに専門分化しながら急速な発展を遂げてきた現代社会は，生活環境の改善や医学の発展に伴って平均寿命が延伸し長寿社会を形成した。しかし一方でストレスフルな社会環境をも築き，心と身体のバランスに大きな影響を及ぼしている。本章では健康心理学の視点から健康の維持や増進，疾病の予防，社会的支援などについて考えてみる。

第1節 健康と健康心理学

1．健康の概念と健康観

健康の概念についてはさまざまであるが，**世界保健機構（WHO）**は1946年「健康とは，身体的に，精神的に，そして社会的にも完全に良好な状態をいい，単に病気や虚弱でないということだけではない」と定義し，さらに到達可能な高水準の健康を享受することは人間の基本的権利であると宣言した。これは健康が単に疾病であるか否かといった診断的判断に限定されるのではなく，身体的健康，精神的健康，社会的健康すべてが満たされた良好な状態として判断される必要性を示している。そしてその高レベルな健康への到達過程は，すべての人たちが健やかで，心豊かで，主体的な生活を実現する過程であり，この健康を実現する権利をすなわち基本的人権ととらえているのである。

このような包括的な健康のとらえ方は，健康状態に関する解釈において1人ひとりの価値観や生活環境などさまざまな要因に基づいた健康観によって異なってくる。**健康観**（health belief）について上田（1997）は，「人間における心身の器官や機能がいかなる状態にあるとき，健康と考えられるのかといった健康に関する見方のことを健康観という。…身体的側面を中心として健康をとらえる立場もあれば…，精神面，心理面を重視する健康観…，優れた体格，強固な精神に健康をみる考え方…，たとえ虚弱でも，活力，持久力，抵抗力があり，粘り強く与えられた課題を遂行できる特性，あるいは，長命で，外界の厳しい条件に対する適応性を健康とみる見方もある。…健康について論じる場合にはいかなる健康観に立っているかを，その根底にある世界観，人生観とのかかわりにおいて十分に認識することが求められる」と報告してい

る。

2. 健康心理学

激動激変する社会と環境の中，人々のライフスタイルは大きく変わった。**生活習慣**に起因した疾病の慢性化による重篤な健康阻害は年々深刻な社会問題となり，健康は国民の生活全般の満足度を決定する上でもっとも重要な構成要素となった。

2008年度世論調査報告「国民生活に関する世論調査」（内閣府大臣官房政府広報室，2008）によれば「現在の生活に悩みや不安を感じている人」は70.8%。その内訳としては「老後の生活設計について」が57.7%と最も高いが，以下「自分の健康について」（49.0%），「今後の収入や資産の見通しについて」（42.4%），「家族の健康について」（41.4%）の順となっている（図1-12-1）。高齢化社会の抱える生活不安や悩みの中に顕在化してきた健康寿命という新たな課題も含めると，健康に関する不安がいかに大きなウェイトを占めているかということが容易にわかる。

さらに先の報告書では，今後の生活における「心の豊かさ」と「物の豊かさ」について，「物の豊かさ」より「心の豊かさ」に重点をおくと答えた人の割合は，「物の豊かさ」と答えた人が30.2%であるのに対して62.6%と大きく上回っている。

国民の生活における価値観の大きな推移により，「健やか」で「心豊か」で「主体的な生活」という目標を達成するために，従来の個人の健康への主体的取組みとともに幅広い観点にたった社会的支援や取組みが求められてきている。

健康心理学は，このような社会背景の中，生物的要因だけでなく心理的要因や社会的要因，さらに環境的要因などさまざまな要因からなる健康の実現に向けた，発達心

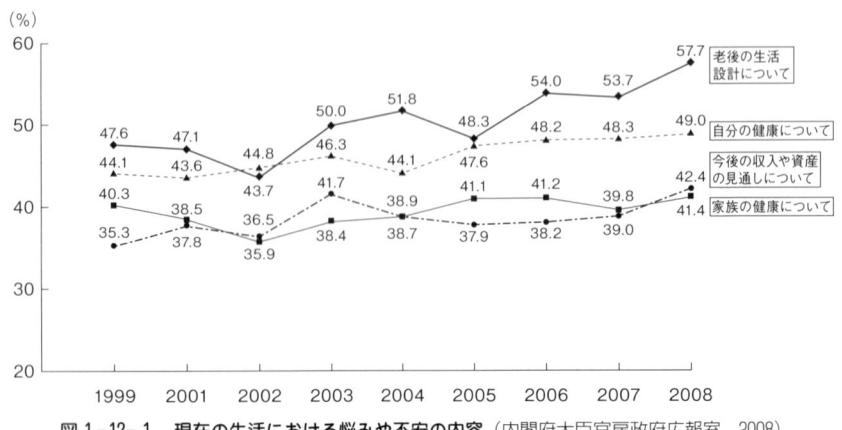

図1-12-1　現在の生活における悩みや不安の内容（内閣府大臣官房政府広報室，2008）

理学,認知心理学,社会心理学などの基礎心理学をはじめ,臨床心理学や環境心理学など多くの心理学を基盤とした総合的視座に基づいた心理学的アプローチを実践する応用心理学である。**健康心理学**についてアメリカ心理学会（American Psychological Association：APA）健康心理部会は,1980年年次総会において「健康心理学とは健康の維持と増進,疾病の予防と治療,健康・疾病・機能障害に関する原因・診断の究明,およびヘルスケアシステムや健康政策策定の分析と改善に対する心理学領域の特定の教育的・科学的・専門的貢献」と定義している。

第2節　健康の維持・増進および疾病の予防と健康心理学

　平成20年度厚生労働白書によれば,生活習慣に起因した疾病による死亡率は全体の6割を占めるまでにいたっており,生活習慣病の発症や重症化の予防は重要課題のひとつである（図1-12-2）。

1．健康の維持・増進と健康行動

　健康観の多様化と生活に占める健康価値の高まりは,人々の行動として,健康の維持や増進,また病気の予防や回復を目的としたさまざまな手段・方法により展開されている。このような日常生活全般における関連行動を健康行動（health behavior）という。健康行動について,カスルとコブ（Kasl & Cobb, 1966）は,①かたよりのない健康的な食事や十分な睡眠の確保など病気予防のためになされる行動（health protective behavior）,②医療機関に行くなど治療を求める病気行動（illness behavior）,③処方薬の服用や休養など病気回復のために必要な病者役割行動（sick-role behav-

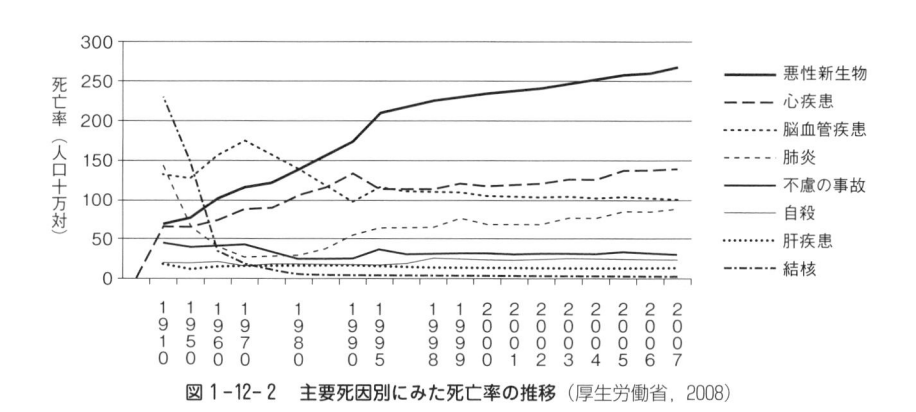

図1-12-2　主要死因別にみた死亡率の推移（厚生労働省，2008）

第Ⅰ部　心理学

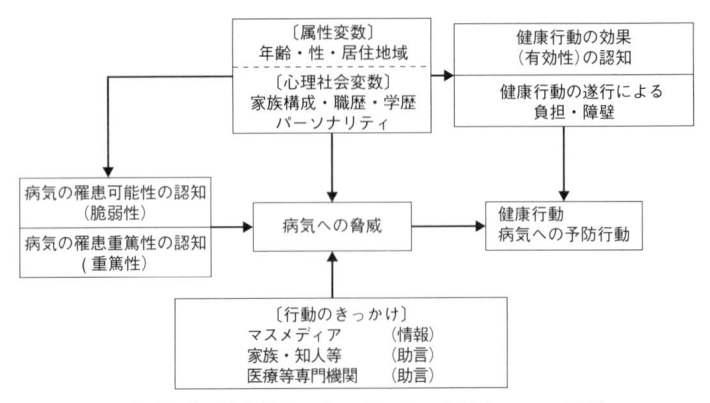

```
        ┌─────────────────┐    ┌─────────────────┐
        │   〔属性変数〕    │    │  健康行動の効果  │
        │年齢・性・居住地域 │    │  （有効性）の認知 │
        ├─────────────────┤    ├─────────────────┤
        │  〔心理社会変数〕 │    │ 健康行動の遂行による │
        │家族構成・職歴・学歴│    │    負担・障壁    │
        │   パーソナリティ  │    └─────────────────┘
        └─────────────────┘
┌───────────────┐         │              │
│病気の罹患可能性の認知│         ▼              ▼
│   （脆弱性）   │   ┌──────────┐    ┌──────────┐
├───────────────┤──▶│病気への脅威│───▶│ 健康行動  │
│病気の罹患重篤性の認知│   └──────────┘    │病気への予防行動│
│   （重篤性）   │         ▲              └──────────┘
└───────────────┘         │
        ┌─────────────────┐
        │ 〔行動のきっかけ〕│
        │ マスメディア  （情報）│
        │ 家族・知人等  （助言）│
        │ 医療等専門機関 （助言）│
        └─────────────────┘
```

図1-12-3　健康信念モデル（Becker & Mainman, 1975）

ior），の3つに分類している。しかしこれらの健康行動を決定する要因は，個人の身体的状況に基づいた必然性から，パーソナリティ，さらに社会的環境などさまざまであり，急激なスポーツや過度の食事制限が健康を阻害することがあるように，行動による結果がすべて健康に結びつくとは限らない。健康行動のモデルとして，特定の病気への罹患の可能性およびその重篤性の認知と，特定の健康行動による罹患の回避および行動上の負担（特定の健康行動による利益と不履行により生じる不利益）の関係を示した「**健康信念モデル**」（health belief model）がある（図1-12-3）。

2．生活習慣と疾病の予防

このように心理的・身体的・社会的側面から健康問題にアプローチする健康心理学には，身体的健康を生物医学モデルからだけではなく，心理学の対象として取り上げ，さらに身体的疾患に関与している心理的作用について分析し，これらの研究に基づいて病気予防へと展開・実践していく点に大きな特徴がある。死亡率の高い重篤な疾病の起因となっている不健康な生活習慣の特定や行動を予測し，健康な生活習慣を増進し病気予防につなげていくことは健康心理学の重要な役割である。**健康習慣**（health practice）について山本（1997）は，「健康習慣には，①適切な睡眠，②毎日朝食をとる，③不必要な間食をしない，④適正な体重の維持，⑤規則正しい運動，⑥喫煙をしない，⑦過度の飲酒をしない，⑧バランスのとれた栄養，⑨塩分摂取の制限，⑩歯の衛生，⑪薬物を乱用しない，などがある。健康習慣はストレスによって影響を受け，高ストレス状態が続くと過度の飲酒，喫煙などにより病気になりやすいと考えられる」と報告している。

このような健康の自己管理・改善に基づく罹患予防活動を**健康増進**（health promotion）という。健康を決定する大きな要因の1つとして社会的環境（支援や施策）があるが，ヘルスプロモーション活動の5つの戦略として，①健康施策づくり，②健康を支援する環境づくり，③地域活動の強化，④個人の生活技術の開発，⑤ヘルスサービスの方向転換が提唱されている（1986年オタワ憲章）。わが国では，健康増進施策の中核として**健康日本21**がある。基本方向は，①**一次予防**の重視（一次予防とは生活習慣改善による生活習慣病等の予防，**二次予防**とは健康診査等による早期発見・早期治療，**三次予防**とは罹患後の必要な治療による機能の維持・回復），②健康づくり支援のための環境整備（ア．生活習慣を改善し，健康づくりに取り組もうとする個人を社会全体として支援していく環境整備，イ．休日，休暇の活用の促進など）であり，そのための改善課題として喫煙やアルコール問題とともに，休養・心の健康づくりなどがあげられている。

心の健康は人々の豊かな**生活の質**（QOL）と一体であり，休養は心身の疲労回復にとって不可欠なものである。

第3節　心のケアと健康心理学

2008年度精神保健福祉白書によれば平成17年における在宅精神障害者の「躁うつ病を含む気分（感情）障害者数」は89万6千人で，わずか6年の間に2.15倍となっている（図1-12-4）。さらに「神経症性障害やストレス関連障害および身体表現性障害」を加えると147万5千人と在宅精神障害者総数（267万5千人）の55％を超えている。また受診（治療）までにはいたらないいじめやひきこもりといった地域や学校における問題も深刻かつ拡大の傾向にある。今や心の病は社会問題であり，誰しもが罹

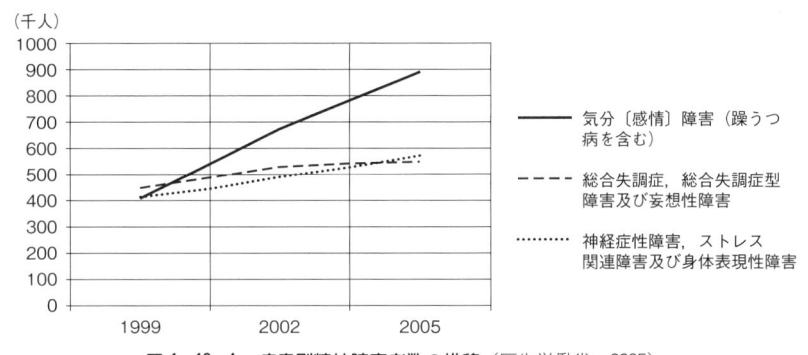

図1-12-4　疾患別精神障害者数の推移（厚生労働省，2005）

患する可能性のある疾患として，精神医学を中心とした医療とともに，心理，精神保健，社会福祉などあらゆる側面からのアプローチによる治療と予防が重要である。

　健康心理学では，健康を生物的，心理的，社会的側面から全人的にとらえる。したがって心の病の予防については，個々の環境における良好な対人関係づくりや生活習慣の改善に重点をおいている。

　健康心理学は新しい学問であるが，このような視点に基づいた健康のとらえ方は，今後も多くの他領域における成果を基盤としつつあいまって必要とされ発展していくであろう。そしてその研究と実践の過程において政治や経済にも大切な影響を与え，健康なパーソナリティの形成は人格的深まり（quality of personality），広義の人々の幸福に貢献するであろう。

【推薦図書】
『健康心理学がとってもよくわかる本』　野口京子　東京書店　2008
『健康心理学概論』　日本健康心理学会（編）　実務教育出版　2006
『健康心理アセスメント概論』　日本健康心理学会（編）　実務教育出版　2005
『健康心理カウンセリング概論』　日本健康心理学会（編）　実務教育出版　2005
『健康教育概論』　日本健康心理学会（編）　実務教育出版　2005

第13章 ジェンダーと心理学

　女らしさや男らしさ，男女の役割とは何だろうか。女性と男性はどこが違うのだろうか。そして，違うとしたらなぜ違うのだろうか。こうしたテーマについては，「ジェンダー（gender）」という概念を手がかりに，心理学のさまざまな分野で研究が行なわれている。本章では，個人の内面および社会行動レベルでのジェンダー，ジェンダー発達，さらにジェンダーの視点とはどのようなものかについて紹介しよう。

第1節　セックスとジェンダー

　「性別」にはふたつの意味がある。生物学的な性別（セックス）とそれに基づいて社会的文化的に規定された性別（ジェンダー）である。言い換えれば，セックスとは生まれつきの性別であり，ジェンダーとはそれぞれの性別にふさわしいとされているもので，「女らしさ，男らしさ」や「男女の役割」ともいえるだろう。そして，ジェンダーの内容は個人の属する文化や社会あるいは時代によって異なる。

　女性と男性にはさまざまな違い（**性差**）がある。たとえば，筋肉の量，ホルモン，服装，収入，家庭での役割，スポーツ経験など。このうち身体構造にかかわるところはセックス，そうでないものはジェンダーによる違いと考えられる。しかし，現実にみられるさまざまな男女の違いが，セックスによるものなのか，ジェンダーによるものなのかを明確に区別するのは，多くの場合むずかしい。たとえば，体格の違いは生物学的なもの，つまりセックスによる違いと思いがちだが，オリンピックレベルの女性選手の身体を見ると，そうした考え方も疑わしくなる。

　ただ，心理学で行なわれる研究の焦点は，ホルモンや身長の違いなどの身体的なものよりも，個人を取り巻く社会や文化，家族がどのように個人に影響を及ぼすのか，またそこでの人間関係はどのようなものかといったことである場合が多い。そうした研究で性差という場合には，たいていジェンダーによる違いを意味すると考えてよいだろう。

　また，心理学の研究で「性差がある」というときには，たいていが平均値での比較であることに注意が必要だ。そうした性差の多くはせいぜい図1-13-1程度であり，たとえ平均値に統計的に有意な差がみられても，男（女）性よりも大きな値を示

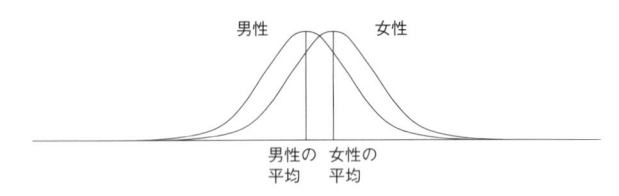

図 1-13-1 「性差がある」と言っても……
メタ分析における効果の大きさ ES=0.5の場合

す女（男）性はたくさんいるし，平均値の違いよりも女性の中での違いや男性の中での違いのほうが大きいことがわかるだろう。

第2節　個人の内面にあるジェンダー

　心理学では個人の内面を測定するためにさまざまな尺度が使われており，ジェンダーの分野でも同様である。ここでは，パーソナリティとしての**女性性／男性性**を測定するもの，女性や男性の役割（**性役割**）に対する態度を測定するものを紹介しよう。

1．パーソナリティとしての女性性，男性性

　MMPI などのパーソナリティテストの中にある女性性／男性性を測る尺度では，女性性と男性性は1つの連続した次元で，両極に位置するものと考えられていた。そして，女性は女性性が高く，男性は男性性が高いと仮定され，男性性の高い女性や女性性の高い男性には何らかの問題があるとみなされていた。

　こうした考え方に対して，1970年代に作成された「ベム性役割目録（Bem Sex Role Inventory : BSRI）」（Bem, 1974）や「個人的属性質問紙（Personal Attribute Questionnaire : PAQ）」（Spence & Helmreich, 1978）では，女性性と男性性をお互いに独立した次元とみなしている。そして，1人の人間が女性性と男性性を同時に高くもつ可能性があり，こうした個人は**心理的アンドロジニー**とよばれる。ベム（Bem, 1974, 1975）は，心理的アンドロジニーと分類される個人が最も精神的に健康であると考えたが，この点は確認されていない。日本でも同様に，女性性／男性性についての検討が行なわれ（たとえば，伊藤，1978；柏木，1967），伊藤（1978）が作成した「MHF（男性性－人間性－女性性）尺度」は現在でもよく利用されている。

2．女性に対する態度

　女性の社会進出が盛んになった70年代には，女性の役割や行動に対する態度を測定する尺度がいくつか作成された。代表的なものは，「女性に対する態度尺度（Attitude toward Women Scale：AWS）」（Spence & Helmreich, 1972）である。これは，「女性の社会進出が盛んな現代では，男性も台所のかたづけや洗濯などの家事を分担したほうがよい」「女性が機関車を運転したり男性が靴下を繕ったりするのは，ばかげたことだ」というような平等主義的あるいは伝統的な性別役割分担に賛成／反対する程度を測定するものである。日本では，鈴木（1991）が「平等主義的性役割態度尺度」を作成している。こうした尺度を用いた研究では，一般的に男性よりも女性のほうが平等主義的な態度をもっていることが報告されている。

　また，女性に対する否定的な態度は時代とともに変わり，伝統的な役割から離脱する女性に対して過去によくみられた敵意や憎悪は，今ではそれほど強くない。現代においてよくみられるのは，「女性は男性によって守られ，愛される必要がある」というような好意的な態度であるという。しかし，こうした好意的な態度の根底にはかつてと同じ「女性は弱く劣った存在」という隠れた差別意識があると考えられている。このような現代的性差別を測るものの１つに，「両面価値的性差別主義尺度（Ambivalent Sexism Inventory：ASI）」（Glick & Fiske, 1996）がある。この尺度を用いた研究では，敵意のある性差別と好意的な性差別に正の相関関係がみられ，女性に対する敵意の高い人は好意的な性差別態度ももっていることが報告されている（宇井・山本，2001）。

第３節　社会的行動としてのジェンダー

　パーソナリティや態度は個人の内面にあり，ある程度安定したものと考えられる。前節で紹介した女性性や女性に対する態度は，個人がジェンダーを内在化していることを前提としている。これに対して，ジェンダーを個人のおかれた状況によって引き出された行動としてみなす考え方がある。この立場では，女性が女らしいのは，女性性の高いパーソナリティをもっているからではなく，彼女を取り巻く状況が女性にふさわしいとされている行動を要求しているからと考える。つまり，ジェンダーは，パーソナリティや態度のように「もつ」ものではなく，「する」もの（doing gender）として考えられるのである（West & Zimmerman, 1987）。

　この社会的行動としてのジェンダーに大きな影響を与えるのが，「重い荷物をもつのは男性の役割」「女性は思いやり深いものだ」といった**ジェンダー・ステレオタイ**

プである。このステレオタイプは行為者自身も気づかないうちに自己成就予言としての役割を果たし，ステレオタイプに沿った行動を引き起こすことがある。たとえば，数学のテストを行なう際に「このテストの成績には性差がない」「性差がある」と教示すると，「性差がある」といわれた場合にはテストの成績に性差がみられたのに対し，「性差がない」といわれた場合には成績に性差がみられなかったという報告がある（Spencer et al., 1999）。これは，「性差がある」という教示により「女性は数学が苦手」というステレオタイプが喚起され，本人も気づかないうちにステレオタイプ通りの結果をもたらすような行動をとった可能性があることを意味する。

第4節　子どものジェンダー発達

　人はどのようにしてこうしたジェンダーを理解するようになるのだろうか。心理学では，子どもたちが女の子／男の子らしくなっていく過程（ジェンダー化）にかかわる要因についてもよく研究されている。こうした要因は，子どもを取り巻く環境と子どもの認知能力の2つに大別できるだろう。

　社会的学習理論は，子どもの**社会化**を観察，模倣，強化により説明する（第Ⅰ部第5章「学習」参照）。ジェンダーに関しても同様の過程が考えられる。たとえば，女の子は母親をはじめまわりにいる女性の言動を観察し，それを模倣する。また，賞賛や叱責（強化）により，自分の性別にふさわしい言動をくり返し，ふさわしくない言動をとらなくなる。このようにして子どもたちは女らしさや男らしさを学んでいくと考えられる。ジェンダー化をおし進める担い手として，両親，きょうだい，友人，教師，マスメディアなどがあげられよう。

　社会的学習理論をもとにした考えは，子どもが受ける環境からの影響を重視している。これに対して，子どもの認知能力に焦点を当てる立場では，子ども自身が積極的にジェンダーに関する情報を取り入れていると考える。子どもは知的発達とともに自分のまわりの世界を理解しようとするが（第Ⅰ部第3章「発達」参照），その際，身体的性別は見ただけでわかることが多く，また社会の中で男女の役割が区別されていることが多いため，それをもとにした知識構造（ジェンダー・スキーマ）をつくる（Martin & Dinella, 2001）。生後まもなくは，外界を認知するときのカテゴリーとして使われていた性別が，やがて，職業，服装，ものや，人の行動や趣味などと結びついたものになる。こうしてつくられたジェンダー・スキーマを用いて，子どもは自分の性別にふさわしいとされる言動をとるようになると考えられている。

　ジェンダー化の過程には，子どもの認知能力の発達とその子どもを取り巻く環境が

欠かせない。環境が変わればジェンダー・スキーマの内容も変わってくるであろうし，同じ環境にいても子どもの発達レベルによってジェンダー・スキーマは変わるだろう。つまり，環境と子どもの認知能力の両者がお互いに関連しあいながら，子どものジェンダー化をおし進めているといえよう。

第5節　ジェンダーの視点をもった心理学研究

　心理学ではさまざまな分野でジェンダーを組み入れた研究が行なわれている。たとえば，恋愛行動，職業選択，家族関係，メンタルヘルスなどである。こうした研究は女性を取り巻く社会背景とも密接に関連している。たとえば，女性の役割についての研究は，1960～1970年代以降，働く女性の増加とともに盛んに行なわれるようになってきた。当初，女性が働くことで子どもや家庭にどのような問題が生じるのかということから始まった研究は，1970～1980年代ごろには，母親，妻，労働者というように役割を複数もつこと（多重役割）が，女性の精神的健康にプラスになるのかマイナスになるのかというものに移った。そして今では，「家庭にやさしい職場」は離職者が少ないので，離職にかかる経済的損失が少なく生産性も高いことが報告されるようになり，仕事と家庭は2つに分けられるものではなく，両者は1つのものという研究の枠組みが登場するようになっている。

　また，母子関係を中心にした家族関係も研究が盛んなテーマである。母子関係の研究の中心は，過去においては，養育者の母親が子どもにどのような影響を与えるのかという一方向的なものが多かったが，子どもも母親に影響を与えているという母子相互作用を考えた研究，そして現在では，父親をも含めた家族関係の研究へと発展している。そのほか，セクシュアリティや性暴力のような現代的なテーマについても，ジェンダーの視点から研究が行なわれるようになっている。

【推薦図書】
『はじめてのジェンダー・スタディーズ』　森永康子・神戸女学院大学ジェンダー研究会（編）　北大路書房　2003
『ジェンダーの心理学改訂版』　青野篤子・森永康子・土肥伊都子　ミネルヴァ書房　2004
『ジェンダー心理学』　福富　護（編）　朝倉書店　2006
『そのひとことが言えたら…』　森永康子（訳）　北大路書房　2005

第14章 人間とコンピュータ

人間をとりまく環境の中で,最近の非常に大きな変化は,その生活の中でコンピュータが重要な要素となったことである。ここでは,このような変化が,現在,そして将来の人間の心と行動に与える影響を考えていきたい。

第1節 コンピュータの歴史

1946年に世界で初めて実用化された汎用電子計算機いわゆるコンピュータは論理素子として真空管が用いられていた。プログラム[1]内蔵(stored program)方式いわゆるvon Neumann型アーキテクチャが提案され,今日のコンピュータ方式の基本となっている。その後,論理素子はトランジスタ,集積回路(integrated circuit：IC),大規模集積回路(large scale integration：LSI),超LSI(very large scale integration：VLSI)と進化し,コンピュータのハードウェアは小型化,軽量化,高性能化,そして信頼性の向上が達成されてきた。

von Neumann型コンピュータは入力装置(input unit),記憶装置(storage unit),演算装置(算術論理演算装置(arithmetic and logical unit：ALU)ともいう),制御装置(control unit)および出力装置(output unit)から構成されている。演算装置と制御装置をあわせて,中央処理装置(central processing unit：CPU)とよぶ。記憶装置はメモリともよばれ,CPUに直結する主記憶装置(main storage unit)または単に主記憶と,外部に接続されている補助記憶装置(auxiliary storage unit)がある(図1-14-1)。

コンピュータのソフトウェアは基本ソフトウェアともよばれるオペレーティングシステム(operating system：OS)とアプリケーションソフトウェア(以下アプリケーション)に分けられる。OSはハードウェアと人間の間,およびハードウェアとアプリケーションの間を取りもつ働きをしている。アプリケーションはコンピュータにさまざまな働きをさせるためのプログラムであり,ワープロ(word processingの略)ソフト,表計算ソフト,データベースソフトなどがある。

1970年代にCPUを1個のLSI半導体チップ上に構成したマイクロプロセッサ(micro processor)が登場して以来,複雑な制御を必要とする機械の中にプログラムとともにマイコン(micro computerの略)という形で組み込むことが増加の一途を辿っ

第14章　人間とコンピュータ

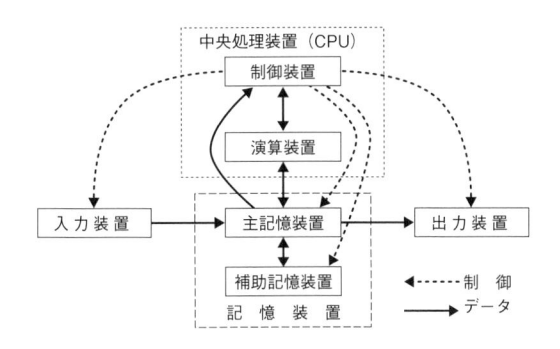

図1-14-1　コンピュータの基本構造

ている。電卓，カメラ，自動車，家庭電化製品などマイコン内臓の商品は枚挙にいとまがない。一方で，個人用のコンピュータとしてパーソナルコンピュータ（personal computer：PC[2]，以下パソコン）が誕生した。

　その後，プロセッサの処理能力のかなりの部分は計算そのものではなくユーザとの高度な対話機能（ユーザインタフェイス）の実現に用いられるようになり，マルチウィンドウ，アイコン，マウスなどの技術，いわゆるGUI（graphical user interface）が開発された。Apple社のMacintoshは普及した最初のGUIベースの**マルチメディア**[3]パソコンである。Microsoft社もWindowsというGUIベースのOSを開発し，1995年に登場したWindows95とインターネットブームがあいまって，PCの普及に拍車がかかった。

　2007年末の総務省調査で，日本の世帯におけるパソコンの保有率は85.0％，2台以上保有する世帯は35.5％となっている。

第2節　コンピュータネットワークの歴史

　データ通信技術の発達にともない，多くのコンピュータを通信回線等によって結合し，互いにもっているプロセッサ，周辺機器，ソフトウェア，データ等のさまざまな資源を共有し利用し合うことによってシステム全体の機能をはるかに向上させようとする試みが，1969年にアメリカの国防省（Department of Defense：DOD）の援助によってARPANET（Advanced Research Projects Agency NETwork）としてつくられ，さまざまな利用実験が行なわれてきた。ここでつくりあげられてきたTCP/IP

(Transmission Control Protocol /Internet Protocol) の技術を利用して，各地に存在する組織の LAN（local area network）[4]を相互接続し，パソコン通信も組み入れ，発展してきたネットワークが，現在インターネット（the Internet）とよばれている世界規模のコンピュータネットワークである。

初期のインターネットでは電子メールやネットニュースを介した文字情報の交換が主であったが，1990年の WWW（World Wide Web）の発明とそのパソコン用の閲覧ソフトである Web ブラウザ（browser）の開発によって，世界中のコンピュータ上のマルチメディアデータが簡単に利用できるようになり，商用インターネットプロバイダーを介して，LAN をもたない個人のレベルでも，自分のパソコンをインターネットに接続するようになった。さらに，第4節で述べるように，個人の携帯電話等からもインターネットが利用できるようになっている。

2007年末の総務省調査で，日本のインターネット利用経験者は8,811万人，人口普及率は69.0％，世帯普及率91.3％となっている。利用機器としては自宅パソコンが83.8％，その内，**ブロードバンド回線**[5]の利用率が67.6％となっている。家庭内 LAN も普及してきており，パソコンを2台以上保有する世帯の72.5％となっている。

第3節 人間対コンピュータ

1950年代後半に誕生した認知心理学では人間の**認知過程**[6]をコンピュータの情報処理過程ととらえる。このような認知モデルを通して認知心理学が人間理解を進める一方で，情報工学，中でも人工知能（artificial intelligence：AI）はコンピュータを人間に近づけるべく研究されてきた（表1-14-1）。

すでにコンピュータは計算能力，記憶容量，情報検索速度において人間をはるかに超えており，人間のようにまちがったり忘れたりはしない。1997年には IBM が開発したチェス専用のスーパーコンピュータ（ディープ・ブルー）がチェスの世界チャンピオン，ガルリ・カスパロフに勝利した。専門家の知識を蓄えたコンピュータが人間の専門家のごとく判断をするエキスパートシステムも実用化されているし，知的に振舞うロボットも登場している。

しかし，コンピュータは人間が与えたプログラムを忠実に実行しているだけであって，自発的に学んだり新しいことはしないし，感情をもっておらず，人間の心理を読むことはできていない。

表 1-14-1　人間 vs コンピュータ

人間	コンピュータ	機能
脳（思考）	中央処理装置（CPU）	情報処理
脳（短期記憶）	主記憶装置（メモリ）	作業記憶
脳（長期記憶）	補助記憶装置（ハードディスク etc.）	知識
感覚器官（目，耳 etc.）	入力装置（キーボード，マウス etc.）	入力
行動（行為，発話）	出力装置（ディスプレイ，プリンタ etc.）	出力

第4節　コンピュータとインターネットがもたらしたもの

ムーアの法則ならびに**ビルジョイの法則**[7]を満たすかたちで進歩してきた IT（information technology）によって，小型軽量化されたノートパソコン，モバイルコンピュータ，携帯情報端末（personal digital assistant : PDA），携帯電話などを使って，いつでもどこでもネットワークが利用できるユビキタス（ubiquitous）社会が到来しつつある。

1980年代にはコンピュータの普及に伴う OA（office automation）化や FA（factory automation）化にうまく適応できずに生じた心理的な問題も報告された。コンピュータ操作に対する恐怖や不安，緊張を強いられる作業に疲れ果てて軽い鬱状態になったりするテクノ不安症と，逆にコンピュータにのめり込み過ぎて対人関係に支障を来したり機械に同化していくテクノ依存症がある。その後のネットワークの普及に伴って，インターネット中毒（Internet addiction）ということばも登場し，インターネットにはまるネットワーク依存症も問題となった。

パソコン・インターネットなどの情報関係の機器・サービスを利用する能力や機会の差による情報格差が経済格差を拡大するデジタルデバイド（digital divide）も大きな社会問題となっている。

小型で高機能となった携帯電話の日本の世帯における保有率は2007年末で95.0%，契約数は1億を超え，その87%が携帯 IP 接続（インターネットにアクセスできる）契約をしている。携帯電話は通話する道具から，メール，Web，時計，ゲーム，カメラ，音楽プレイヤーといった通話以外の機能を利用する道具「ケイタイ」となり，若年層のインターネットの利用はパソコンからケイタイにシフトしつつある。

ケイタイは便利な道具であるがゆえに手放せないが，若年層を中心にケイタイ依存も問題になっている。ケイタイが手元にないと不安を感じる，メールが来ないと孤独

を感じる，メールに返事が来ないと不安になる，届いたメールにはすぐに返信しなければならない……メールを通じて誰かに支配されている状態は依存症である。ケイタイに意識と時間を取られて，本を読まないし，満足な文章も書けず，勉強ができなくなる。

第5節 ネットワーク上のコミュニケーションとコミュニティ

インターネットでは，電子メールのように自分の都合のよいときにやりとりできる非同期性のものとチャットのように同時にやりとりする同期性のもの，従来のWebページのような呈示（プレゼンテーション）型のものと電子掲示板（bulletin board system：BBS）のような相互作用（インタラクション）型のものなど，さまざまな形態のコミュニケーションが可能である。

ネットニュースや電子掲示板のフォーラムには同じ興味や関心を同じくするコミュニティが多数存在する。サーチエンジン等を使って情報検索しても解決できなかった問題であっても，適切なコミュニティに問いかければ知っている誰かが教えてくれて解決することも多い。WWWという分散マルチメディアデータベースであるだけでなく壮大な人的資源がその裏側に存在する。日常生活では簡単に共感者が得られないマイノリティや，現実社会の対人関係に積極的になれない人々にとって，コミュニティにおける情報の共有や経験や感情の共有等の恩恵は大きい。

コンテンツマネージメントシステム（contents management system：CMS）を導入して個人の情報を簡単に発信できるようにしたウェブログ（weblog，ブログ：blog）がブームになっており，日々更新される日記的なWebサイトが増え続けている。掲示板機能に加えて，別のブログの関連記事から自分の記事に向けてリンクを（従来とは逆向きに）張るトラックバックという機能によって，話題ごとに著者や読者によるコミュニティが形成されていく。社会的ネットワークをインターネット上で構築する会員制のサービスはソーシャル・ネットワーキング・サービス（social network service：SNS）とよばれ，紹介制をとっているmixiが代表格である。

ハンドル名[8]やニックネームを用いて本名を明かさずにコミュニティに参加することはネットワーク上でのプライバシー防衛の1つの手段となるが，仮想世界（virtual world）においてもう1人の自分を演じたり，まったく違うものに成りすますこともできる。現実社会の煩わしさ等を切り捨てて没入するとき，コンピュータゲームという**仮想現実**[9]に没入するのと同様に，仮想世界にのみリアリティーを感じ，現実社会に戻れなくなり問題を起こすことになる。

コンピュータネットワークでのコミュニケーション（computer mediated communication：CMC）は，人と人が直接会って行なう対面（face-to-face：FTF）コミュニケーションに比べると，伝わる情報の種類と量が著しく減少している。CMCではふだんは会えないような人々とも時空や社会的な垣根を越えてコミュニケーションできる一方で，非言語的情報の欠落によって対人的な手がかりを見失い，FTFでは考えられないようなメッセージが発せられたり，攻撃的になってことばのけんかに発展すること（フレーミング（flaming）とよばれている）もある。相手が見えないことに加えて自分の素性を隠すことができる匿名性への甘えからか，誹謗中傷やプライバシー侵害も多発している。

第6節　インターネットの犯罪

　私たちにとって便利なインターネットは犯罪者にとっても便利な情報メディアであり，ネットワークを利用した犯罪も増加の一途を辿っている。アダルト系（猥褻物頒布）や出会い系（売買春）などの有害サイトは多数存在し，出会い系サイトの利用で殺人・強姦・強制猥褻等の事件に発展しているケースもある。アダルトコンテンツで誘いをかけて料金を架空請求するワンクリック詐欺，ネットオークションを利用して金品を奪う詐欺，フィッシングサイト（phishing site）で正規サイトになりすまし，ID，パスワードを始め個人情報を奪う詐欺なども横行している。不正アクセスやコンピュータウィルス・スパイウェアの流布や大量の迷惑メール配信も許される行為ではない。

　YouTubeに代表されるような動画投稿サイトやWinnyに代表されるようなファイル交換システムは**著作権**[10]侵害の温床となっている。コミュニティサイトの増加に伴って，名誉毀損，誹謗中傷，プライバシーの侵害，個人情報の流出なども増えている。学校裏サイトに代表されるようなネットワークを使ったいじめも大きな社会問題となっている。

　インターネットにおけるトラブルは，流出した情報が瞬時に世界中に広がってしまうこと，何処かで誰かが情報を保存しているので，いったん流出した情報を完全に削除することが困難であること，加害側を特定することがむずかしい（時間がかかる）ことなどが特徴としてあげられる。

第Ⅰ部　心理学

第7節　どのように IT とつきあうか

　個人レベルで簡単に情報発信ができてしまうインターネットは玉石混交だといわれている。膨大な情報の中から自分に必要なものを見きわめるスキル，メディアリテラシーを身につけなければならない。自らが情報発信する場合には著作権の侵害や個人情報の取り扱いに注意しなければならない。

　法を破らないことは当然として，CMC の向こう側には人がいることを肝に銘じてルールやマナーを守っていくだけでなく，自分の身は自分で守ることも必要である。

　IT はあくまでも道具として使い，仮想世界からの情報収集に終始せず，実体験を大切にすることである。

注)
1) コンピュータシステムはハードウェア（hardware）とソフトウェア（software）に分けられ，ハードウェアはおよそ目に見えて手で触れることができる物であり，ソフトウェアはコンピュータが働くために必要な命令の集まりで，プログラム（program）とよばれる。ハードウェアをハード，ソフトウェアをソフトと略すことが多い。
2) PC はもともと Personal Computer の略であるが，おもに IBM PC/AT（1984年発表）の互換機（DOS/V 機とよばれていた）を指し，Macintosh（1984年販売）のことは PC とよばない場合がある。DOS/V（1990年販売）はソフトウェアで漢字等の日本語をサポートし，世界標準規格である PC/AT 互換機で動作したため，海外の安いパソコンを日本市場に流入させた。最初の Windows1.0は1986年発売だが，日本語版 Windows 3.1は1993年に発売された。
3) マルチメディアとは，コンピュータ上で，文字，静止画，音声，動画（映像）などを統合的に扱うこと。利用者の操作に応じて情報の表示や再生の仕方に変化が生まれる双方向性（インタラクティブ性）をもっていることを条件に含める場合もある。
4) LAN（local area network）は，1つの建物内やキャンパス内の各所に置かれたコンピュータをケーブル等によって相互に結合したネットワーク。
5) データ伝送に使う周波数帯域の幅が広いことをブロードバンド（広帯域）といい，高速なデータ通信が実現できる。ADSL（asymmetric digital subscriber line），CATV（cable television）インターネット，FTTH（fiber to the home）等の高速な回線をブロードバンド回線とよぶ。
6) 認知過程とは，知覚だけでなく推理・判断・記憶などの機能を含み，外界の情報を能動的に収集し処理する過程。
7) ムーアによれば，半導体の性能と集積度は18か月ごとに2倍になりそれに比例してコストが低下する（10年で約100倍）。また，ビルジョイによれば，ネットワーク性能は1年で2倍に向上する（10年で約1000倍）。
8) パソコン通信の BBS などで本名の代わりに用いられるニックネーム。初期のインターネットでは実名を名乗ることが常であったが，パソコン通信との接続や不特定多数の個人利用者の参加によって匿名性がインターネットにもたらされた。
9) 仮想現実（Virtual Reality : VR）は，コンピュータ内につくられた仮想空間（virtual space）を CG（computer graphics）や音響効果等によって現実そのものであるかのように知覚させる技術のことで，視覚・聴覚・触覚等への働きかけで得られる没入感（immersion），対象者の位置や動作に対する感覚へのフィードバック（sensory feedback），対象者が世界に働きかけることができる対話性（interactivity）の3つの要素が必要とされる。
10) 著作権は，知的財産権の内，著作物を保護する権利で，著作者人格権と著作財産権と著作隣接権に分けられている。ソフトウェアも1985年からは著作物として保護されているので，いわゆる違法コピーをしてはいけない。また1998年からは著作財産権に「公衆送信権」，著作隣接権に「送信可能化権」が認められるように

なったので，インターネットで公開されているWebページも著作物であり，インターネットのWeb上に無断でソフトウェアや音楽CD等の著作物を置いてダウンロードできるようにしてはいけない。

【推薦図書】

『インターネット社会　現代のエスプリ，370』　川浦康至（編）　至文堂　1998

『インターネットにおける行動と心理―バーチャルと現実のはざまで―』　A. N. ジョインソン（著）　三浦麻子・畦地真太郎・田中　敦（訳）　北大路書房　2004

『ウェブログの心理学』　山下清美ほか　NTT出版　2005

『絆をつなぐメディア―ネット時代の社会関係資本―』　宮田加久子　NTT出版　2005

『インターネット・コミュニティと日常世界』　池田謙一（編）　誠信書房　2006

『プログラムはなぜ動くのか第2版―知っておきたいプログラミングの基礎知識―』　矢沢久雄　日経BP社　2007

『情報科学入門』　伊東俊彦　ムイスリ出版　2007

『情報処理第2版』　草薙信照　サイエンス社　2009

第 II 部

臨床心理学

●1　臨床心理学の基礎

第Ⅱ部 臨床心理学

第1章 精神分析

第1節 はじめに

　精神分析とは何か——この問いに単純明快な答を与えることはむずかしい。それは，19世紀末に精神分析を創始した**フロイト**（Freud, S.：1856-1939）自身が，このことばを多様な意味に用いていたからであり，その後，精神分析が，単に心理療法や心理学の領域にとどまらず，芸術，文化，思想など，多くの領域に多大な影響を与えるにいたる歴史の中で，さまざまな形に発展し変化を遂げていったからである。フロイトは，精神分析が人類に与えた衝撃を，コペルニクスの地動説やダーウィンの進化論に匹敵するほどのものであるとしたが，そのことば通り，フロイトの精神分析は19世紀末に西洋に誕生した1つの巨大な思想であり，革命であった。その核心は"無意識"の発見である。人間の心の底には，自らは知ることができず，制御もできない"無意識"という広大な領域が広がっている。人間の思考や行動や感情は，この"無意識"に大きく支配されており，その影響の前に人間は無力な存在でしかない。完全な自己理解や行動制御が理性によって可能であるという信念は幻想にすぎないのだ。——フロイトは，このような認識によって，理性を絶対視する西洋の近代合理主義に対する果敢で大胆な挑戦を試みたのである。

　精神分析は，今や，日常語として使われることもあるほど，きわめて広範囲にわたる幅広い概念であるが，心理学の領域に限った場合，およそ，以下の3つの意味がある。

①人間のことば・行動・空想・夢・症状などの無意識的意味を解明するための心理学的研究法。
②これらの解明方法を基本手段とし，心的葛藤・抑圧・防衛・抵抗・転移・逆転移・対象関係の認識と，それに対する治療者の介入や解釈などによって特徴づけられる心理療法。
③これらの研究法や心理療法によって得られた素材に基づいて構成された一連の心理学的理論。

　本章では，この中から，心理療法としての精神分析を中心に，その基本概念を紹介する。

第2節　心理療法としての精神分析

　フロイトは，医師として多くの患者の治療にあたり，その経験の中から精神分析をつくり出していった。フロイトが対象としたのはおもに神経症の患者であった。神経症の患者はさまざまな症状を示す。たとえば，ヒステリーでは，身体的な原因がないのに手足が麻痺して動かなくなったり，目が見えなくなったりする。強迫神経症では，「人を殺してしまうのではないか」などの考えが頭に浮かび，それが馬鹿げた考えだとわかっているにもかかわらず，その考えに囚われて離れられなくなったり，不安のために1日に何度も手を洗わないと気がすまないといった症状がみられる。フロイトは，患者の示すこれらの症状には無意識的な意味があり，患者がその意味を洞察することによって，症状の消失を期待できると考えた。そして，このような洞察をうながすことを目的として自らが開発した治療法を**精神分析療法**とよんだのである。

第3節　精神分析の主要概念

　フロイトは，精神分析をつくりあげる過程において，いく度となく，その理論や概念，治療技法に変更を加えた。このような改変作業は，フロイトに続く分析家達に引き継がれ，現在もなお，進行中である。その過程の中で，精神分析の諸概念のうち，どれを重要なものとみなすか，またある概念をどのように解釈するかなどを巡ってさまざまな議論がなされてきたが，統一した見解はいまだに得られていない。逆に，主義・主張の違いによって，さまざまな学派が生まれてきているのが，これまでの流れであり，現状である。したがって，精神分析の主要概念として，どれを取り上げ，どのように説明するにせよ，すべての分析家がそれに完全に同意することはあり得ないといっても過言ではない。この点を踏まえた上で，本節では前節に出てきた用語を中心に，おもに心理療法との関連で，簡単な解説を加える。

1．無意識

　フロイトはしばしば「**無意識の発見者**」といわれるように，人間の心の働きにおける無意識の意義を徹底的に探求した。人間の心には意識されている部分だけでなく，意識されていない部分や意識しようとしてもできない部分，すなわち，無意識の部分がある。そして，この無意識は，ときには意識以上に，人間の心理や行動に大きな影響を与える場合がある。フロイトはそう主張し，錯誤行為，夢，神経症などの研究を

通じて，無意識のメカニズムを解明していった。神経症の症状は無意識が形を変えて現われたものであり，治療においては，症状に隠された無意識的な意味を患者が洞察することが必要であるというフロイトの考え方は，現在でも，精神分析療法の重要な基本認識の１つになっている。

2．自由連想法

　フロイトは，初期には催眠・暗示やカタルシス法を治療に用いていた。しかし，これらの方法の効果に限界を感じ，**自由連想法**を考案するにいたった。自由連想法とは，患者を寝椅子に横臥させ，治療者はその背後に座るという治療構造の中で，頭に浮かんだことや思い出したことを何でも包み隠さずに述べることを求めるものである。フロイトは，この方法によって，患者の中に潜んでいて病気に関係している無意識的な内容を意識化できると考えた。

　この自由連想法による面接を，１回45〜50分，週に４回以上くり返すものを狭義の精神分析療法，この条件を満たさない精神分析的な方向づけをもった精神療法を精神分析的（力動的）精神療法とよび，両者を区別する立場がある。

　当初，自由連想法は，精神分析治療における無意識の探求法として中心的な役割を果たしていたが，精神分析の治療範囲が広がり，病態水準の重い患者や子どもも対象にするようになると，自由連想法の使えないケースが出てきた。たとえば，病態水準の重い患者の場合，この方法では侵襲的過ぎてかえって症状が悪くなったり，子どもの場合には，言語能力が限られているために，この方法を使えないといった事態が起こってきたのである。また，時間的・経済的な負担のために，週４回以上の精神分析療法を受けられない患者への対応も必要であった。このようなことから，面接回数を減らしたり，寝椅子を使わず対面で面接したり，遊戯（プレイ）を媒介にしたり，母子の交流を直接観察するなど，自由連想法に代わる無意識の探求法が工夫されていった。

3．心的葛藤

　一般に葛藤とは，対立する２つ以上の傾向が，ほぼ等しい強さで同時に存在し，行動の決定が困難な状態をいう。精神分析では特に，精神内界において矛盾する力や構造が対立することを**心的葛藤**とよび，これが神経症を惹き起こしたり，性格傾向を決める上で重要な要因になると考える。フロイトは初期の局所論では，無意識の願望と意識の道徳的命令の間に葛藤が起こると考えていた。たとえば，フロイトの症例エリザベートの場合，彼女が姉の夫に密かな恋心を抱き，姉の死に際して義兄といっしょ

になりたいという願望を抱いたことが,彼女の道徳感との間に葛藤を惹き起こし,これが,両足の疼痛と歩行困難というヒステリー症状につながったとした。その後フロイトは,葛藤がまったく無意識のうちにも起こりうることを発見し,エス,自我,超自我からなる構造論が打ち立てられると,これら3つの心的構造間の対立として生じる葛藤が,神経症理論の中心概念として位置づけられることになった。

4．抑圧・防衛・抵抗

　人間は誰しも,いやな出来事や不愉快なことを経験したり,自分でも許せないような願望を抱いたりすると,それを忘れてしまうことがある。しかしそれは消えてなくなってしまうのではなく,無意識の領域に押しこめられるだけであり,そこで脈々と生き続ける。フロイトはこのように考え,この無意識化の過程・現象を**抑圧**とよんだ。抑圧されたものにはたえず意識へ回帰しようとする性質がある。神経症の症状も,抑圧された願望や欲求が姿を変えて再び意識に戻ってきたものに他ならない。患者が症状から解放されるためには,症状を惹き起こすもとになった願望や欲求を再び意識化し,症状の意味を洞察することが不可欠だとフロイトは考えた。前述の心的葛藤との関連でいえば,葛藤は,それが葛藤として意識されている限りは,そのためにいくら苦痛を感じたとしても,神経症になることはない。葛藤が抑圧されると,一見,苦痛はなくなったように見えるが,代わりに神経症の症状がその人を悩ませることになる可能性がある。エリザベトの場合にも,義兄に対する願望や,それによって惹き起こされた葛藤が抑圧されている間,彼女の症状は続いていた。しかし,治療によって,この苦しい葛藤を意識化することができたとき,症状は完全に消失したのである。

　抑圧はなぜ起こるのか。それは,心的葛藤や,それに伴う耐え難い不安,不快,苦痛,罪悪感,恥などの情動や欲求を意識から追い払い,無意識化することによって,精神内界の主観的・意識的安定を保とうとする働きが心に備わっているからである。このような目的を達成するための心の働き方としては,抑圧以外にもさまざまなものがあり,それらを総称して**防衛**とよぶ。防衛は必ずしも神経症や不適応を招くわけではなく,適応的に機能することもある。つまり,防衛はそれ自体が悪いわけではなく,むしろ自然な心の働きであり,その働き方がうまくいかない場合に限って,神経症などの問題が出てくると考えるべきである。このような適応的観点からの防衛の分類としては,たとえば,フェニヘル（Fenichel, O.）の成功的防衛・不成功防衛や,ヴァイラント（Vaillant, G.）の**自己愛的防衛**（妄想的投影,否認,歪曲など）・**未熟な防衛**（投影,行動化,退行など）・**神経症的防衛**（知性化,抑圧,置き換え,反動

形成など）・**成熟した防衛**（愛他主義，ユーモア，昇華など）がある。

　精神分析治療は，このような防衛によって守られている無意識内容を意識化しようとするものである。しかし，この意識化の過程には苦痛が伴う。これは，そもそも苦痛な内容に直面しなくてすむように防衛が発動された経緯を考えれば，ある意味で当然のことである。患者は，意識的・無意識的にこの苦痛を避けようとして，治療に**抵抗**するようになる。たとえば，自由連想中に「何も思いつきません」とか「つまらないことしか思い浮かびません」などといって，自由連想の要求に従わなくなってしまう。あるいは面接をキャンセルしたり，治療のやり方に疑問を投げかけるなど，本来治療を求めてきたはずの患者が，まるで治療を拒否するような態度をとり始める。フロイトは，このような逆説的現象を抵抗とよび，抵抗は治療のあらゆる段階で現われるため，これを分析し，克服していくことが，治療では不可欠の作業になると考えた。

5．エディプス・コンプレックス

　神経症を惹き起こす心的葛藤にはさまざまなものがあるが，フロイトは，その中でも特に中心的・根源的なものとして**エディプス・コンプレックス**を考えた。エディプス・コンプレックスとは，子どもが両親に対して抱く愛と憎しみと恐怖を中心とする観念複合体のことで，陽性と陰性の2種類のものがある。陽性の場合，男の子は母親に対して性的欲望を感じ，母親を独占したいと願い（エディプス願望），それを許さない父親に対し，嫉妬や憎しみを感じ，父親の不在や死を願うようになる。しかし子どもは一方で父親を愛してもいるために，このような自分の気持ちを苦痛に感じたり，父親に処罰されるのではないかという恐怖（去勢不安）を抱くようになる。そのため，エディプス願望は抑圧され，男の子は父に同一化して男性らしさを獲得していく。この願望は思春期になると再び復活し，対象選択に重要な役割を演じる。女の子の場合には，男の子の場合とは逆に，父親に対して性的欲望を感じ，母親を敵視するという現象が起こる。陰性のエディプス・コンプレックスでは，この心的布置が逆になり，子どもは同性の親に愛情を抱き，異性の親を憎むようになる。いずれにしても，このエディプス・コンプレックスの解消のされ方が，個人の性格形成や神経症の発症などに重要な関連をもつとフロイトは考えたのである。

6．幼児性欲論

　エディプス・コンプレックスに関連する概念として**幼児性欲論**がある。フロイト以前には，性欲は幼児期には存在せず，思春期になって初めて開花すると考えられてい

た。しかし，フロイトは，幼児にも出生直後から3, 4歳までの間に性欲の活動がみられるとし，これを幼児性欲と名づけた。この幼児性欲は，大人の性欲とは異なり，性的ではあるが性器的ではない。つまり，相手との性器の結合による性行為を目標とはしておらず，自己の身体を対象としている（自体愛）。対象となる身体部位（性感帯）は発達とともに，口唇，肛門，尿道，男根，クリトリスと移動する。これらの発達段階は，口唇期，肛門期，男根期とよばれる。これらの幼児性欲は，エディプス・コンプレックスの解消に伴って抑圧されて忘れ去られ（幼児期健忘），潜伏期に入っていく。その後思春期になり，性欲動が再び活発化するが，この時点では，性の発達段階は性器期に達し，性欲動は，親とは異なる異性に向かうようになる（二相説）。神経症は，この幼児性欲の早期の発達段階への固着と退行によって説明されるとフロイトは考えた。

7．転移・逆転移

　転移は，過去，特に子ども時代に重要な人物，特に両親に対して経験した感情，思考，行動，態度を現在の対人関係の中のある人物に置き換えることである。したがって，それらは，現在の対象に対しては不合理な側面をもっている。精神分析や精神療法だけでなく，すべての人間関係には，理にかなった現実的側面とともに転移的側面が存在する。しかし，精神分析療法の中では，患者が退行することによって，それがより純粋な形で起こってくる。たとえば，過去に父親に向けた感情や態度を，無意識のうちに治療者にも向けるようになる。転移が起こると，患者は病因となった過去や無意識の探索よりは，現在の治療者との関係に関心を向けるようになる。そこで，この**転移**を分析し，その寄って来るところを患者に気づかせることによって，分析作業を進めていくことが，治療では必要になる。一方，**逆転移**は，当初は，治療者の患者に対する神経症的な転移のことをさしていたが，最近では，患者に対する治療者の感情や態度全般をも意味するようになってきている。

　転移・逆転移の本質についての理解や，その治療的位置づけについては，フロイト以降，さまざまな議論が展開され，学派によって大きく異なっているのが現状である。しかし，全体的な流れとしては，治療に妨害になるものとして，その影響をできるだけ小さく留めたり，早期に取り除こうとする立場から，豊かな材料を提供してくれる，治療にとって不可欠なものとして積極的に利用していこうとする立場に変化してきている。

8. 治療者の介入

　精神分析の技法はすべて受身的傾聴という原則の上に成り立っているが，その中で，必要に応じて分析者が積極的に患者に働きかけることがある。治療者の介入とは，この積極的な技法を総称したものであり，**明確化**，**直面化**，**解釈**，**徹底操作**などが含まれる。明確化とは，患者の言った不明確な点について，はっきりと説明し直してもらうことである。直面化は，患者が直面を避けている事実に目を向けることをうながすもので，そのために，患者の話のくいちがいや誤った認識や，明白ではあるのに本人には気づかれていない事柄に対決させるものである。解釈は，治療者の介入の中でも，精神分析に特徴的なものとして，おそらくは最もよく知られているものである。それは，治療過程において治療者が患者の精神生活について理解したことをことばで患者に伝え，患者の自己理解を助け，うながすもので，その内容としては，患者の無意識的な願望や欲求，心的葛藤，防衛，抵抗，転移，対象関係のあり方などが含まれる。患者の自己理解を助けるという点では，明確化や直面化と共通するが，明確化や直面化が意識的・前意識的な内容を扱うのに対し，解釈は無意識的な内容を扱うという点で違いがある。時宜を得た正しい解釈によって，患者は，知的なレベルにとどまらない感情を伴った自己理解，すなわち情緒的洞察を得ることができる。しかし，この洞察には苦痛が伴うのが常であり，いったん洞察が得られたとしても，それがすぐに患者自身のものとして身につくとは限らない。洞察が真に患者に同化され，態度・行動の変容や症状の改善につながるためには，その後も，治療の中で同様の局面が現われたときには，治療者はくり返し介入を行ない，患者の洞察を堅固なものにしていく必要がある。このくり返しの作業を徹底操作とよぶ。

第4節　フロイト以後の発展

　前述したように，精神分析は，その発展の過程においてさまざまな学派に分かれていった。その中には，基本的にフロイトの理論（欲動心理学）を継承・発展させた学派と，フロイトの理論を根本的に批判し，独自の理論を構築した派がある。前者には，自我機能に注目した**自我心理学派**，精神内界における自己と対象の関係様式を重視する**対象関係論派**，外的・現実的な人間関係や社会との関係に目を向けた**ネオ・フロイト派**，自己愛の適応的側面に注目した**自己心理学派**，構造主義の見地からフロイトの理論を見直した**ラカン学派**，分析者と被分析者の治療関係を相互関係としてとらえる二者心理学の視点を取り入れた**関係学派**などが，後者には**分析心理学**（ユング），**個人心理学**（アドラー），**現存在分析**（ビンスワンガー）などがある。通常，精

神分析に含められるのは前者に属する学派である。

第5節　精神分析的精神療法

　自由連想法のところで述べたように，精神分析が発展し，その治療対象や治療範囲が広がっていくにつれて，精神分析療法にはさまざまな改変が加えられていった。**精神分析的精神療法**とは，広義には，この改変版の精神分析療法を総称したものをいうが，典型的には，寝椅子を使った自由連想法を用いて週4,5回行なわれる古典的精神分析療法との対比で，精神分析的な理解を基礎にしながらも，対面法を使って，より少ない頻度で行なわれる精神療法のことを指していることが多い。力動的精神療法とよばれることもある。精神分析的精神療法は，いくつかの点で，古典的な精神分析療法と異なっている。たとえば，前者では転移性の反応を認識することはあっても，その分析を治療の主要な機序とみなさない。むしろ現在の治療者−患者間の相互作用と関係性にもっぱら焦点をあわせる。陽性の治療同盟を大切にし，明確化，直面化，解釈などの介入を用いると同時に，ときには教育やその他の支持的な技法（暗示，カタルシス，助言，保証，励まし，称賛など）を用いる。現在では，精神分析的治療を受けている患者の大半は，古典的精神分析療法ではなく，この精神分析的精神療法を受けている。

第6節　おわりに

　以上，心理療法としての精神分析について，その基本概念を紹介した。心理療法としての精神分析がめざすものは，もちろん症状の改善であるが，それだけにとどまらない。最終的には，患者が自己の真実の姿を知る手助けをすることこそが，精神分析の最大の目標である。もちろん，患者に対して，ただやみくもに真実を知らせればよいというものではない。真実を知ることが治療的に働く程度やペースやタイミングには個人差がある。人によっては，あまり性急で厳しい真実への直面は反治療的でさえあるだろう。このような個人差や病態の様相を見きわめた上で，患者にとって最適な対応を選択できるように，精神分析は，フロイト以降，さまざまな理論や技法を発展・洗練させてきた。患者は症状に苦しんでいる。さらにその症状のために自分が"ふつうの"人間ではなくなってしまったと感じているかもしれない。しかし症状はむしろ，患者が"ふつうの"人間であり，人間として"ふつうの"弱さをもっているからこそ生じたものなのである。この認識をもてること，すなわち，症状の起源の中に人

間としての証を見いだし、その同じ地平において他の人とつながっているという認識をもてることこそが、精神分析の重要な治療機序の1つといえるのかもしれない。いみじくもフロイトが述べたように、精神分析が請け負えるのは「症状のみじめさをありふれた不幸へと変化させる」ことにすぎないのであって、それ以上でも以下でもなく、ましてやバラ色の人生を約束することではけっしてないのである。

【推薦図書】

『図説臨床精神分析学』　前田重治　誠信書房　1985
『精神分析事典』　小此木啓吾ほか（編）　岩崎学術出版社　2002
『図解雑学フロイトの精神分析』　鈴木　晶　ナツメ社　2004
『心理臨床大事典』　氏原　寛ほか（編）　培風館　1992
『イラスト図解精神分析ってなんだろう？』　山田由佳　日本実業出版社　2002

第2章 分析心理学

第1節 分析心理学（ユング心理学）

　分析心理学はスイスの精神医学者カール・グスタフ・ユング（Jung, C. G.：1875－1961）によって創始された心理学・心理療法学であり，一般にはユング心理学として知られているものである。ユングは当初フロイト（Freud, S.：1856－1939）から強い影響を受けたが，やがて独自の理論を模索し始め，フロイトから決別することになった。ユングをフロイトから決別させたものとして，大きくは**リビドー論の違い**（フロイトが性本能，性エネルギーと考えたものを，ユングはより広範な心的エネルギー論へと拡大した），**集合的無意識**の概念の導入，症状論においてフロイトが還元論的立場をとったのに対し，ユングは目的論的見方を加えたこと，などがあげられる。

　分析心理学はフロイトの**精神分析**と同様，人間の心に意識と無意識があることを仮定し，心理的な問題，疾病の背後に無意識からの影響があることを想定している。これはあたり前と受け取る人も多いと思うが，他章を読み進むとわかるように，心理療法のすべてが，無意識を想定し，取り扱うわけではない。このため精神分析や分析心理学は，無意識を取り扱うという共通点から**深層心理学**とも分類される。

　分析心理学は他の臨床心理学の諸派と同様，心理療法の実践と深いつながりをもち，さまざまな悩み，問題，症状を抱えて訪れる来談者とともに，その問題に取り組んでいくために見つけ出された諸理論からなる。複雑な人間の心や症状を細分化するのではなく，多義多層的な心全体を対象とし，深い臨床体験から導き出されたものであるため，その理論は複雑多岐にわたり，一見すると理論的整合性に欠ける印象を与える。しかし実際に治療場面を経験していくと，一見矛盾しているように見える諸理論のつながりが見えてくることが多々ある。そのため，分析心理学を学習するに当たっては，今理解できないからといって全否定するのではなく，いろいろな疑問を括弧の中に入れながら読み進めていく態度が必要である。

　この態度はまさに，臨床場面でそれぞれの個別性を抱えて来談するクライエントを，わからないからといって投げ出したり，無理やり自分の理論に当てはめたりせずに，わからないなりに抱えていくセラピストの力と通じるものと考えられる。

　上述のように，ユングはフロイトに強い影響を受け，なおかつそこから独自の理論

を展開していったので，フロイトの理論（第Ⅱ部第1章参照）との比較を通してみると，その特徴が理解されやすい。

第2節　無意識の諸相

1．個人的無意識と集合的（普遍的）無意識

　無意識の諸相についてのユングの独自性は，フロイトが提唱した無意識の内容を「**個人的無意識**（personal unconscious）」と名づけ，それ以外に「**集合的（普遍的）無意識**（collective unconscious）」想定し，人の無意識はこの2層から構成されるとしたことである。

　個人的無意識とは，ある個人が生きてきた歴史の中で生まれた個人的経験の貯蔵庫で，ユング（Jung, 1927）によると，①意識内容が強度を失って忘れ去られたか，あるいは意識がそれを回避した（抑圧した）ため無意識化した内容と，②意識に達するほどの強さをもたないまま，ともかく心に組み込まれたいくつかの感覚印象から成り立っているもの，の2つから構成される。フロイトはこの個人的無意識へと抑圧された内容が神経症を引き起こす原因であると考えた。

　一方ユング（1927）は，無意識にはこうした個人的な経験の残滓だけではなく，より客体的，普遍的な内容が存在すると考え，これを「集合的（普遍的）無意識」と名づけた。これは表象可能性の遺産として，個人的にではなく人類共通にもともと存在するもので，いまだ意識にのぼっていないものである。集合的無意識は個人の心の基礎とされ，個人的無意識は，これを基盤とすると考えられる。

　そして，さらにこの集合的無意識の内容の表現の中に，共通して現われる普遍的なパターンないしモチーフを認め，それを形作る基盤として「**元型**（archetype）」を想定した。

2．元型

　この「元型」概念はユングの理論の中でも最も物議を醸すものの1つであるが，その混乱の多くは元型の定義の誤解からくると考えられる。

　「元型」は心の行動を構造化するために人が生まれつきもつ「型（パターン）」であり，それ自体は表象不可能で，表象形態を通してのみ明らかになる仮説的な存在である。私たちは元型自体を把握することはできず，元型の表象としての元型イメージを通して，その背後にある普遍的なパターンである元型の存在を仮定できる。

　たとえて言うならば，「人間が言語をもつという基本的傾向」が元型にあたり，そ

の表象としての元型イメージが各言語であると考えてみてほしい。元型そのものを私たちは見ることはできないが，元型イメージである各言語は見ることができるし，同じ元型から発生していてもその現われはさまざまで，文法も単語も違うということが理解してもらえるだろうか。

これら元型の表象としての元型イメージは，歴史を通じていたるところでくり返されてきたモチーフに類似する。元型は，宗教，神話，伝説，おとぎ話の基本的なモチーフの基盤となると考えられる。また元型は夢やヴィジョン，あるいは妄想を通して個人にも現われる。しばしば元型＝文化的，民族的記憶であるというような表現がされることがあるが，これはまったくの誤解である。元型はあくまでもモチーフの基盤を提供するのみであり，それ自体は集合的，普遍的に，人類すべてに共通するものである。そしてその現われとしての元型イメージが文化や民族というグループの中で集合的に共有されることがあるという点をしっかりと押さえてほしい。

「元型とはその内容（つまり元型の表象としての元型イメージ）を決定するものだ」というこの種の誤解に対してユング（1938）は「元型とはその内容を決定するものではなく，その型，しかもかなり限られた範囲でのみの型を決定するものであり，原初的なイメージは，それが意識化されたときのみその内容にしたがって決まってくること，そして意識化された経験の素材によってそれが具体化してくること」を強調している。

ユングが仮定した元型のうち，よく取りあげられるものとして，**太母**（great mother），**ペルソナ**（persona），**影**（shadow），**アニマ・アニムス**（anima animus），**自己**（self），**老賢者・老賢女**（wise old man/wise old woman）などがあげられる。

そのうち「太母」は，最もよく知られるが，これは個人の母親を示すものではなく，集合的な母なるもののイメージをつくり出す元型である。元型の特質として，太母も肯定否定の両側面をもち，肯定的には，産み，支え，育む「よい母（good mother）」として，否定的には，飲み込み，束縛し，破壊する「恐ろしい母（terrible mother）」として体験され，その多くが現実の母，あるいは女性に投影される。

「ペルソナ」とはもともとギリシャ・ローマ時代に役者が被った仮面を指すことばである。人は社会に生きていくときに，外的環境からの期待に沿って，それの適した仮面を被る。こうした外に向かって個人が被る外向けの仮面，もしくは顔をペルソナとよぶ。ペルソナは性別や発達段階，社会的地位や身分，職業などに強く関係している。ペルソナは人が社会で生活するうえで不可欠なものではあるが，人がペルソナとあまりに密着し，同一化した場合は，外界のみ適応して内的世界に対応できない硬い，もしくは脆い「**自我**（ego）」（本章第3節参照）が形成される。

「影」とはユング（1946a）の定義によれば「そうなりたいという願望を抱くことのないもの」であり，人格の否定的側面，隠したいと思う不愉快な性質のすべて，自分自身の暗い影の側面をいう。影には自我に認められない性質として無意識に追いやられた個人的影の側面と，もともと人間の本性に備わる劣等で無価値な側面，普遍的悪とかかわる部分という2つの側面がある。影はそのイメージが夢などに登場する場合，夢を見る人と同性の，しかし正反対の性質をもつ人間として現われやすい。影は自我にとっては否定的に見えるが，客観的に見れば必ずしもそうともいえない場合もある。たとえば協調的な人にとって，自分の意見を主張することは和を乱す否定的な態度ととらえられるが，適度の自己主張が自分を殺しすぎる態度を補償することもある。ユングは実体のあるものは必ず影をもつこと，自我と影の関係は光と影の関係であり，影こそが人をより人間らしくし，その存在に深みを与えるものであることを強調した。

「アニマ・アニムス」は影とは逆に，夢などには異性のイメージとして登場しやすい。アニマは男性が心の内に抱く女性像であり，アニムスとは女性が抱く内なる男性像である。人が生きていくうえで，性同一性の観念は好むと好まざるとにかかわらず，大きなウエイトを占めている。そのため，男性として生きるときにはその女性的要素を，女性として生きるときはその男性的要素を無意識へと追いやることになる。この，本来はその人がもち，しかし十分には生きられずに無意識に追いやられた異性的な要素がアニマ・アニムスである。影が自我にとっての否定的側面を体現するのに対し，アニマ・アニムスは自我とは異質の性質を体現する。そして，自我とはまったく異質のものであるからこそ，創造的な可能性をもたらす有益なものになりうるが，出会い方をまちがえると危険と破壊をもたらしもする。

「自己（セルフ）」は全体としての統一性のイメージを指す。自我が意識の中心であるのに対し，自己は意識と無意識を含めた心の全体の中心を示す。自己は意識と無意識の統合の機能の中心であり，人間の心に存在する対立的な要素，光と影や男性性と女性性などを統合する中心とも考えられる。自己は次節で述べる人間を「**個性化の過程**（individuation process）」へと動かす働きの中心となる。

「老賢者・老賢女」は年を経ることによって身につけられ磨かれた知恵を体現し，その人と同性の精神的風貌を取った老人として現われることが多い。

第3節 意識と無意識の関係

1．症状のもつ意味

　フロイトとユングの違いは神経症の症状がもつ意味をどのようにとらえるかにも現われる。

　ユングは「**意識と無意識の相補性**」と，心の**全体性**に注目し続けた。通常人間は「私」という人間が1つのまとまりをもって生活している。この「私」と認識される部分が「意識」である。意識は自我を中心としてある程度のまとまりと統合性，ある種の方向性をもつ（分析心理学における自我は，意識の中心とされ，意識と無意識を含めた心全体の中心である自己と区別される）。

　人間の心の中にはさまざまな要素や方向性が存在するが，それらを区分し，そこから何かを選択し，何らかの方向性を決定することで，人は安定したまとまりのある「私」であることができる。そして意識の働きによって選択されなかったものは無意識に追いやられる，あるいはとどまることになる。このためユングは意識と無意識は根本的に対立すると考えた。

　たとえば，自我と影の関係でいえば，積極的で活発な存在としての自我があるならば，その影として消極的で静かな人格が無意識に存在する。また自我とアニマの関係でいえば，（その文化において）非常に男性的な生き方をする男性の無意識には，非常に女性的な（とされる）人格が布置される。

　意識のこうした区分や選択する機能によって人は安定するが，それが行きすぎると，安定はしているが一面的で硬直した生き方に陥ることになる。無意識には，こうした意識の一面化に向かう傾向に均衡をもたらし，バランスを取ろうとする働きがあり，無意識は意識に「**補償**」的に働くとユングは考えた。この意識と無意識の相補的な働きにより，人は1つの状態にとどまることなくつねにより高い統合性へと歩み続ける。この過程を促進するのは意識の中心としての自我ではなく，意識と無意識を含めた心全体の中心としての自己であるとユングは考え，この過程を「個性化の過程」と名づけた。つまり，個性化の過程は，個人が自分自身になること，およびその過程を示し，意識と無意識の相補的な関係によって，個人に内在する可能性を実現し，自分自身になろうとする動きといえる。個性化はあくまでプロセスであり，生の終焉まで達成されることがない。

　人の心にはこうした自然な働きが備わっているが，ときとして，自我の防衛があまりに強すぎたり，自我があまりに脆弱であったりすると，無意識からの補償作用がう

まく働かなくなり，個性化の過程は妨げられる。すると人は硬直し，一面的な自我に苦しむことになる。この停滞を打ち破ろうとして出現するものが症状であるとユングは考えた。

このようなユングの症状論を理解すると，一見否定的で，異常に見える症状の中に，積極的な意味を見いだすことが可能になる。こうした症状論に立つとき，症状はただ取り去るもの，消し去るものとしてではなく，症状の背後に潜む無意識からのメッセージを受け取るための重要なサインと理解される。

このため，分析心理学の心理療法においては，「なぜ（why）この病気になったのか」という問いではなく，「何のために（for what）この病気になったのか」という問いが大切となり，症状が伝えようとする無意識からのメッセージに耳を傾けることが重要になる。セラピストはクライエントが無意識からのメッセージを理解するという仕事に，専門家としての知識と技量と責任をもって協力し，その過程をともにすることで，クライエントの個性化の道に随伴することになる。

2．夢分析

フロイトは夢を「無意識へといたる王道である」と考えたが，ユング（1946b）もまた夢を「無意識内の現実状況を，象徴形式で，自発的に，自己描写したもの」と定義した。夢は何の知識も技術も必要とせず，誰にでも平等に与えられるものであり，その人の内的真実や現実を教えてくれるものであるから，**夢分析**は分析心理学における心理療法の中心的な役割を果たすことになる。

ユングの夢分析の手法としては，「**個人連想法**」と「**拡充法**」の2つがある。「個人連想法」とはフロイトと同じく，夢に対しての個人の連想を聞く方法である。しかしフロイトが連想を次々に連鎖的に発展させ，個人的コンプレックスにたどり着くことを目的としたのに対し，ユングはあくまでも夢そのものにとどまり，夢そのものが何を語っているかということを重要視した。このため連想は，連想から連想へとつながって夢から離れていくのではなく，つねに夢そのものにとどまり，夢のまわりをぐるぐる回ることになる。

しかしこうした個人連想だけではどうにも理解しがたい夢が存在するという事実にユングは突き当たる。その場合，神話や昔話，伝説など，歴史の中の文化的素材を利用して，夢イメージを「拡充」することで，夢の理解が可能であることに気づいた。つまり夢の解釈に，より広大な文脈や背景をもつ普遍的な素材を付け加えることで，より豊かで広範な夢の理解を試みたわけである。

ユング派の夢分析は，おうおうにしてこの「拡充法」だけが注目され，神話的な素

材を用いて一方的に分析家が「謎めいた（？）」解釈を与えるというまちがったイメージが先行しがちだが，大切なことは夢見手本人にとって，その夢がどういう意味をもつかであり，基本は個人の連想であることを強調したい。そして「拡充法」は個人連想に加え，個人の夢に理解をさらに広め，深めるために用いられる。

【推薦図書】

『ユング心理学入門』　河合隼雄　培風館　1967
『自我と無意識の関係』　C. G. ユング（著）　野田　倬（訳）　人文書院　1982
『ユング派の夢解釈』　J. A. ホール（著）　氏原　寛・片岡　康（訳）　創元社　1985

第Ⅱ部　臨床心理学

第3章　クライエント中心療法

第1節　はじめに

　カール・ロジャーズ（Rogers, C. R.：1902 - 1987）は，20世紀アメリカを代表する心理学者の1人である。ロジャーズは人間の本質を善ととらえる人間観に基づき，人間の成長力，主体性を重視し，従来の精神科医や分析家が行なっていた，患者への解釈投与，助言，命令，禁止といった指示，暗示を多用する心理療法のあり方を批判し，心理療法を「クライエント中心（client-centered）」に進めていく，という大きな変革をもたらした。クライエントこそ自らの問題を解決する力をもっているという彼の理論と実践は，民主主義の発展する時代精神と合致し，社会的に受け入れられ，大きく展開していった。また，臨床心理学における科学的な実証研究を精力的に推進し，**グループワーク**体験の発展と普及に尽力するなど指導的役割を果たした点も大きな功績である。このように，ロジャーズは，個人臨床からグループ・アプローチまでの幅広い業績を残したが，特に宗教や人種などの対立をとりあげてのグループワークによる紛争解決の功績においては，ノーベル平和賞にもノミネートされた。また，彼の臨床事例を記録した映画は，長編記録映画部門でアカデミー賞を受賞するなど，枠に縛られない自由で精力的な臨床，研究活動を実践した。

第2節　ロジャーズの人と生涯

1．農学から神学，さらに心理学へ

　ロジャーズは，実際的で堅実な実業家の父親と信仰心の篤い母親のもとに生まれた。プロテスタントの倫理観と宗教規範に基づく厳格なしつけを受け，ロジャーズは空想好きで内気な少年時代を過ごした。父の農場の手伝いを通して科学的観察力を身につけたロジャーズは，その後，ウィスコンシン大学農学部に通うも，YMCA活動を通じて人との出会いの重要性に目覚め，牧師の道を志し，当時最も自由で先進的といわれたユニオン神学校に進む。そこでロジャーズたちが発案した，学生による「教官に指導されない自立的自発的セミナー」は当時の大学当局を驚かせるものであったが，さいわいにも大学の許可を得ることができた。学生の主体性を尊重するこのセミ

ナーの成功は，ロジャーズの他者とのかかわり方を示唆する経験として，後年のカウンセリング理論と実践の核になったと思われる。

２．経験に学ぶ

ロジャーズは，さらにコロンビア大学教育学部で心理学を学び，1940年にオハイオ州立大学に移るまでの12年間，ニューヨーク州ロチェスターの児童虐待防止協会の児童研究部門で働くが，そこで彼は，新しいカウンセリングのアプローチのヒントを得る。ロジャーズは，非行少年の面接を通して，分析や解釈だけでは行動が改善しない現実に失望し，押しつけや強制によるアプローチから遠ざかることになったが，同時に，彼は，ある母親面接において，子どもへの拒否的態度を否認し続けてきた母親が希望した「本人自身のカウンセリング」の中で，彼女自身の半生についての語りが深まることで治療的成功を収めるという貴重な経験をする。これらの経験からロジャーズは，問題の意味，解決の方向を知っているのは，じつはカウンセラーではなく，クライエント自身に他ならないという事実に突き当たる。

３．臨床家および研究者としてのロジャーズ

その後，彼はオハイオ州立大学教授となり，1942年に彼の記念碑的著作となる『カウンセリングとサイコセラピィ』を公刊。また，当時珍しい録音装置を用いての面接逐語記録「ハーバート・ブライアンのケース」を発表し，臨床家としての名声を得る。1944年にはアメリカ応用心理学会会長に就任，シカゴ大学には永年教授として迎えられ，カウンセリングセンターを創設する。この時期，著書『クライエント中心療法』が著わされるなど，ロジャーズは臨床家としても理論家としても充実した時代を迎えている。1946年からの１年間は，アメリカ心理学会会長という要職もつとめるなど，臨床心理学という新しい学問を確立し，社会的認知を高めるうえで大きな役割を果たした。1957年，ウィスコンシン大学で60年代半ばまで心理臨床と精神医学の大規模な実証研究プロジェクトに携わり，その後，西海岸へと移り，**エンカウンター・グループ**をはじめとするグループ・アプローチに専心する。1960〜1980年代の**ヒューマニスティック心理学運動**の指導者としても活躍したロジャーズは，1975年以降，自らのアプローチをさらに拡大し「**パーソン・センタード**」とよぶにいたる。かくして，1987年に85歳の生涯を閉じるまで，一貫して人間性に深い信頼を置き続け，200以上の論文と16冊の著書を著わしたロジャーズであったが，彼の「**静かなる革命**」は，今も変わらず人々に大きな影響を与え続けている。

第3節 クライエント中心療法

　彼の経歴について多くを割いて述べてきたのには理由がある。ロジャーズ自身，「経験は最高の権威であり，妥当性の基準は私自身の経験である」と述べているように，非常に経験を重視しており，彼の理論は，彼の経験および人間性と不可分である。経験を通して彼の理論は変化していく。「クライエント中心療法」も彼の経験に基づくアプローチであるが，当初は，「**非指示的**（non-directive）」アプローチと称していた。しかし，非指示的ということばは，カウンセラー側の技術を強調しすぎ，たとえば，クライエントがそのカウンセリング関係をどのように受けとめているかに焦点が当てられることが少なかった。その後，ロジャーズは，カウンセリング関係の質（後で詳述する「**一致性（純粋性）**」，「**無条件の肯定的配慮**」，「**共感**」の3原則）がセラピスト個人の特定の技術よりも，治療的効果のうえでより重要であると考えるようになり，自らの技法を「クライエント中心（client-centered）」アプローチとよぶようになった。後年，それらはセラピーの枠を超え，あらゆる人間関係に拡大適用され，先述のように，1975年以降「パーソン・センタード（person-centered）」アプローチとなる。これは，3原則に基づく関係性が，個人のみならずコミュニティの信頼関係にまで有効であることを発展的に示すものである。このように，ロジャーズは生涯，徹底して人間の潜在力を信頼し，自己決定の尊重という信念に基づく臨床活動や教育活動を貫いた人であった。

第4節 カウンセリングの基本スタイルの提示

　ロジャーズは，実際的な面に優れた人であり，カウンセリングや心理療法の基本スタイルを示し，現在のカウンセリングのあり方に大きな影響を及ぼしている。たとえば，従来の「患者」という呼称に代わって「**クライエント**」という語の使用を普及させたのもロジャーズである。「患者」という言い方は，治療を必要とする弱い存在というニュアンスをもつのに対し，法律関係で多く用いられる「依頼者」を意味する「クライエント」という用語は，カウンセラーとクライエントが対等であるという新しい視点と関係性をカウンセリングにもたらした。それ以外にも，1回のカウンセリングの時間や間隔，約束の時間に来なかったときどうするか，記録のとり方，料金を取ることについても言及するなど，いわば，現在のカウンセリングの原型を提示している。

第5節 建設的なパーソナリティ変化が起こる6条件

　ロジャーズは，カウンセリングの過程において，①成長や健康など適応する方向へと向かう個人の潜在力を信頼し，②クライエントによって表現された知的内容のみならず，感情的側面に注意を向けることの重要性を示し，③過去よりも現在（「いま，ここ（here and now）」）の体験を重視し，④成長経験としてのセラピー関係に重点を置き，クライエントが自らを洞察できること（関係についての知覚，自己受容，自己選択など）を目指した。この考えは，後述する，「建設的なパーソナリティ変化が起こる6条件（Rogers, 1957）」に結実しているが，なかでも，「一致性（純粋性）」，「無条件の肯定的配慮」，「共感的理解」の3原則はカウンセラーにとって非常に重要な態度であり，カウンセリングの成立要件とされる。興味深いのは，この3原則が満たされれば，必ずしも専門家でなくとも，相手に人格的変化が生じうるとして，精神科医や分析家の専門的な営みであったカウンセリングや心理療法をそれ以外の援助職においても対応可能なものとし，カウンセリングの適用範囲を拡大した。

　建設的なパーソナリティ変化が生じるのに必要かつ十分な条件として，ロジャーズは次の6つをあげている。

①2人の人が心理的な接触をもっていること。
②第1の人（クライエントとよぶことにする）は，不一致（incongruence）の状態にあり，傷つきやすく，不安な状態にあること。
③第2の人（セラピストとよぶことにする）は，その関係の中で一致（congruent）しており，統合（integrated）していること。
④セラピストは，クライエントに対して無条件の肯定的配慮（unconditional positive regard）を経験していること。
⑤セラピストは，クライエントの内的照合枠（internal frame of reference）を共感的に理解（empathic understanding）しており，この経験をクライエントに伝えようと努めていること。
⑥セラピストの共感的理解と無条件の肯定的配慮が，最低限クライエントに伝わっていること。

他のいかなる条件も必要ではない。この6つの条件が存在し，それが一定の期間継続するならば，それで十分である。建設的なパーソナリティ変化のプロセスがそこに起こってくるであろう（Rogers, 1957）。

第6節　カウンセリングの3原則

　先述したように，なかでも③一致性，④無条件の肯定的配慮（受容ともよばれる），⑤共感的理解，の3項目は，カウンセリングの3原則ともよばれ，カウンセリング関係の本質を示す重要な成立要件とされている。「一致性」とは，カウンセラーのことばと態度（心の中で思っていることなど）が一致しており，裏表がないことを意味する。「無条件の肯定的配慮」とは，相手がどのような態度や言動をとったとしても，それを否定的にとらえず，受容し，相手に肯定的関心を向け続けることである。「共感的理解」は，相手が感じるように感じ，相手が認識するように認識できるようにつとめることである。

　これらの3つの態度について，さらにロジャーズは次のように詳述している。

　第1の要素は純粋性，真実性（realness），一致性（自己一致：congruence）である。セラピストが職業上の建て前や個人的な仮面をまとわず，その関係の中で自分自身であればあるほど，それだけクライエントが建設的に変化し，成長する可能性が高くなるのである。純粋性とは，セラピストが自身の内面でその瞬間瞬間に流れつつある感情や態度に十分にひらかれており，ありのままでいるということである。つまりセラピストの内臓レベルで体験されていることと，セラピストの中で意識されていること，および，クライエントに向けて表現されていることとが，密接に融合し，位置しているということである。

　変化のための風土をつくるために重要な第2の態度は受容（acceptance）であり，心を寄せること（caring），あるいは尊重すること（prizing）といってもよいが，つまり無条件の肯定的配慮（unconditional positive regard）である。クライエントがその瞬間にどういう状態であっても，セラピストがクライエントを肯定的に，非判断的に受容する気持ちを経験しているならば，治療的な動きあるいは変化がより起こりやすくなる。クライエントの中にいま流れている感情が，混乱であれ，憤慨であれ，恐怖であれ，怒りであれ，勇気であれ，愛であれ，プライドであれ，クライエントがその感じになりきれることにセラピストが寄り添おうとする気持ちが，受容には含まれている。それは非所有的（nonpossessive）な思いやりである。セラピストがクライエントを条件つきでなく全面的に尊重するとき，前進的な動きが起こりやすい。

　関係を促進させる第3の局面は共感的理解（empathic understanding）である。これはクライエントが体験しつつある感情やその個人的な意味づけをセラピストが正確

に感じ取っており，この受容的な理解をクライエントに伝えるということである。共感的理解が最もよく進むときには，セラピストは，他者の私的な内面の世界にまで深く入り込んでいるので，クライエントが気づいている意味だけでなく，クライエントが気づいていない深いレベルの意味づけまでをも明確化することができる。このきわめて特殊で能動的な傾聴（listening）は，私が知っている限りでは，変化をもたらす力として，最も強力なものである（Rogers, 1986）。

　カウンセリングはこの3原則さえ満たせばよいのかと簡単に思われるかもしれないが，実際，これらの3つの態度を同時に成立させるのは非常に困難なことである。たとえば，「万引がやめられない」と相談に来た中学生の少年を目の前にして，＜万引は悪いことだ＞とカウンセラーが感じて，それをそのまま＜万引は悪いことだからやめなさい＞と相手に伝えたとしたらどうであろうか。確かに，「一致性」は満たしているかもしれないが，「無条件の肯定的配慮」や「共感的理解」からは，ほど遠い応答になってしまい，その少年は「ああ，この人も親や警官と同じで，自分を悪者としてしか見ていない」と感じ，もう二度とカウンセリングにやって来ないだろう。かといって，万引という犯罪行為そのものについて，無条件に是認するわけにもいかない。まさに，二律背反の状態にカウンセラーは追い込まれることになる。けれども，その人の行為には問題があるにせよ，そのことの是非を問うのではなく，まずはその人がどのような気持ちで「万引きした」と語っているのか，その問題行動の背後にある，本人自身も気づかないでいる感情にカウンセラーが寄り添うことで，その感情にクライエント自身が気づくとき，クライエント自身の中に変化が生まれてくるのである。

第7節　おわりに

　ロジャーズはまた，「人生は流動的で変化し続ける**プロセス**であり，静止しているものは1つもない。人生が最も豊かで実り多いときは，それが流動的に流れている時である。人生はつねに生成のプロセスにある」と述べ，結果ではなくプロセスを重視した。ロジャーズは言う。「真理なる者が存在するとすれば，この自由な個人探求のプロセスこそ，真理に向かって流れていくものであると信じる」と。このように，ロジャーズは純粋にクライエントを信頼し尊重することの真の意味と力を知る人であった。

第Ⅱ部　臨床心理学

【推薦図書】
『ロジャーズを読む』　　久能　徹・末武康弘・保坂　亨・諸富祥彦　岩崎学術出版社　1997
『ロジャーズ選集上　セラピーによるパーソナリティ変化の必要にして十分な条件』　C.ロ
　　ジャーズ（著）　伊藤　博・村山正治（監訳）　誠信書房　2001

第4章 行動療法

第1節 行動療法とは

　行動療法とは何なのだろうか。この問いに答えることは，近年，ますますむずかしくなってきたように思える。というのも行動療法は現在もめざましく発展し続けており，その内部にかなりの多様性を含むようになってきたからである。

　行動療法という名称自体は1950年代に広まったものだが，その起源は20世紀初頭の条件づけ（**レスポンデント条件づけ**と**オペラント条件づけ**）についての基礎研究にさかのぼる。すでにみなさんは，イヌを用いたパブロフ（Pavlov, I. P.：1849-1936）の実験や，ネズミを用いたスキナー（Skinner, B. F.：1904-1990）の実験について学んできただろう。行動療法は，これらの動物実験で得られた条件づけについての知見を，人間の不適応行動の理解や治療に役立てようとする試みからスタートした。その基礎にある心理学は「**行動主義**」の心理学と称された。そこでは動物を被験体とした基礎的な実験が重視され，思考や記憶や感情といった個体内部で生起するプロセスは扱われず，もっぱら客観的に観察可能な行動が研究された（第Ⅰ部第5章を参照）。

　20世紀の後半に入ってしばらくすると，実証的で実験的な心理学における行動主義の勢いにはかげりが見え始める。思考や記憶や感情といった個体内部のプロセスに注目し，それについてモデルを立てて実験的に検証しようとする認知心理学が台頭してきたのだ。いわゆる「**認知革命**」である。こうした時代の流れに伴い，行動療法家の多くも，不適応行動の背景にある個人の思考に注目するようになった。そして行動療法の主流は「**認知行動療法**」となった（第Ⅱ部第11章第5節を参照）。

　21世紀に入った現在，行動療法はさらにまた大きく発展しつつある。その多くは何らかの形でスキナーの言語行動についての研究の発展によって影響されている。だからそれらは言語や，その内面化されたものである思考に注目する。しかし，その注目の仕方は，従来の認知行動療法のそれとはかなり異なっている。しばしば「第3世代の行動療法」ともよばれるこうした新しい行動療法の流派は，それまでの行動療法とはずいぶん趣を異にしており，むしろその実践は一見したところまるで精神分析のように見えたり（機能分析心理療法），森田療法のように見えたり（アクセプタンス・コミットメント・セラピー）するものとなっている。

このように，現代の行動療法にはとうてい一枚岩とはいえない多様性が含まれている。けれども，これら多様な行動療法におおむね共通しているのは，実験室における基礎研究や科学的方法による検証を重視する姿勢である。行動療法に含まれる多様な方法の多くは，厳しい科学的基準を満たした基礎研究に基づいている。行動療法以外の心理療法の流派はいずれも，臨床現場において才気ある臨床家の手によって生み出され，おもに臨床的現場での検証によって磨かれてきたものである。それに対して行動療法は，大学の心理学実験室で得られた知見がまずあって，その上でそれを臨床的に応用しようとして生まれてきたものであり，主として基礎研究の発展に刺激されて発展してきたものであるといえる。（ただしこれは行動療法のすべてに等しくあてはまるわけではなく，特に認知行動療法に含まれる認知療法的要素に関してはあまりあてはまらない。だから，実のところ話はそれほど単純ではないのだが，大きく見ればそのようにいえるだろう）。

では以下に，現代の行動療法に含まれるさまざまな治療法を簡単に紹介していこう。入門者向けの紹介という本章の性格上，最も基本的・古典的なものを中心に述べることにしよう。もっと発展的に詳しく学びたい読者は，ぜひ文献等に当たってもらいたい。

第2節 系統的脱感作とその発展

1958年にウォルピ（Wolpe, J.：1915 – 1998）が発表した**系統的脱感作**は，**恐怖症**に対する実用的な治療法として多くの治療者に受け入れられ，初期の行動療法を大きく推進した（Wolpe, 1958）。この手続きは**レスポンデント条件づけ**の研究に基づいている。恐怖症においては，恐怖喚起刺激が恐怖反応を生じさせている。ウォルピは，恐怖喚起刺激に対して，恐怖とは相容れないような反応を新たに条件づけることができれば，結果的に恐怖反応は抑えられると考え，この原理（**逆制止**）に依拠した治療手続きを工夫した。

たとえば，ネコを特定のケージに入れて床に電気ショックを流す。これを何度か行なうと，ネコはそのケージに対して恐怖の反応を示すようになる。レスポンデント条件づけが成立したのである。恐怖反応を示しているネコは，そばに餌を置いてやっても食べようとはしない。さて，ここからが治療の手続きである。そのケージからじゅうぶんに遠く離れた廊下にネコを放してやる。そしてそばに餌を置く。するとネコはいつものように餌を食べる。何度かそれをくり返した上で，今度は，問題のケージに少し近づけた地点で同じことを行なう。ネコは，最初，かすかに恐怖の兆候を示すけ

れども，餌を食べ始める。何度かこれをくり返すうちに，恐怖の兆候は徐々に消えていく。ネコは何のためらいもなく餌にがっつくようになるのである。そうなったとき，餌を与えるポイントを，また少しだけ問題のケージに近づける。そうやってこの手続きを根気よくくり返していくと，最終的にネコは問題のケージの中でごくふつうに餌を食べることができるようになる。このとき，ケージへの恐怖反応は消失したといえる。

　系統的脱感作は，この手続きを人間の恐怖症治療に応用する意図の下に考案されたものである。クライエントは，まず筋弛緩によるリラクセーションの練習をする。恐怖反応とは相容れない反応としてリラックス状態を利用するためである。その訓練と並行して，クライエントは**不安階層表**を作成する。自分の恐怖症について振り返り，少しだけ恐怖を感じる状況から，ひどく恐怖を感じる状況まで，その恐怖の程度を評定し，恐怖を喚起する刺激状況を10～15段階に序列化した表を作成するのである。

　次に，クライエントは，目を閉じてリラックスし，不安階層表の中の，ほんの少しだけ恐怖を感じる項目をイメージする。恐怖を感じたら，指をあげてセラピストに知らせる。そして，セラピストの誘導によってリラクセーションを行なう。これを何度かくり返すうちに，その項目をイメージしたままで，リラックスしていられるようになってくる。こうして恐怖反応がじゅうぶんに低下したら，そこで不安階層表の1つ上の項目を取りあげてイメージする。この手続きを根気よくくり返していけば，最も恐怖喚起的であった刺激をイメージしながら，じゅうぶんにリラックスしたままでいられるようになる。

　イメージを用いたこうした手続きだけでも，実際に恐怖反応が消失することもある。イメージを用いた手続きの後に，現実の恐怖喚起刺激の下で同様の手続きを行なう必要がある場合もある。こうした手続きは特に**現実脱感作**とよばれる。

　以上が標準的な系統的脱感作の治療手続きである。その後，長年にわたる多くの研究の結果，この手続きの中のリラクセーション訓練や不安階層表は，治療効果をもたらす上で必須の構成要素ではないということがわかってきた。重要なのは，クライエントが，安全な環境の下で，あえて自ら恐怖喚起刺激に触れていくこと，十分に長い時間にわたってそうすることだということがわかってきた。この中核的な治療要因は**エクスポージャー**（曝露）とよばれている。

　系統的脱感作は，エクスポージャーを構成要素として含んださまざまな治療手続きの起源であり，さまざまに変形されながら現在もなお用いられている。エクスポージャーを用いた治療手続きとしてさまざまなものが提唱されてきたが，代表的なものとして，段階的エクスポージャー法，持続的・集中的エクスポージャー法，曝露反応

妨害法などをあげることができる。興味のある読者は文献等で調べてみてほしい。

第3節　応用行動分析

　読者は，オペラント条件づけを精力的に研究した人物として，スキナーの名前を覚えているだろう。けれども，スキナーの業績は，単に彼がオペラント条件づけをよく研究したということにとどまらない。彼は**徹底的行動主義**という立場から，**行動分析学**という1つの学問分野を確立したのである。行動分析学についてはここではとうてい紹介しきれないので，文献に当たってもらうこととして，以下，行動分析学の臨床的応用である**応用行動分析**による心理援助について1例（Patterson, 1965）をあげながら簡単に紹介したい。

　乳幼児期に虐待を受けて育ったアールは，小学校で多くの深刻な問題行動を起こした。勉強しない，授業中に席を立って教室を歩き回る，友達をたたいたり突き飛ばしたりする，などである。アールの治療を引き受けたパターソン博士は，教室に出かけていって，アールの行動を観察した。そして，アールの机の上に小さな箱を置いた。セッション中，アールが10秒間ちゃんと勉強していれば，その度ごとに電球が点灯し，カウンターが1目盛りあがる。そしてセッションの終わりに，カウンターの数字の分だけごほうびがもらえる。実験者は，アールにもクラスのみんなにも，このことについて説明し，アールが稼いだごほうびはクラスのみんなに分配されると告げる。1セッションは5〜30分で，1日1回行ない，全部で15セッション行なった。1日目のごほうびはキャンディ，2日目以降は1ペニー硬貨だった。セッションの終わりに先生が「今日のアール君は○○点取りました！」と発表するとクラスメートから拍手がわき起こった。机の上のカウンターの数字をのぞき込んで「すごいね」とか「君は毎日進歩していっているよ」などとアールを励ます子どもも出てきた。

　結果として，この介入を行なった期間中，問題行動の出現頻度は，介入前のその出現頻度よりも，統計的に有意に低下した。介入期間が終わった時点で，担任教師はアールの問題行動は少し改善されたようだと報告した。4か月後の電話インタビューで，アールの両親は，初めてアールの友達が家に遊びに来てくれたことを報告した。

　応用行動分析では，問題行動が起きている現場を直接的に観察し，まずは問題行動の頻度や強度を測定する。また，その行動を維持している強化子は何かを推測する。さらに，問題行動そのものの生起頻度を減らすのか，問題行動とは両立しないより適応的な行動を新たに形成するのか，すでに行動レパートリーに含まれているより適応的な行動の生起頻度を増やすのか（上のアールの例はこれに当たる），などなどのさ

まざまな介入の道筋を検討し，そのうち最も適切なものを選択する。そして実際に介入を行ない，その結果を見て介入の仕方を修正していく。

　いずれにせよ，応用行動分析では，動物実験で得られてきた条件づけの原理を直接的に適用して，問題の解決が図られる。動物実験は単なるモデルや比喩ではないのだ。もちろん，人間は他の動物とは重要な点で異なった高度に複雑な生物であり，行動分析学もこの点について盲目なわけではない。行動分析学は，人間においては他の動物とは違って言語による行動の制御が重要であることに注目する。これについては，**ルール支配行動**という概念の下で，現在，活発に研究がなされている。

【推薦図書】

『行動療法』　山上敏子　岩崎学術出版社　1990
『お母さんの学習室―発達障害児を育てる人のための親訓練プログラム―』　山上敏子（監修）　二瓶社　1998
『新行動療法入門』　宮下照子・免田　賢　ナカニシヤ出版　2007
『行動分析学入門』　杉山尚子・島宗　理・佐藤方哉・R. W. マロット・M. E. マロット　産業図書　1998
『強迫性障害の行動療法』　飯倉康郎（編著）　金剛出版　2005

第5章 発達臨床心理学

第1節 発達臨床心理学とは何か

　本章で概説する発達臨床心理学とは，臨床心理学の中の一理論，クライエントを理解し援助する際の一観点である。クライエントを見立てる際，発達的見地が不可欠であることは言うまでもない。発達的側面として一般に理解されているのは次のような点であろう。心はいくつもの発達段階を経て成熟していくものだが，それぞれの発達段階には乗り越えるべき課題（発達課題）がある。その発達課題をいかに克服するかによってその人の社会への適応度も変わってくる。クライエントが呈する臨床問題も発達課題と無縁ではありえず，心理臨床活動には発達課題の克服・達成を援助することも含みこまれる，というものだ。それゆえ，セラピストは心の生涯発達過程に通じ，おのおのの発達段階で生じやすい発達上の問題に精通することで，クライエントの発達状況や直面している発達課題を適切に見定めることができなくてはならない。これは発達臨床心理学の重要な側面である。また，発達障害が疑われる児童や青年のクライエントにかかわる際には認知発達についても熟知している必要がある（第Ⅰ部第3章参照）。しかし，本章では発達臨床心理学のもう1つの側面を紹介する。それは，心はいかにして生まれ複雑多様な機能をもつまでに発展するのかという根本的な問いに立ち返り，心の発達に与る人間関係の要因に着目し情緒発達の重要性を強調する，昨今の乳幼児発達研究の成果を基盤にしている。そこでクライエントの臨床問題を健常な発達の筋道からの逸脱や停滞としてとらえ，それゆえ心理臨床実践を，クライエントの心の発達をあるべき軌道へ復帰させる援助としてとらえ直す。このように発達を根幹に置いた見立てや臨床実践のための基本的な考え方や着眼点を概説する。

　臨床心理学では従来から発達心理学とは異なる独自の発達的観点を構築し活用してきた。それは成人のクライエントが語る自分自身の生い立ちに関する情報を基に，臨床場面で再構成されたクライエントの発達史である。そしてこの生い立ちに関する物語（ナラティブ）の中にクライエントの問題の起源を見いだそうとする。生い立ち上に情緒的なつまずきや傷つきがあれば，固着点となって情緒発達は行き詰る。それが臨床場面でセラピストとの関係の中に再燃し，それをいかに克服していくかでクライエントの心の変容も決まってくるという発達観である。これは精神分析療法において

重視される発達観で，実践的で有用であるが，科学的な実証性や，健常な乳幼児・児童の情緒発達への適用の面で少なからず批判もされてきた。スターン（Stern, 1985）はこれを**臨床乳児**（clinical infant）[1]の発達観とよび，乳幼児の発達に関する実証研究の成果を取り入れた**被観察乳児**（observed infant）の発達観によって補正されねばならないと主張した。

　本章の発達臨床心理学も，過去30〜40年間の間に急速に発展した乳幼児発達研究に多くを依っている。この研究領域は乳幼児がいかにして心をもつ人へと発達するのかという学問的関心と，乳幼児が呈するさまざまな心理・身体・行動上の問題をいかに理解し援助するかという臨床実践上の課題とが結びついて学際的な発展を続けている。かつての発達心理学にありがちであった認知機能に偏重した乳幼児の発達過程ではなく，養育者との関係性における情意面の発達を強調している点で，臨床心理学ときわめて近い立脚点にあるといえる。しかも乳幼児発達研究で見いだされた知見は，乳幼児への臨床実践のみではなく，大人のクライエントの臨床面接にも応用できる点が多々あることが提唱されている。

第2節　発達臨床心理学の基本的な人間理解

1．交互作用発達モデル

　人の発達を決定する主たる要因として遺伝と環境とがあげられるが，実際には両者はきわめて複雑な交互作用のもとで個人に影響を与えている。ある時点での個体の在り様は，特定の遺伝的特質が特定の環境と出会うことによって生じると見ることができるが，同時に今の在り様が次なる遺伝的特質の発現をうながしたり妨げたりするし，環境自体に変化を引き起こしもする。その結果，新たに発現した遺伝的特質と環境のもとで新たな個体のあり様が生じる。つまり遺伝の要因も環境の要因も，特に乳幼児においては不変の要因ではなく，その個体の在り様によってフィードバックを受ける可変的な面をもち，個体と諸要因との相互循環的な関係の中で発達は進んでいくと考えられる。これをサメロフ（Sameroff, 1989）は交互作用発達モデルとして図2－5－1のように表わした。

　交互作用発達（transactional development）というとらえ方は，乳幼児と養育者との関係性がどのように進んでいくか，その関係の中で乳幼児がどのように心を育むかを考える際に特に有用である。図2－5－2に示したように，関係性はその関係を構成する2人が相互に影響を及ぼし合いながら移り変わっていき，好ましい循環が生じることも悪循環が生じることもある。こうした関係性のとらえ方は臨床場面にも適用

第Ⅱ部　臨床心理学

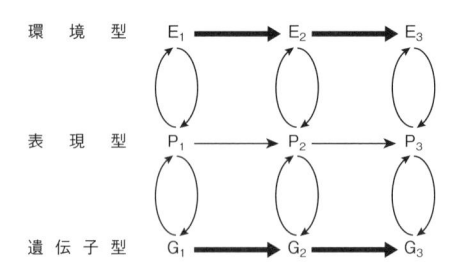

図2-5-1　発達における環境型，表現型，遺伝子型の交互作用
（Sameroff & Emde, 1989／小此木, 2003）

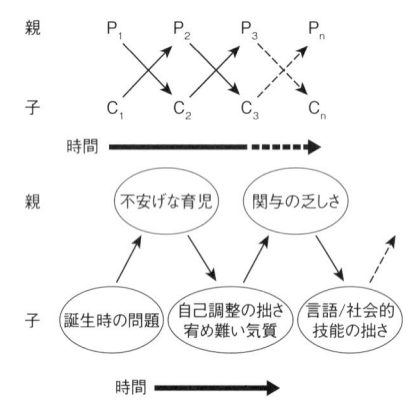

図2-5-2　親一子の交互作用プロセスとその一例
（Sameroff et al., 2003／石谷, 2007）

できる。もちろん，乳幼児と養育者，クライエントとセラピストが関係性に及ぼす影響は対等ではなく非対称的である。しかしどちらか一方が関係性を決定する（できる）わけではなく，関係性は両者が協働で創造していくもの，それも知らず知らずのうちに暗黙のうちに交わされる情緒交流を通してつくり出されていくものなのである。

2．関係発達の強調

　乳幼児発達研究は，従来の発達研究がとってきた個体能力発達の重視に対して，人間関係と情緒交流が心の生成に果たす役割を強調する。それは**関係発達**[2]ということばに集約できる。乳児は生まれおちたその瞬間から関係の中で生きていくようにできている。他者からの人間的な働きかけを敏感に察知し，それに応じうる知覚-運動的

機構をもって生まれてくるのだ。メルツォフら（Meltzoff & Morre, 1977）は生後間もない新生児が大人の表情を模倣する**新生児模倣**（neonatal imitation）[3]を見いだしたし，トレバーセン（Trevarthen, 1974, 2001）は2か月の乳児が養育者と対面で会話様の音声のやり取りができることを見いだし，これを原会話（proto-conversation）と名づけている。さらにトレバーセンは2か月の乳児が示す他者との協調的で交友を求める応答性から，人が生まれながらに**間主観的体験**[4]への強い動機づけをもっていると主張している。脳・神経の研究からも他者の行為の背後にある主観的体験に感応する神経システム（ミラー・ニューロン・システム）のあることが最近見いだされており，このような発達最早期の他者の心理的体験への感応性は，人が心をもつ存在へと発達する上で欠くことのできないものであり，乳幼児期を過ぎても心の基底で働き続けると考えられる。そこで最早期の心の発達とは，他者の心を介して，他者の心理的体験をなぞるような形で始まっていくと見ることができる。それゆえ他者，そして他者との情緒的に緊密な関係は，心の発達にとって不可欠なものなのである。

　関係発達の重要性は，人の感情－行動的（e-motinal）側面の自己制御という点で際立っている。乳児はある程度情緒の**自己調整**（self regulation）[5]機能を備えているが，それは乳児の世話をする他者によって補われねばならない。他者によってあやされたり，なだめられたり，不快な状況を解消してもらったりして，乳児は快適な情緒状態を維持できる。これを情緒の調整という面から述べるなら，他者との情緒の**相互調整**（mutual regulation）を通して自己の情緒状態が調整されていくといえる。人が感情や行動を自己制御できるプロセスとは，特定の他者（たいていは養育者）との間で相互調整の経験をくり返し，他者の調整パターンに呼応するような形で自己調整のパターンがつくり出されていく道筋をたどる。しかしこのためには他者が乳児の情緒を共感的に理解して，適切に応じる**情動調律**（affect attunement）[6]の機能をもちあわせていなければならない。相互調整の不全は後述する関係性の障害の重要な要因ともなる。

3．オーガナイズされた経験としての自己

　臨床心理学において自己という概念は不可欠のものである。自己洞察，自己実現，自己同一性などのことばで臨床実践の目標を表現することもあれば，自己受容や自己意識の拡大・変容などはクライエントの変化の重要な側面を表わしてもいる。これらの用語において自己の意味するところは一様ではないが，心を他者との関係から切り離し，自己完結した構造や体験ととらえ，その内容や状態を云々する面が強い。それに対し，発達臨床心理学では自己を，主体によって**オーガナイズ**[7]され，意味を見い

だされた自分についての経験ととらえる。オーガナイズとは，バラバラな経験をまとまりのある意味を成すものへと組織化することを指す。しかも自分についての経験とは，その多くが他者との関係において生じることを思い起こすなら，自己のオーガナイゼーションは他者，あるいは他者との関係性のオーガナイゼーションと一組みになって不可分に進むものと考えられる。

たとえばエリクソン（Erikson, 1950, 1959）の**人生周期理論**[8]では，各発達時期に特有の重要な関係領域と発達上の危機があるとされ，危機を通して獲得が望まれる人格的活力があげられている。これを発達臨床心理学の観点でとらえ直すなら，個人は心身の機能の成熟に伴い，重要な意味をもつ関係領域がしだいに変遷していくが，その関係における経験をまとめあげて特定の意味をもつ自己へと，何度も自己を再オーガナイズし，自己と他者とを意味づけ直さねばならない，といえるだろう。スターンは，乳幼児期に進む自己のオーガナイゼーションとその母体となる関係性を，自己感の発達と他者とのかかわり合い領域の変化として図2-5-3のように表わしている。しかもスターンは最早期の自己感やかかわり合い領域は生涯を通じて維持され続けると見ている。自己という経験が他者とともにいる関係性の中で発展すること，それゆえ，関係の中での自分の意味づけをつねに含みこんでいること（関係性という文脈から切り離された自己などあり得ない）が，発達臨床心理学での自己のとらえ方である。

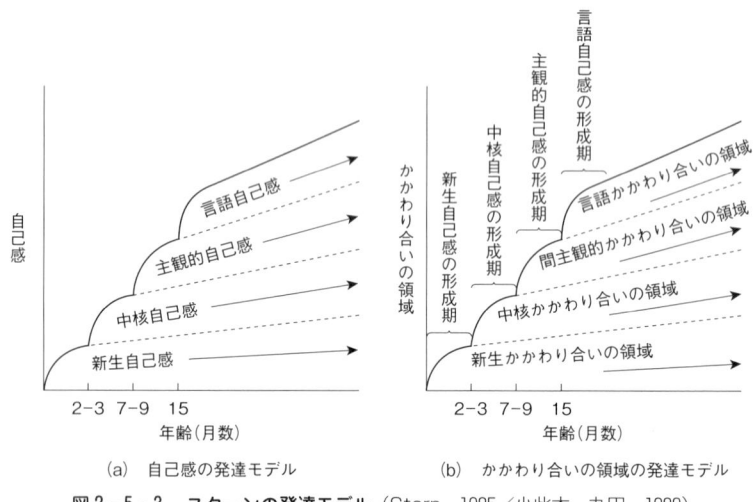

図2-5-3 スターンの発達モデル（Stern, 1985／小此木・丸田, 1989）

4．二者関係と三項関係

　乳児の発達研究は，乳児と養育者の二者の**対面交流**（face to face interaction）[9]をおもな対象としてきた。そしてもっぱら音声や表情，しぐさなどによる非言語的な媒体での情緒交流に着目し，それを対人的現象であると同時におのおのの主観的経験としてもとらえ，上述した間主観的体験や情緒の相互調整という観点から分析してきた。これは，いまだことばといった象徴的なコミュニケーション手段を介さない，生の直接的な情緒のやり取りであり，人と人とが出会い情緒的にかかわる際には必ず生じる側面である。乳児と養育者との間ではこの直接的なコミュニケーションを通じて，養育者の情緒的葛藤や不安が乳児へのかかわりに反映され，それに応じる乳児の反応がくり返されて，やがて乳児の心に養育者の不安に対応した関係性の表象がつくり出されていく。すなわち**世代間伝達**（intergenerational transmission）[10]が生じるのである（図2-5-4参照）。こうした非言語的で直接的な情緒交流は臨床場面にも当然生じるものである。

　乳児は最初の誕生日を迎えるころまでに，養育者が自分とは異なる注意や意図，感情状態をもっていることに気づき，積極的に養育者の心的体験に関心を向け，また養育者の関心を引きつけようとする。つまり心的体験の共有を自覚的に求める間主観的かかわりが顕著になる。未知な場面で自分の感情の方向づけを求めて，養育者の表情から意図や感情を読み取ろうとする**社会的参照**（social referencing）もみられるようになるし，それに応じる養育者の適切な**情緒的応答性**（emotional availability）[11]が重要となる。こうした間主観的なかかわりを土台にして，ことばをはじめとするさまざまな象徴的なコミュニケーションの媒体が習得され，使用されるようになる。そしてことばやイメージといった象徴を用いて心的体験を表現・伝達したり，経験をオーガナイズし情緒を自己調整することが始まる。象徴を用いた二者のコミュニケーションを発達心理学では**三項関係**[12]とよぶが，一般の臨床場面で行なわれているのもまた三項関係によるコミュニケーションであり，新たな象徴を創造・獲得することで自己の

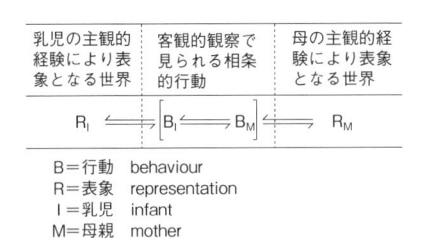

乳児の主観的経験により表象となる世界	客観的観察で見られる相条的行動	母の主観的経験により表象となる世界
R_I ⇄	$[B_I ⇄ B_M]$	⇄ R_M

B＝行動　behaviour
R＝表象　representation
I＝乳児　infant
M＝母親　mother

図2-5-4　母－乳児相互交流の基本的モデル（Stern-Bruschweiler & Stern, 1989）

再オーガナイズと有効な自己調整の習得が目されているのである。

　このように心理臨床の場では，ことばやイメージを媒体にしたセラピスト，クライエントの三項関係において，心的体験の探索・理解が自覚的に取り組まれる一方，潜在的でしばしば無自覚だが直接的な情緒交流による「今，ここでの」心的体験も同時に生じている。しかも乳児研究が明らかにしているのは，三項関係は養育者との十分な相互調整の蓄積を土台にして生じるものであり，また養育者との関係性が三項関係の性質に影響する点である。臨床場面についていうなら，ことばやイメージを用いる象徴によるコミュニケーションは，クライエントとセラピストとの潜在的だが直接的な情緒的交流の**文脈**[13]に応じて異なった意味合いをもつことになる。したがって象徴が内包する心的体験を共感的に理解するばかりでなく，今こうしたコミュニケーションが生じている理由や意図といったメタ・コミュニケーションに着目する必要がある。それには情緒の相互調整や間主観的感応といった直接的な二者間の情緒交流に敏感になることが欠かせない。

第3節　発達臨床心理学における見立ての特徴と臨床実践の進め方

1．関係性の障害というとらえ方

　乳幼児は養食（feeding），睡眠，感情の調節をはじめ，身体-行動-心理にまたがるさまざまな問題を呈するが，これらは乳幼児にのみ原因を求められるものではない。多くは，乳幼児と養育者との間の相互調整が機能不全を起こし，乳幼児の自己調整機構に過度に負担がかかって生じた問題である。それゆえ養育者との関係性に焦点を当てた介入（intervention）で速やかに解消されることも少なくない。このように関係性，特に情緒の相互調整の評価をクライエントの見立ての中核に据えるのが発達臨床心理学の特徴である。個人内の要因よりも個人間の要因を，臨床問題把握において優先するのは，家族療法などのシステム・アプローチと共通するが，発達臨床心理学では同時に個人内の要因も重視する。たとえばある相互調整の失調は，養育者側の内的葛藤や不安によって，乳幼児が出すサインに特別な意味を付与することで強化されているかもしれない。そのような場合，養育者への現実的な育児指導だけでは乳幼児との関係性が改善され難いことも多い。乳幼児の情緒表現にどうして特異な意味づけがなされるのかを，養育者とともに探索する作業もまた必要となる。他方，乳幼児にとって養育者との現実のかかわり合いの体験は，図2-5-4に示したようなプロセスで表象として固定化（内在化）されていき，養育者以外の他者との間に関係を築く際にも，関係のひな型として機能し，特異な関係性を再生してしまう危険がある。

ボウルビー（Bowlby, 1969）が**愛着研究**を通して概念化した**内的作業モデル**[14]は，乳幼児が内在化する代表的な関係性の表象である。このように関係性の評価とは，顕在化したかかわり合いとその背後にある両者の表象世界とを複眼的にとらえていく観点である。

乳幼児の臨床問題を**関係性の障害**（relationship disorder）[15]という観点からとらえることは，乳幼児の側に明らかな器質・機能的障害がある場合にもあてはまる。たとえば自閉症のような発達障害児の場合，生まれながらに養育者との間に愛着を築く機能にハンディを抱えている。それゆえ健常な乳幼児よりも養育者との関係性に障害を来しやすい。自閉症児がその発達過程で次々に表わす臨床問題は，脳の機能障害の直接の結果というよりも，関係性の障害によって二次的，三次的に表われてくるという理解も十分可能である。同様に養育者の側に深刻な情緒的問題や精神症状がある場合も，関係性の障害の生じる危険が高まる。

関係性の障害というとらえ方は成人のクライエントにも有効であろうか。成人の場合，幼少期に特定の関係性を内在化し，それがもとで現実の関係に障害を来していることが多い。そこで現実の関係の問題に取り組むことで，内在化された関係性の変化を期待することができるだろう。わが子との関係に思い悩む養育者は自分自身の心理的問題と向き合う機会を得ているともいえるのである。あるいは，何らかの問題を抱えて援助の場に現われる成人のクライエントは，臨床場面で援助者との間に数々の情緒的体験を経ることによって，表象世界が変化し心理的な変化が生じるのだと考えられる。

2．親－乳幼児心理療法からの貢献

乳幼児の呈する問題を関係性の障害という観点でとらえた際の臨床的介入は，乳幼児－養育者の情緒の相互調整を中核として，実際の両者のかかわり合いから，両者の表象世界にまで多面に及ぶ。背景にある理論も技法や援助のための面接の構造も一様ではないが，こうした乳幼児と養育者への多面的で統合的な介入方法を，**親－乳幼児心理療法**（parent-infant psychotherapy）[16]と総称している。親－乳幼児心理療法のセラピストは，養育者の話を聞きながら乳幼児と養育者のかかわり合いを観察し，乳幼児にもかかわる。こうすることで，両者の関係性の問題を評価するとともに，関係性の問題に与る養育者側の要因と乳幼児側の要因を特定する。同時に養育者が援助者自身にいかなる情緒を向けてくるか，また養育者自身の生い立ちなども聴取することで，養育者の表象世界を探索すると同時に養育者自身の自己のとらえ直しを援助していく。これらの作業を子担当，親面接者などと分業せずに1人の援助者が行なうとこ

ろにも，親－乳幼児心理療法の特徴がある。その背景には，乳幼児の成長力と養育者から適切な応答性を引き出すかかわり能力を信頼し，養育者の側にも乳幼児の働きかけに適切に応じる情緒応答性が潜在しているとの強い信頼がある。そこで乳幼児と養育者を分かたず，悪循環に陥っている関係性の歯車を噛み合わし直すことで，関係性がもつ本来の発達促進機能が復調することをめざすのである。

　親－乳幼児心理療法の技法や考え方には，一般の成人クライエントとの心理面接に活かせるところがあるだろうか。家庭や学校・職場などの社会的関係において問題を抱えるクライエントの場合，その臨床問題は関係性の障害という観点からもとらえうるし，親－乳幼児心理療法で養育者に対した時のように，クライエントの現実の問題と表象世界を複眼的にとらえ，クライエントが社会的関係の問題に取り組むことを通して心理的問題にも取り組むことを援助できるであろう。クライエント以外の他者に実際に会って関係調整などせずとも，社会的関係がもつ発達促進機能をクライエントが自分の成長のために役立てられるよう，クライエントを見守り支える姿勢がセラピストに求められるであろう。

　また臨床場面でクライエントがいかなる情緒体験をしているのか仔細に感じ取ることを発達臨床心理学は強調する。心理臨床とは技法を越えて，まずはクライエントとセラピストの出会いとかかわりの場であり，必然的に両者の情緒の相互調整のプロセスが作動する。クライエントはこの相互調整を通して臨床の場とセラピストがいかなるものかを無自覚のうちに意味づけていく。それによってクライエントが臨床場面で取り組むことの暗黙の前提や文脈が決まってしまう。媒体として用いられることばやイメージや概念は，この文脈しだいでセラピストの意図したのとはまったく異なる意味を担うことも起こりうる。あるいはセラピストのよって立つ理論や技法とは別のところで生の情緒体験が生じ，それがクライエントの心理的な変化に大きく寄与することもある。したがってことばやイメージという象徴も，クライエントが今，ここで経験していることと結びつけて多重に理解する必要がある。こうした臨床場面で取り組んでいることの多重な理解と働きかけが，親－乳幼児心理療法から学べるところである。

注)
1) 臨床場面ではクライエントが幼少期の体験を回想し，今の心理状態に至った理由を歴史的に見いだそうとすることが多い。これを生育史の再構成というが，その際に準拠枠とされる発達観や発達理論が臨床乳児である。これは臨床経験の蓄積を通して，情緒発達の道筋を遡及的に体系化したものである。一方，被観察乳児とは文字通り，実際の乳児を対象とした客観的な観察研究の結果から導き出される心の発達観や発達理論である。
2) 関係発達とは発達心理学者鯨岡峻氏がその著書の中で用いている用語である。発達心理学が重視してきた個

体能力発達観に対するアンチテーゼとして用いられることが多い。人の心の発達は他者の心との交渉を欠いては生じ得ないことを包括的に表現している。

3) 新生児の面前で他者が口を開けたり舌を出したりすると，新生児も同様の顔の所作を作ることを新生児模倣という。従来の情報処理的な認知発達の理解では説明できない現象で議論をよんだ。新生児模倣については諸説あるが，心の間主観的機能の最早期の現われとも考えられる。なお新生児模倣は人だけではなく，類人猿でも確認されている。

4) 間主観性（intersubjectivity）という言葉が心理学で用いられるようになったのは比較的最近だが，哲学では古い歴史をもつ用語である。心理学ではその字の通り，2人以上の主観的な心理的体験が部分的に一致したり，共有されることを指す。発達臨床心理学では乳児と養育者との間の情緒の交流と共有が，心の発達の間主観的基盤であるとみなす。

5) 自己調整とは，たとえば体温の維持のようなホメオスタシスが情緒面で乳児においても働いていることを指す。しかし乳児の自己調整機構は未だ多くの限界があり，養育者によって補完されねばならない。しかし養育者も乳児が示す身体－情緒的サインを手がかりに乳児の自己を調整するわけで，一方的な調整では決してない。実際，相互調整なのである。乳児と養育者の間主観的体験といっても，実際には誤解や齟齬が頻繁に生じ，それを修復するプロセスが相互調整であるという見解をトロニック（Tronick, E., 2007）が述べている。

6) 情動調律とはピアノの調律のように，乳児と養育者とが波長を合わせたやり取りを行ない，情緒の共有体験につながることを指す。スターンが提唱した概念でスターンは生後8か月ごろの乳児と養育者とのかかわりにおいて見られ，間主観的かかわり合いの萌芽と位置づけた。
　トレバーセンによれば情動調律的かかわりは養育者が極めて早期から乳児への働きかけの中で行なっているとされる。

7) オーガナイズされた経験として自己をとらえ直すという発想は，精神分析的自己心理学においても強調されている。自己心理学においては経験をオーガナイズする際の原則（プリンシプル）に着目するが，本章ではこれを特定の意味とし表現している。オーガナイズすることと経験から意味を見出すこととはコインの表裏のようなものである。意味を見出すことについてはブルーナー（Bruner, J., 1990）を参照のこと。

8) エリクソンは人生を8つの発達時期に分け，それぞれの時期に特有の発達上の危機があることを人生周期図で示した。発達段階説と異なる点は，危機とは特定の発達時期に顕著になるとは言え，生涯にわたって何度も取り組まれる発達上のテーマであること，危機の克服は個人によって一様ではなく，かつ正負両面を含んでその個人の人格に彫りを刻むものと位置づけられている点である。エリクソンの人生周期理論は，生涯発達心理学の中核となる発達理論である。

9) 「一人の赤ん坊などいない。いるのは一組の赤ん坊と母親だ」とウィニコットが述べたように，乳児を養育者との関係から切り離しては本当の乳児を見ることにはならないとの反省から，乳児と養育者が向き合って日常的に行なわれる交流を観察する研究が増えている。心理面接もたいていは対面かそれに近い形で行なわれるので，対面交流の研究成果を参考にすることができる。

10) 祖父母から父母へ，さらに子どもへと，養育という情緒的に濃密なかかわり合いを通して，前の世代の心の葛藤や不安が次の世代の心に再生産されることを世代間伝達とよぶ。特に乳幼児を抱える養育者は自分自身の幼少期の経験が蘇り，世代間伝達が生じやすい。児童虐待の要因の1つにもなっていると考えられている。

11) 乳幼児は，新奇な場面や接近・回避の両価的な状況に際して，養育者など信頼できる大人の表情を手がかりに自分の気持ちや行動を決定する。これが社会的参照とよばれるもので，乳児が視覚的断崖を前に親の表情・態度によって進むか止まるかを判断する実験が有名である。この親の反応に表れているように，乳幼児の好奇心や不安を適切に読みとって，乳幼児の探索活動や向社会性を促進すべく情緒的なサポートを与えることを情緒応答性という。

12) 三項関係とは乳児と養育者が1つのモノを介してかかわり合う関係の持ち方を言う。乳児と養育者が1つのモノに同時に注意を向け，モノへの関心を共有し合うことが前提となる。これは共同注視とも呼ばれ，養育者の指差しに乳児が反応する，あるいは自ら指さしをして関心を引こうとするといった行動で確かめられる。三項関係を介してモノの名前や意味が乳児に伝えられていくように，三項関係は文化の伝承や教育の欠かせない土台である。同時に，乳幼児はモノに向けられた養育者の情緒的反応に同一化することで養育者の不安や葛藤をも取り込むことになる。三項関係がもたらす影響は多様だが，それは臨床場面についても言えることである。

13) ある言葉はその前後の文章によっていくつかのときには正反対の意味を担うように，2人のかかわり合いでいえば，会話の背景にどのような情緒がやり取りされていて，関係がどのような情緒的性質を孕んだものかに

よって，言葉の意味するところが異なってくる。その暗黙の背景にある関係の性質を文脈とよぶ。
14) ボウルビーは母性剥奪（maternal deprivation）の研究から，乳幼児が心理的に健康に育つのに必要な母性的養育の重要性を訴えた。適切な母性的養育のもとでは，乳児は生後1年の間に養育者に対して強い情緒的絆を作り上げ，それを土台に他者や物とのかかわりを広げていける。これを愛着（attachment）と名づけた。乳児はこの養育者とのかかわりのパターンを心のうちに保つようになり，他者と情緒的な関係を結ぶ際に予測や手がかりとして用いるようになると考えた。これを内的作業モデル（inner working model）とよぶ。
15) 関係性の障害は，従来の個人を診断対象とする診断基準では参考程度にしか考えられていなかった。しかし「Zero to three 乳幼児の精神疾患の診断基準（National Center for Clinical Infant Programs）」では主要診断に次ぐ重要な診断軸とされ，その障害の性質や程度を評価するようになっている。
16) 親－乳幼児心理療法の手法の1つに，乳幼児とのかかわり場面を映像に収め，それを養育者と援助者がいっしょに見返して話し合うという方法がある。養育者が気づかずにくり返している自分のかかわり方や見逃している乳幼児からのサインや反応に改めて気づくことができ，そうしたかかわりをとる理由について探索的に考えていく。こうして行動面と心理面とをつないだ援助が可能になる。

【推薦図書】

『乳児の対人世界』　D. スターン（著）　小此木啓吾・丸田俊彦（監訳）　岩崎学術出版社　1989

『もし，赤ちゃんが日記を書いたら』　D. スターン（著）　亀井よしこ（訳）　草思社　1992

『プレゼントモーメント』　D. スターン（著）　奥寺崇（監訳）　岩崎学術出版社　2007

『乳児研究から大人の精神療法へ』　B. ビービーほか（著）　丸田俊彦（監訳）　岩崎学術出版社　2008

『ママと赤ちゃんの心理療法』　B. クラメール（著）　小此木啓吾・福崎裕子（訳）　朝日新聞社　1994

『自我同一性』　E. エリクソン（著）　小此木啓吾（監訳）　誠信書房　1973

『自己と関係性の発達臨床心理学』　石谷真一　培風館　2007

第6章 心理臨床に必要な精神医学の知識

第1節 はじめに

　身体に病気や障害があるように，心にも病気や障害がある。この心の病気・障害（精神障害）を医学的に扱うのが精神医学である。心理臨床の対象は広い。社会生活や対人関係に何らかの適応困難や不適応をきたしているものは，その多くが潜在的には心理臨床の対象と考えてもよいほどである。精神障害は，不適応のすべてではなく，むしろ限られた一部にすぎないが，それにもかかわらず，心理臨床に携わるものにとって，精神障害についての基礎的知識をもっておくことは不可欠である。それは，精神障害を見逃したり，必要な対応を怠ることによって，患者が甚大な不利益を蒙る危険があるからである。たとえば，薬物療法が著効するタイプのうつ病に心理療法だけを施したり，自殺の危険の高いうつ病に対して，入院など，安全確保に必要な措置をとらずにおくことは，治療的にも倫理的にも許されることではない。このような事態を防ぐためには，うつ病についての最低限の知識が，治療者に要請されるのである。本章では，心理臨床に必要な精神医学の知識として，おもな精神障害とその診断・治療について解説する。

第2節 精神障害の分類

　精神障害の分類には，古典的分類と現代の記述的分類がある。前者は主として病因による分類，後者は主として症状による分類である。

1．古典的分類

　ドイツ精神医学の流れを継ぐもので，**器質性精神障害，内因性精神障害，心因性精神障害**の3つに分類されている。器質性精神障害とは，脳に明らかな病変が確認されるものである。たとえば，外傷・感染・薬物・毒性物質・栄養欠乏などの外的要因や，脳腫瘍・脳循環障害・認知症などの脳疾患，神経ベーチェット病・SLEなどの全身性疾患などのために精神症状が出現することがあるが，このような場合，精神症状と脳病変の間には明らかに関連があると考えられる。これを器質性精神障害と称す

る。内因性精神障害とは，器質性の変化が顕著ではなく（あるいは確認されず），明らかな心因も特定されないのに発症し，遺伝や素質などの関与が疑われるが，はっきりした原因のわからない精神障害のことで，統合失調症と躁うつ病がその代表である。心因性精神障害とは，もっぱら心理的・環境的な原因（心因）によって起こってくる精神障害のことで，神経症，心因反応，PTSD（外傷後ストレス障害）などがあげられる。

　このように，原因によって器質性／内因性／心因性の3つに大別されているが，これらを明確に区別することは，必ずしも容易ではない。たとえば，器質性精神障害や内因性精神障害の症状や経過に心因が深く関与する場合もあれば，同じ心因に晒された場合でも病気を発症する人としない人がおり，そこには器質的・素質的な個人差がかかわっていると考えられる場合もある。このように，実際にはこの3群の間には重なりも多い。また，ほとんどの精神障害は，いまだに原因が完全に突きとめられたとはいえない。これらのことから，原因による分類を排し，はっきりと観察できる症状に基づいて精神障害を分類しようとする気運が生まれ，次項の"現代の記述的分類"につながっていった。もっとも，精神科臨床の現場では，なじみや使い勝手の良さなどから，今でもこの分類が使われている。状況に応じて，古典的分類と現代の記述的分類の両方が使い分けられているというのが現状であろう。

2．現代の記述的分類

　現代の記述的分類の中で代表的なものは，世界保健機構（WHO）によるICDと，アメリカ精神医学会によるDSMである。いずれも，初版以降，改訂が重ねられ，現在，ICDは10版（ICD-10），DSMは4版（DSM-IV-TR）にいたっている。古典的分類との最も大きな違いは，原因ではなく，はっきりと観察できる症状や状態像に基づいて精神障害を分類している点である。これ以外の特徴としては，診断基準（列挙された項目をいくつ満たすか，病的状態の持続期間，除外基準など）を明確に示し，診断者の恣意的な判断や命名に制限を加えていることや，多軸評定方式などがあげられる。DSMで採用されている多軸評定方式とは，精神障害だけでなく，患者の全体像をとらえようとするもので，主たる精神障害の診断（1軸），背景にパーソナリティ障害や精神遅滞がある場合にはその特定（2軸），身体疾患がある場合にはその特定（3軸），生活状況としての心理社会的・環境的問題の記載（4軸），社会生活機能のレベル（5軸）の5軸によって患者を評価する。

　現代の記述的分類は，症状に基づく分類や明確な診断基準の採用によって，診断の信頼性を高めることに貢献した。研究者や臨床家の間では，今や"共通言語"として

不可欠のものになっている。必ずしも使い勝手がよいとはいえないことや，精神医学における標準化・数量化の傾向一般に対する抵抗などから，その使用に消極的な立場もあるが，趨勢としては，今後ますます，この分類が定着していくものと思われる。

第3節 精神障害の種類

　精神障害の種類は多い。ICD-10に従って列挙すると，精神障害は，症状性を含む器質性精神障害，精神作用物質使用による精神・行動の障害，統合失調症・統合失調型障害・妄想性障害，気分障害，神経症性障害・ストレス関連障害・身体表現性障害，生理的障害・身体的要因に関連した行動症候群，成人の人格・行動の障害，精神遅滞，心理的発達の障害，小児期・青年期に通常発症する行動・情緒の不安定，特定不能の精神障害—以上11のグループに大きく分けられるが，それぞれのグループはさらにこまかく分類され，全体では数百種類の精神障害が同定されている。心理臨床に携わるものが，これだけ多くの精神障害のすべてに通じることは現実的には困難であるし，その必要もないだろう。しかし，最低限，自らが心理臨床を行なう場で出会う可能性の高い精神障害については，その症状や病態，治療法などを十分に理解しておかなければならない。

　どのような精神障害に出会う可能性が高いかは，場によっても違う。たとえば，医療の場では，同じ精神科でも，市中のクリニックでは，気分障害，不安障害，適応障害などが比較的多いのに対し，精神病院では統合失調症が多い傾向にある。教育の場では，これらに加えて，摂食障害や種々の発達障害など，小児期から青年期に好発しやすい精神障害が問題になることが多い。司法の場では，パーソナリティ障害や精神作用物質（麻薬・覚醒剤・アルコールなど）に関連した精神障害に出会うことが，他の場よりは多くなるだろう。もちろん，これはあくまでも一般的な傾向にすぎない。重要なことは，どこで心理臨床を行なうにせよ，精神障害に出会う可能性はつねにあるということである。精神障害はけっして稀な病気ではない。うつ病ひとつをとっても，我国だけで，何百万人もの人がこの病気にかかっているといわれる。精神障害の可能性をつねに念頭に置きながら患者に接していく姿勢が，心理臨床に携わるものには求められる。それは，冒頭でも述べたように，患者の精神障害を見逃したり，必要な対応を怠ることによって，患者に重大な不利益の及ぶ危険があるからである。

第4節 精神障害の診断

1．診断の進め方

　精神障害には，症状であれ，身体的検査（血液検査・CT検査など）であれ，心理検査であれ，それだけで診断を確定できるものはほとんどない。したがって，精神障害の診断に際しては，病歴（現病歴，既往歴），生活史，性格，家族歴，行動観察，身体的・心理的検査など，さまざまな情報を総合して診断する。これらの情報は，診断だけでなく，治療においても必要になる場合が多い。

（1）病歴

　病歴は特に大切なので，いつごろからどのような病状が，どのような状況で起こり，どのように経過してきたか（現病歴）を，患者や周囲の人から十分に聞き出すようにする。この際，患者の訴えといっしょにきた人の話は必ずしも一致しないので，それぞれ区別して記載することが必要な場合も多い。既往歴については精神疾患のほかに身体疾患についても聞くことが必要である。精神疾患については，過去の不登校，過食，適応障害など，現病とは直接関係していないと本人や家族が思っていることについても情報を得ておくことが大切である。

（2）生活史

　過去の状況については生育歴（心身の発達，家族環境，交友関係など），教育歴（教育期間，出身校，学校生活），職歴（職種，地位，転職，欠勤など），結婚状況，対人生活での交流状況，大きな心理的変化（失恋，喪失体験，挫折など），社会的環境の変化（転居，親との同居，配置転換，単身赴任）などについて聞き，現在の症状との関連を考える。現在の状況については，学校や勤務先での人間関係や学業や仕事の内容，日常生活の過ごし方，家事に対する取り組みなどについて聞く。さらに趣味，宗教，睡眠，摂食，アルコール摂取などについても尋ねる。

（3）性格

　神経質・おおまか，引っ込み思案・社交的・1人を好む，悲観的・楽天的，真面目・いい加減，几帳面・ずぼら，短気・のんびり，勝ち気・弱気などおおまかな性格特徴を聞き出す。

（4）家族歴

　精神障害には遺伝が関係するものもあるので，家族や親戚に精神障害のものがいなかったか尋ねておく。また，家族内での人間関係は，診断面でも治療面でも重要なことが多いので，よく尋ねておく。

（5）行動観察

精神障害の診断においては，患者が語ることだけでなく，患者の行動が重要な情報を与えてくれる場合がある。したがって，患者の行動観察も大切である。表情（柔和，明るい，生き生き，硬い，抑うつ，不自然，誇張）や服装など，態度（あいさつ，ことば使い，協力的かどうか，おちついているかどうか），動作（歩き方，姿勢，多動，動きが少ない，奇妙な動作），質問に対する答え方，刺激に対する反応などを観察する。また話し方についても自発的に話すか，会話を理解しているか，話の筋道が通っているか，感情がどの程度こもっているかなどを観察する。

（6）検査

精神障害が身体因によるものかどうかを判断するために，身体的所見の正確な把握は欠かせない。そのため，診察に加えて，脳の画像検査，脳波，血液検査など，さまざまな身体的検査を行なう。心理検査も，診断のための重要な情報源となる。知能検査，人格検査，発達検査，作業検査，評価尺度などを単独で，または組み合わせて用いる。

2．精神症状のとらえ方

問診や検査により得られた情報から患者の症状をとらえる。その際，手順としては，精神機能を思考，知覚，感情，意欲などの要素に分けて考え，それぞれの機能の障害を見いだす。次にこれらの要素的な障害を有機的に総合して状態像としてとらえ，全体的な精神状態の異常を理解するようにする。

たとえば，思考の異常には妄想（あり得ない内容についての強い確信で，他人のことばや事実によってもその内容の訂正ができない），思考制止（思考が進まず，判断力も低下して思考の目的を追うことができない），観念奔逸（考えが次々に沸いてきて思考進行は早いが目的が次々に変わって何を考えているのかわからなくなる）などがある。知覚の異常には，幻聴，幻視など，種々の幻覚（実際には存在しない対象を存在するかのように知覚する）が含まれる。感情の異常には，抑うつ気分（気分が憂うつで何ものにも喜びを感じず，すべてのことを悲観的に考える）や爽快気分（特に動機なく爽快な気分になり，自身に満ちすべてを明るく楽観的に考える）などがある。意欲の異常には昏迷（外界のことはよく認識されているのにいっさいの自発的行為が減弱ないしは消失する）や精神運動興奮（意志・欲動の発動が著しく亢進する）などがある。

精神障害では，これらの精神症状が個別に出現する場合は稀で，多くはそれらが一定の組み合わせで出現する。これを状態像としてとらえる。たとえば，妄想と幻覚は

しばしばあいまってみられるので，これを幻覚妄想状態という。あるいは，思考制止・憂うつ気分・昏迷などをあわせてうつ状態，観念奔逸・爽快気分・精神運動興奮などをあわせて躁状態としてとらえる。こうして得られた状態像を診断の材料とするのである。

注意すべき点は，状態像と精神障害の間に一対一の対応はないということである。同じ精神障害でも異なった状態像を示すことがあるし，逆に同じ状態像が異なった精神障害に共通して見いだされる場合もある。たとえば，幻覚妄想状態は統合失調症，うつ状態はうつ病，躁状態は躁病によくみられるが，この組み合わせには例外もあり，統合失調症でうつ状態がみられたり，幻覚妄想状態が躁病にみられたりすることもある。したがって，診断に際しては，症状や状態像の把握だけでは不十分であり，上述したような他の情報も総合して判断することが大切なのである。

第5節 精神障害の治療

精神障害の治療は，大きく，薬物療法・身体的療法，精神療法，環境療法（社会療法）の3つに分けられる。臨床の現場では，精神障害の種類，重症度，時期などによって，いろいろな治療法を組み合わせて用いている。

1．薬物療法・身体的療法

薬物療法は，多くの精神障害の治療において中心的な役割を果たしている。この事情は他の医学領域と何ら変わりはないのだが，心の病気を薬で治すという考え方には抵抗感を覚える人も少なくない。それにはおそらく，精神障害が一般社会でまだ十分に理解されていないことや，そこから来る精神障害に対する偏見もかかわっていると思われる。心の病気は薬ではなくカウンセリング（心理療法・精神療法）で治すべきだと考える人もいる。もちろん，治療ではカウンセリングも大切だが，それだけでは足りないことも少なくない。精神障害の種類や重症度や時期などによっては，薬を使わないことが，反倫理的と考えられる場合さえある。薬の副作用を心配する人も多い。確かに，身体の病気に使う薬と同じように，心の病気に使う薬にも副作用の出る可能性はある。使用に際して細心の注意が必要なのは当然のことである。一方で，研究の積み重ねにより，薬の副作用は，以前に比べ，格段に少なくなってきている。大方の薬は，使用法さえ誤らなければ，きわめて安全性が高いといって差し支えない。もちろん，薬も万能ではない。薬が効かなかったり，効果の不十分な場合は当然ある。そのような場合には，他の治療法の比重が増すことになるが，いずれにしても，

精神障害の治療の選択肢の中で，薬物療法が非常に重要な位置づけにあることはまちがいない。

精神障害の治療に用いられる薬は，使用目的によって，抗精神病薬，抗うつ薬，抗躁薬，抗不安薬，睡眠薬などに分けられる。作用機序としては，脳内の神経伝達物質（ドーパミン，セロトニン，ノルアドレナリンなど）の働きを調整することによって症状の改善をめざすものが多い。たとえば，うつ病では，セロトニンやノルアドレナリンなど，脳内の神経伝達物質の働きが低下していると考えられているが，抗うつ薬は，これらの物質の働きを高めることによって作用すると考えられている。

薬物療法以外の身体的療法の代表的なものは電気けいれん療法である。電気けいれん療法は薬物で改善しない重症のうつ病や自殺念慮が強い，昏迷状態が強いなど，症状の急速な改善が必要な患者に限り行なわれ，著効を示すことがある。現在は麻酔下に行なう（したがって患者はまったく苦痛を感じない）修正型電気けいれん療法が主流である。

2．精神療法（心理療法，カウンセリング）

精神療法（心理療法，カウンセリング） は，薬物療法と並んで，精神障害の治療の中心的な役割を果たしている。精神療法と聞くと，患者と治療者が一対一で，時間をかけ，心の奥深くの問題を話しあうことで治療を進めていくような状況をイメージする人が多いのではないだろうか。もちろん，それも精神療法の1つの重要な形ではあるが，精神療法には，これ以外にも，いろいろなものがある。たとえば，家族療法やグループ療法など，患者が単独ではなく，家族や他の患者とともに治療を受けるものもあるし，行動療法のように，患者の心の深層ではなく，表面に現われた行動に注目し，行動変容を試みるものもある。また，精神医療の現場では，医療保険の問題も絡み，1人の患者にかけることのできる時間は限られている。その中で，何らかの対話や生活面での指導は欠かせないが，これも広義には精神療法に含められる。これら，さまざまな精神療法の中から，精神障害の種類，患者側の条件（精神療法への動機づけがどの程度あるか，精神療法を受ける時間的・経済的余裕がどの程度あるか，どのタイプの精神療法にどの程度反応することが期待されるか），治療者側の条件（1人の患者にどれだけの時間を使えるか，治療者がどの心理療法を行なう技能をもっているか）などによって，適当かつ実施可能なものを選択することになる。

3．環境療法（社会療法）

環境療法（社会療法） とは，個人の内面や症状ではなく，日常生活における社会適

応に焦点を当てた治療的指導のことである。身辺自立，社交，家庭生活，職業訓練など，きわめて具体的な生活実践を改善していくためのプログラム（生活療法）と，社会復帰への訓練や地域での実生活支援のためのプログラム（リハビリテーション）からなる。生活療法には，日常生活習慣の指導，レクリエーション療法，作業療法，社会技能訓練（SST）などが，リハビリテーションには，外泊・外勤，患者クラブ，各種中間施設などの受け入れシステム，社会資源の活用や私生活支援にかかわる精神科ソーシャルワークなどが含まれる。この環境療法（社会療法）がよく使われるのは，統合失調症など，精神障害のうち，慢性化し，生活能力に支障が出やすいタイプのものである。しかし，個人の内面や症状だけではなく，日常生活や対人関係や仕事など，個人を取り巻く外的な状況にも注目し，必要に応じて援助していくという視点自体は，本質的には，すべての精神障害に必要なものと考えてよい。

第6節 おわりに

　以上，心理臨床に必要な精神医学の知識について概観した。最後にもう一度要点を整理すると，心理臨床に携わるものは精神障害についての基礎的知識をもっておくことが不可欠だという一点に尽きる。心理臨床の場では，つねに，精神障害に出会う可能性がある。その際，それに気づかなかったり，必要な対応を怠ると，患者に甚大な不利益を与える危険がある。精神障害の種類は多く，そのすべてを熟知することはむずかしいが，少なくとも，自分の活動の場で出会う可能性の高い精神障害については，その症状や病態，治療法などを十分に理解しておかなければならない。個々の精神障害の詳細については，別の成書を参照されたい。

【推薦図書】
『精神医学への招待改訂2版』　志水　彰・頼藤和寛・水田一郎・岩瀬真生　南山堂　2005

第7章 心理臨床に必要な心身医学の知識

第1節 心身医学と心身症

　心身医学（psychosomatic medicine）とは「患者を身体面だけでなく，心理面，社会面を含めて，総合的，統合的にみていこうとする医学」（日本心身医学会『心身医学の新しい診療方針』，1991）である。心身医学では，従来の身体・病気偏重の医療に対する反省から人間を身体的・心理的・社会的存在（bio-psycho-social model）として理解し，アプローチしようとする**全人的医療**をめざしている。つまり「病気より病人をみよう」とする試みである。そして，心身医学の主要な対象が心身症である。心身症とは，「身体疾患の中で，その発症や経過に心理社会的因子が密接に関与し，器質的ないし機能的障害が認められる病態をいう。ただし神経症やうつ病など，他の精神障害に伴う身体症状は除外する」（日本心身医学会『心身医学の新しい診療指針』，1991）と定義されている。この定義では，心身症は疾患名ではなく病態名であることを明記している。たとえば，胃・十二指腸潰瘍は代表的な心身症といわれているが，胃・十二指腸潰瘍のすべてが心身症と認められるのではない。胃・十二指腸潰瘍の症例の中でも「その発症や経過に」，身体的因子よりは心理社会的因子の影響がより「密接に関与」している症例を心身症というのである。また，心身症は器質的な病変を呈する場合（消化性潰瘍など）と，ある器官の働き（機能）に障害が認められる場合（過敏性腸症候群，片頭痛など）に大別される。

　いわゆる心身症とその周辺疾患，つまり心身医学的配慮が特に必要な疾患としては，内科領域から皮膚科・耳鼻咽喉科領域まで臨床各科の数多くの疾患があげられている。たとえば，内科領域において心身症がしばしば認められる疾患を表2-7-1に示す。

第2節 心身症の発症・経過に関連する因子

　心身症の発症や経過には，**準備因子**（predisposing factors），**誘発因子**（precipitating factors），**持続因子**（perpetuating factors），**防御因子**（protective factors）の"4つのP"といわれる因子が関連するといわれている（Lask & Fosson, 1989）。

表2-7-1 心身症がしばしばみられる内科領域の疾患

1. 呼吸器系
   気管支喘息,過喚気症候群
2. 循環器系
   本態性高血圧症,心臓神経症,冠動脈疾患(狭心症,心筋梗塞)
3. 消化器系
   胃・十二指腸潰瘍,過敏性腸症候群,潰瘍性大腸炎
4. 内分泌・代謝系
   神経性食欲不振症,神経性大食症,糖尿病
5. 神経・筋肉系
   筋収縮性頭痛,片頭痛,痙性斜頸,書痙

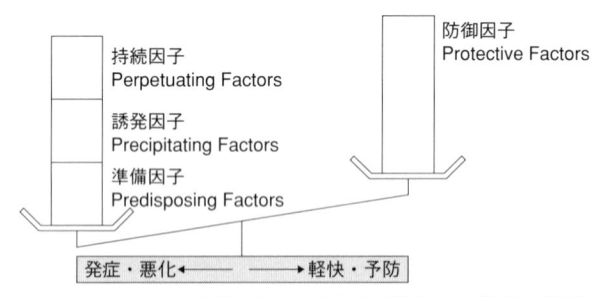

図2-7-1 心身症の関連因子(生野,1997)

 それらの因子は相互に影響を及ぼすが,一般的には準備・誘発・持続因子の比重が大きいときには発症や悪化にいたり,防御因子が大きいときには予防や軽快が可能である(生野,1997)(図2-7-1)。

 発症の準備因子には心身の過敏性や脆弱性,性格・行動・認知の特性,慢性的ストレス,過去の体験,社会文化的影響などが含まれる。誘発因子には,身体疾患,ライフイベント,日常苛立事などが含まれる。

 発症後に生じる持続因子としては,身体病変の進行,病気への思いこみ,病気への恐れ,心的外傷などの未解決な問題,病者役割の強化,社会的ストレスなどがあげられている。

 発症や悪化を防ぐ防御因子は,身体的健康度,適切な健康知識,良好な家族関係,ストレス対処能力,高い自己評価,社会適応性,ソーシャルサポートなどと関連して強まると指摘されている(生野,1997)。

 心身症の治療において,発症前の準備因子・誘発因子を軽減するアプローチよりは,発症後の症状持続に影響を及ぼす持続因子を軽減し,防御因子を強化するアプローチが効果的である。つまり,過去の原因を追及するよりも,現在の症状持続に関

表2-7-2 持続因子と防御因子への治療的アプローチ (生野, 1997)

	持続因子	アプローチ
生物学的	病変の進行	身体的治療
心理的	病気への信念 病気への恐れ 未解決な問題	医学的情報 教育的治療 心理的治療
社会的	病者役割の強化 社会的ストレス	環境調整 治療協力

	防御因子	アプローチ
生物学的	身体的健康	リラクゼーション
心理的	適切な健康知識 良好な家族関係 ストレス対処能力 多い自己評価	健康教育 家族関係の安定 ストレス対処法 認知の是正
社会的	社会適応性 ソーシャルサポート	対人技能訓練 援助システム

与する持続因子に焦点づけるほうが，受診者の抵抗が少なく，治療意欲が湧きやすい。同様に，具体的なストレス対処法や疾病あるいは健康に関する専門的情報を提供することにより，受診者の不安や思いこみを軽減することを目的とした**教育的アプローチ**により防御因子を強化することは，受診者が自己治癒力を増強し，主体的な治療参加につながりやすい。持続因子減少と防御因子増強への治療的アプローチを表2-7-2に示す。

第3節 心身症の診断と治療

1．心身医学的診断

　心身症は身体的苦痛を訴えて医療機関を受診する場合が多い。耐え難い苦痛を訴える場合，まず簡単な問診・検査を行ない，暫定的な診断を下し，身体的苦痛の軽減のための医療的処置を優先する。苦痛がおさまれば，詳細な問診・観察・身体医学的検査・心理学的検査などを行なう。その結果に基づき，受診者の身体的・社会的・心理的要因について分析し，**心身医学的診断**を下す。表2-7-3に心身症のアセスメント―問診・観察・分析項目―の詳細を示す。

表2-7-3 心身症のアセスメント―問診・観察・分析項目―（生野，1997より一部改変）

1 問診
 ・主訴（困っている問題・症状の明確化）
 ・生育歴，問題歴，既往歴，現病歴，受診歴，身体状況，性格行動特性，性格習慣，学校・職場での状況，最近の主たる出来事
 ・家族について：家庭環境（職業，経済，地域的環境，家族構成，生活習慣など），家族の病気・死亡，離婚，不和

2 観察
 ・外見，会話，行動，表情，情緒，知的状態，家族の雰囲気，コミュニケーション，治療者への関心・態度

3 分析
 ①身体的分析
  身体的疾患や器質性変化の有無。心身症の積極的診断と鑑別診断。一般的身体状況，体質的基盤。
 ②症状の分析
  ・発症状況，形式，頻度，強度，場面変化はどうか。
  ・発症による本人や家族の変化。症状を遷延させている悪循環。本人や家族が感じている困難の程度と病識，回復への期待。
 ③社会・環境的分析
  ・本人の家族や友人の間での役割と立場，周囲からの評価。それらが本人の対人関係や生活習慣に及ぼす影響。また，社会的風潮や情報からの影響。本人をとりまくサポートシステム。
  ・家族における社会的・経済的要因の影響と家族関係の状況。本人と家族の相互関係。家族をとりまくサポートシステム。
 ④心理的分析
  ・性格傾向（自己愛的，強迫的，神経質，過剰適応的など）
  ・自我強度（基本的信頼感，自律性，フラストレーション耐性，現実吟味力など）

2．心身医学的治療法

心身医学的診断は，表2-7-3に示したように詳細な問題・病歴の聴取と観察・検査・分析により，受診者が示す症状の背後にある身体的・心理的・社会・環境的問題とそれらの相関について明確化しようと試みるものである。そして，そこから得られた情報により，受診者に適した治療法が選択される。治療法の選択には，受診者の身体的苦痛の状況，パーソナリティや自我の問題，家族関係や人間関係などの環境状況を考慮する必要がある。その上で"何を，どのくらいの期間，どの程度まで，どのような方法で"治療を行なうかについて，受診者に説明し，合意を得た後，治療を開始する。表2-7-4に代表的な**心身医学的治療法**を示す。

第4節　チーム・アプローチ

現在医療機関において，治療は医師，看護師，心理士，理学療法士，栄養士，ケー

表 2-7-4　心身医学的治療
(日本心身医学会教育研修委員会『心身医学の新しい診療指針』, 1991)

1. 一般内科ないし臨床各科の身体療法
2. 生活指導
3. 面接による心理療法(カウンセリング)
4. 薬物療法(向精神薬, 漢方など)
5. ソーシャル・ケースワーク
6. 自律訓練法, 自己調整法, 筋弛緩法
7. 催眠療法
8. 精神分析療法, 交流分析
9. ゲシュタルト療法
10. ロゴセラピー
11. 行動療法, バイオフィードバック療法
12. 認知療法
13. 家族療法
14. 箱庭療法
15. 作業療法, 遊戯療法
16. バイオエナジェティックス療法(生体エネルギー療法)
17. 読書療法
18. 音楽療法
19. 集団療法
20. バリント療法
21. 絶食療法
22. 東洋的療法(森田療法, 内観療法, 鍼灸療法, ヨーガ療法, 禅的療法, 気功法)
23. 神経ブロック療法
24. 温泉療法

スワーカーなどの医療従事者によるチーム医療により行なわれることが多くなってきている。このような**チーム・アプローチ**の長所は，①受診者の抱えている問題をさまざまな専門的視点から診ることができる，②複数のスタッフが治療にかかわることにより，多くの側面から受診者の情報を得ることができる，③1人の医療従事者が問題を抱え込んでしまわず，スタッフ間で情報を共有することにより，独断的な治療に陥る危険性を回避することができる，④重篤な症状を抱える受診者に，チームのスタッフが助け合い，連携して対応できるので，スタッフの疲弊が軽減されるなどが考えられる。

　治療においてチーム・アプローチがその効果を発揮するには，スタッフ間の情報交換，意思の疎通，治療方針に関する合意をミーティングにおいて，頻回に行なう必要がある。ミーティングでのスタッフ間のコミュニケーションが不徹底な場合，受診者に余計な混乱を与え，不安に陥らせることになりかねない。多職種・多人数のスタッフが治療にかかわる場合，そのチーム間のコミュニケーションの質が，治療の効果を左右するといってもよい。

　さらに，医療機関内のみならず，受診者の家族，職場，学校など医療機関外との連携も，より広い意味でのチーム・アプローチといえる。

　たとえば，家族をチームの治療共同者として位置づけ，家族の本人への対応について，専門的情報や助言を与え，家族の対応と本人の変化を関連づけてフィードバックすることにより，家族は適切な対処方法を獲得することになる。特に受診者の年齢が低い場合，家族は本人の心身症発症に「自分が問題ではないか」という罪悪感を抱い

ていることが多く，このような罪悪感が家族間葛藤・混乱を二次的に引き起こし問題を複雑にしている例も多い。それゆえ医療チームは，家族が罪悪感に縛られず，健康的に本人をサポートできるよう，家族を背後から支援していくことも必要である。

第5節 おわりに

　これまで見てきたように，心身症治療は，受診者の身体・心理・社会的側面にかかわる総合的アプローチといえる。また，治療的アプローチの範囲は受診者のみならず，その家族や本人を取り巻く環境にも及ぶ。つまり，受診者の示す1つの症状を手がかりに，1人の人間をさまざまな側面から，また本人と環境あるいは身体と心の関係性といった多様な関係性から理解し援助しようとする特有の視点をもつ。その意味では，心身症治療は表出された症状の軽減のみならず，個人の発達援助，ストレス対処や対人関係訓練，および再発予防教育にもなり得る全人的アプローチであるといえる。

【推薦図書】

『新版心身医学』　末松弘行（編）　朝倉書店　1994
『心身医学を学ぶ人のために』　末松弘行・河野友信・五郷普浩（編著）　医学書院　1996
『心身医学』　筒井末春・大谷　純（著）　久住真理（監修）　人間総合科学大学　2008

● 2　臨床心理アセスメント

第8章 発達検査および知能検査

発達検査および知能検査は，クライエント（来談者）の臨床心理の**アセスメント**の1つとして，比較的よく用いられる。クライエントの発達および知的レベルについて理解することは臨床現場では重要なポイントである。たとえば初対面で話をすることが困難なクライエントに出会った場合，緊張が強いために話せていないのか，もしくは，言語能力やその他の発達の問題によって話すことができないのかによっては当然見立てもその後の面接の仕方も変わってくる。また，近年注目されている**発達障害**に代表されるような発達面での器質的問題の有無について知る手がかりにもなり，質問紙式検査や次章で述べる**投影法**と**テスト・バッテリー**を組んで用いられることが一般的である。

第1節 発達検査

発達検査とは，おもに乳幼児から小学生の子どもの心身の発達状態や程度を測定・診断するための標準化された検査法である。生活年齢（CA）と発達年齢（DA）の比率により**発達指数（DQ）**が求められ，その程度により，発達の程度を知ることができる。

〔発達指数（DQ）＝発達年齢（DA）÷生活年齢（CA）×100〕

発達検査の目的は，現在の発達状況の把握，発達の遅れを早期発見し，早期療育を開始するといった**スクリーニング**，および心理相談の資料に用いるためなどに実施する。また発達検査には**遠城寺式乳幼児分析的発達検査法**，**乳幼児精神発達診断法**のような保護者や保育者からの聴取により実施する方法と**新版K式発達検査**のような直接クライエントに一定の課題を与えてその行動を観察することにより実施する方法に分けられる。多くのものは運動・探索操作・生活習慣・対人関係・社会性・言語理解など全般的な発達を把握できるものとなっている。

第2節 知能検査

知能検査は，知能を客観的に測定するために考案された尺度で，その検査目的から

概観的検査と診断的検査に分けられる。概観的検査は知能を総括的・全体的に一般知能を中心に測定しようとするもので，**ビネー式知能検査**（Binet-Simon intelligence scale）などが代表的なものとしてあげられる。結果は**精神年齢（MA）**や，**知能指数（IQ）**などの単一の全体的指標で示される。診断的検査は知能を領域的に分析して測定し個人の知能構造の特徴をそれぞれの検査の構成因子を中心に明らかにしようとするもので，結果は通常，各領域や下位検査別にプロフィールで示され，総合としての一般知能水準も測定できるように工夫されている。代表的なものとしては**ウェクスラー知能検査**があげられる。近年では**発達障害**が注目され，この診断的検査が多用されるようになっている。また，知能検査は個別で実施する以外に集団で実施する検査もある。知能検査の始まりは1905年，ビネー（Binet, A.）が小学生の知的障害児のスクリーニングを目的として作成した知能測定尺度であるとされている。学校という教育の現場で活用されたのである。その後この尺度を基盤にして考案された知能検査を含めてビネー式知能検査とよばれ，現在では学校だけではなく，心理面接場面，病院など多くの臨床場面で用いられている。ビネーは知能について判断力を重視し，それは良識や実際的常識，自発性，自分の置かれた状況への適応力などであるとしている。ただ現在にいたっても決定的な知能の定義はなされていないのが実際である。

第3節　発達検査・知能検査の種類

発達検査および知能検査は標準化されており，教示方法や時間制限などそれぞれの検査において定められている。代表的な検査についての説明を以下に述べる。実施の際には教示や手順をしっかり習熟することが肝要である。

1．発達検査
（1）遠城寺式乳幼児分析的発達検査
　対象：0歳～4歳8か月
　乳幼児の発達を，「移動運動」「手の運動」「基本的習慣」「対人関係」「発語」「言語理解」の領域から分析的に評価し，発達上の特徴を明らかにすることができる検査法である。脳性まひや精神発達遅滞などの鑑別診断に役立つとされており，結果は折れ線グラフで示され，わかりやすいことも特徴的である。
（2）乳幼児精神発達診断法（稲毛・津守式）
　対象：0歳～7歳
　日常生活の子どもの行動を集めて標準化した検査であり，運動・探索・操作・社

会・食事・生活習慣・言語の各領域から発達状況を理解できる検査法である。全438項目から成り立っており、保護者に聴取する形で実施する。この項目を見れば、どのくらいの年齢の子どもがどのような行動をするのかが具体的に示されており、子どもの日常的な遊びやいたずらに多くの発達的な意味が含まれていることを感じさせてくれる検査法の1つでもある。

（3）新版K式発達検査2001

対象：0歳〜成人

京都市児童院（現在の京都市児童福祉センター）で開発された発達検査である。精神発達のさまざまな側面について発達の遅れやバランスのかたよりなどを調べることができる発達検査であり、2001年に、乳幼児・児童だけでなく成人にも対象年齢を広げ、すべての人に実施可能な検査へと改訂された。ことばでの教示が中心のビネー式知能検査に比べ、ノックスの積み木叩き検査なども取り入れられており、例示を取り入れた操作性の検査も豊富で、子どもにとって遊びと感じられるような課題設定が特徴的である。「姿勢・運動面」「認知・適応面」「言語・社会面」の3つの領域から発達状況を把握することが可能である。

2．知能検査

（1）ビネー知能検査（田中ビネー知能検査・鈴木ビネー知能検査）

対象：1歳〜成人

ビネー（Binet, A.）が小学生の知的障害児のスクリーニングを目的として作成した知能測定尺度を基盤にして考案された知能検査の総称である。日本では田中ビネー知能検査と、鈴木ビネー知能検査が有名である。鈴木ビネー知能検査は1930年に鈴木治太郎によって発表された。発表後も16,000人を対象として標準化され、1956年まで数回の改定が行なわれ続けた。一方、田中ビネー知能検査は1947年に田中寛一によって出版された。その後1954年、1970年、1987年に改定され、現在では2003年に改定され「田中ビネーV」と名称を変えて検査内容を充実させている。一般知能を包括的に測定しようとする検査法で、問題にバラエティーをもたせて同一年齢の問題に同種類の問題が重複しないように工夫されており、「思考」「言語」「記憶」「数量」「知覚」などの問題から構成されている。ことばを用いた教示が主となっている点も特徴の1つである。

（2）ウェクスラー知能検査

対象：3歳10か月〜7歳1か月（WPPSI）
　　　5歳〜16歳11か月（WISC-Ⅲ）

16歳～74歳（WAIS-Ⅲ）

　ウェクスラーによって考案された知能検査で，日本では幼児を対象にした WPPSI と，児童を対象とした WISC-Ⅲ，成人を対象とした WAIS-Ⅲの3種類が一般的に用いられている。知能水準を見るだけでなく知能のバランスもみられ，言語性検査と動作性検査，およびそれぞれの下位項目に分けて測定される。言語性検査と動作性検査の差が WPPSI では10以上，WISC-ⅢやWAIS-Ⅲでは臨床的には15，統計的に20以上，あれば問題であるとされており，職業や社会適応性についても多くの示唆が得られる検査でもある。また下位検査項目のプロフィールからは，**学習障害**や，自閉性障害，**広汎性発達障害**，**注意欠陥多動性障害**などの発達障害児（者）の特徴についての所見も得られる場合もあり，子どもの特性を理解する上ではたいへん有効な検査として注目されている。

第4節　実施上の留意点

　発達検査および知能検査は，短時間でクライエントの多くの客観的な情報が得られる。しかし，標準化され信頼できる検査であっても，その数値を過信することは危険である。数値がすべてではなく，そのときの緊張の高さや気分の変動，検者との**ラポール**がどの程度取れているかによる影響も受けやすい。検査場面での行動観察もあわせて，検査結果を理解していくことが望まれる。

　また，子どもの場合，発達過程にあることをつねに念頭においておき，検査結果は現在の知的レベルや発達段階を測定するものであり，その将来を予測する検査ではないことには気をつけておきたい。しかし，だからといって逆に検査を頻繁に実施することはクライエントの学習効果もあり適切な結果が得にくくなるため，好ましくない。おおむね6か月間は同一検査を実施しないように注意が必要である。

　最後に検査結果をクライエントや子どもの場合は保護者にフィードバックするときには，結果を正確に伝えるとともに，今後クライエントにどのように役立てていくかを十分検討しておくことは重要である。また，同時に，検査結果の守秘義務についても検査を実施したものが十分配慮しなければならない。以上の点を踏まえて，適切な検査を選び，正確に実施し，フィードバックをして，クライエントに発達検査および知能検査を役立てることをつねに心がけたい。

【推薦図書】

『新版K式発達検査反応実例集』　中瀬　惇・西尾　博（編）　ナカニシヤ出版　2001

第Ⅱ部　臨床心理学

『軽度発達障害の心理アセスメント―WISCⅢの上手な利用と事例―』　上野一彦・海津亜希子・服部美佳子（編）　日本文化科学社　2005
『最新心理テスト法入門―基礎知識と技法習得のために―』　松原達哉（編）　日本文化科学社　1995

第9章 質問紙法検査

第1節　質問紙法検査の特徴

1．質問紙法検査とは

　質問紙法検査は，質問の文章に対して「はい」，「いいえ」とか「どちらでもない」というように，同意，非同意を答えてもらい，その反応を集計して，結果を出す形式の検査である。この方法で，性格特性，感情，対人関係，適性などのさまざまな個人の特徴が測定され，平均からの差によって，その人のプロフィールが示される。「はい」「いいえ」に丸を付けるのは**2件法**，「どちらでもない」が入るものを**3件法**という。その間の同意（非同意）の程度の強さも測りたいときは「強くそう思う（思わない）」「ややそう思う（思わない）」などと，段階的に同意（非同意）の強さを答える**5件法**，**7件法**などの段階評定法を使うこともある。

　質問紙は，質問，回答の形式が定められているので，誰が実施しても同じような結果を得やすい。また，一度に多くのデータを集められ，評定が数値として出てくるので評価，統計にかけやすいなどの長所があり，心理学のいろいろな分野の研究で多用される。しかし，一方，意味を理解できなかったり誤解して回答したり，意識的，無意識的に歪曲して回答する，個々人にフィットしない質問にも強制的に回答させる，などの短所もある。

2．質問紙法検査の作成

　Y-G性格検査，MMPIなどのように**標準化**され多用されるものもあるし，研究目的に応じて，新たに質問紙を作成する場合もある。研究してみたい性格特性などについて，質問紙があれば，それらの信頼性，妥当性を確認して使用することもできる。しかし，研究テーマに関して新たに質問紙をつくりたいということもあるので，その手順と注意点の概略を以下に説明しておく。

　まず，何を測りたいのかということを明確にしなければならない。その概念を検討し，既存の質問紙の下位尺度としてあれば新たな質問紙をつくる必要はない。ただ，下位尺度をそのまま抜き出すことが妥当かどうかは注意しなければならない。

　それらがない場合は，その概念を定義づけ，測定するための質問項目を収拾した

り，作成しなければならない。関連する文献から項目を作成したり，**自由記述**や**半構造化面接**などで，多くの人の考えを集めたりして項目を作成していく。そして，予備調査をして項目分析をする。因子分析により，構成概念に相当する**因子**が抽出されるか調べたり，信頼性係数で確認して，不適当な項目を削除していくことが多い。

　これらの過程で，質問紙の作成上いちばん重要なことは信頼性と妥当性の検証である。**信頼性**とは，その質問紙が，安定性，内的一貫性をもっていることであり，いつ誰が施行しても，同じ被検者からは同じ結果が得られるかどうかということである。この信頼性を測るためには，**再テスト法**，**折半法**，**信頼性係数**による検討などの方法がある。そして，もう1つ肝心なことは，測定されている結果がその概念を，きっちりと反映しているかどうかという**妥当性**である。たとえば，複数の専門家によってその概念との一致を検討してもらうことで確認する内容的妥当性。既存の標準化された尺度などの外的基準との相関を検討するものが基準関連妥当性である。これは，同じ時期に測られた場合は併存的妥当性といわれる。もし，音楽適性検査と音楽学部での成績の相関のような因果関係の検証であれば，予測的妥当性ということになる。もう1つの構成概念妥当性は，実際に得られた数値が，測定したい概念を理論的にも反映しているかを確かめることである。たとえば，尺度項目の因子分析，属性の異なる標本間の平均値の差など，仮説の検証に関するいろいろなものを総合的に検討する。いずれにしても，ある概念を測る尺度をつくるわけだから，正確で安定したものでなければ，意味がないわけである。自作で質問紙をつくろうとすれば，項目選定，予備調査，信頼性，妥当性の検討などに長期間を要するので，早めに着手しなくてはならない。

　以下では，代表的で特徴のある質問紙法検査をいくつか取りあげて，質問紙法検査がどのように使われるかを説明していく。

3．MMPI

　MMPI（Minnesota Multiphasic Personality Inventory）はアメリカのミネソタ大学のハザウェー（Hathaway, S. R.）とマッキンレー（McKinley, J. C.）によってつくられた検査で，「ミネソタ多面的人格目録」とよばれている。

　実際の大学病院の精神科入院患者たちとミネソタ一般市民に1,000以上の項目について3件法で回答させ，両グループで回答に有意差がある項目を選ぶというような手続きを経て，550項目の質問紙法検査にしたものである。項目数が多く負担がかかる検査であるが，臨床的有用性が高く，精神科医療の領域を中心に多用される。

　その尺度には3つの臨床尺度と10の臨床尺度がある。臨床尺度には明らかに自分を

よく見せる態度を測定するL（虚構）尺度，健常者が同意するのはまれな項目であるF（妥当性）尺度，そして，微妙な防衛を見抜くためのK（修正）尺度がある。臨床尺度の内，5つの尺度にはそれぞれに応じた係数を掛けたK得点を足すことで修正得点を出し，それが，最終的な素点とされる。男女別のプロフィールに書き込むことによって，標準得点がわかるようになっている。

　また，臨床尺度には，Hs（心気症）尺度，D（抑うつ性）尺度，Hy（ヒステリー）尺度，Pd（精神病質的偏奇）尺度，Mf（性度）尺度，Pa（偏執性）尺度，Pt（精神衰弱）尺度，Sc（統合失調症）尺度，Ma（軽躁病）尺度，Si（社会的向性）尺度がある。神経症，精神病を含めた精神科領域でのさまざまな疾病や症状が含まれており，精神科臨床での使用を目的としていることが了解できるであろう。

　判定は，基本的には標準得点の高い項目をみていくことになるが，実際には，2点コードがよく使われる。標準得点55以上の尺度の内，最高点と次点の尺度を探し，尺度の番号を並べるのである。たとえば，1：Hs，3：Hyが高い13型，31型は転換ヒステリーが多いといわれているし，4：Pdのからむものは，非行の問題に関係することが多い。当然，後半の数値の2点コードのものは精神病と関係することが考えられる。このように，プロフィールの標準得点の高い尺度に注目することで，精神的問題の評価をするための情報が得られる。MMPIは精神神経科などで，ロールシャッハテストなどの投映法，知能検査などと組み合わせてテスト・バッテリーの1つとして利用されることが多い検査である。

4．Y-G性格検査

　性格を表わす多くの用語をまとめていくという因子分析の方法により，20世紀半ばくらいから性格研究の中にも因子で性格を説明する研究がみられるようになった（第Ⅰ部第9章「性格」の特性論を参照）。

　その中の1人，アメリカのギルフォード（Guilford, J. P.）は，いくつかの共同研究を通じて13個の因子からなる300項目の質問紙法検査を開発した。わが国の矢田部達郎らが日本版の標準化を行なったものを基に，辻岡美延が10項目12尺度に改めて，標準化を行なったものが現在市販されている**Y-G性格検査**である。個人の性格は，この12尺度の組み合わせによって表わされることになる。12尺度は以下のものである。

　D尺度―抑うつ性/C尺度―回帰性/I尺度―劣等感/N尺度―神経質/O尺度―客観性の欠如/Co尺度―協調性の欠如/Ag尺度―愛想の悪さ/G尺度――般的活動性/R尺度―のんきさ/T尺度―思考的外向/A尺度―支配性/S尺度―社会的外向

　さらに，尺度の組み合わせにより，情緒安定性因子群（D, C, I, N），社会適応

性因子群（O，Co，Ag），活動性因子群（Ag，G）など特徴のある6つの因子群に分けた得点も計算できる。また，プロフィール欄に素点を記入すると，12尺度の高，中，低得点と前後半6尺度の2群の組み合わせにより，5つの類型での得点が計算できる。

　A型（Average Type）平凡型―Y-Gでは特徴のでない平均的な型
　B型（Black List Type）非行型―情緒不安定，活動的で，アンバランスな面がある型
　C型（Calm Type）平穏型―情緒安定，消極的，大人しい型
　D型（Director Type）管理者型―情緒安定，外向的でリーダーになりやすい型
　E型（Eccentric Type）ノイローゼ型―情緒不安定，消極的で不適応になりやすい型

とされる。しかし，青年期で外向的な人はBが上がりやすいし，内向的で繊細な人はEが上がりやすい。類型を明確にするために単純化した名称なので，こだわらないほうがいい。また，施行するときには，1項目ずつ読みあげるというのも，この検査の特徴である。個人施行のときは，面接のように施行者が被検者の返答を記入する。いずれにしても，尺度，因子群，類型といろいろな側面から性格を把握できるのが，Y-G性格検査の長所であろう。

　Y-Gのような因子分析に基づく性格検査には，キャッテル（Cattell, R. B.）の**16PF**やアイゼンク（Eysenck, H. J.）の**MPI**（Maudsley Personality Inventory）などもある。

5．TEG（東大式エゴグラム）

　エゴグラムはアメリカのエリック・バーン（Byrne, E.：1910-1970）の提唱した交流分析という心理学理論に基づいている。交流分析の基礎理論の中の1つが構造分析であり，個人の性格の特徴を明らかにする考え方である。人間の心には3つの自我状態があり，それぞれの状況に応じて，主導権を握る自我状態があると考えるのである。エゴグラムは個々人の自我状態がどのようなものであるかを明確にするための方法である。

　自我状態には，親の自我状態（Parent：P），大人の自我状態（Adult：A），子どもの自我状態（Child：C）がある。親の自我状態は，幼少時に体験した両親の考えや行動が取り入れられたものであり，批判的なPと養育的なPに分けられる。また，子どもの自我状態は，生まれつきの本能的な欲求にしたがう生命力や周囲への対応力であり，自由なCと順応したCの2つがある。5つの自我状態は以下のようにな

る。
　①批判的な P（Critical Parent：CP）
　　理想追求，責任感，まちがいを批判するなど，父親的な自他に厳しい部分
　②養育的な P（Nurturing Parent：NP）
　　共感，保護，受容など，子どもの成長をうながすような母親的部分
　③大人の自我状態（Adult：A）
　　現実を冷静，客観的に見て，合理的に判断する部分
　④自由な C（Free Child：FC）
　　生まれながらの天真爛漫，快感を求め自由奔放な部分
　⑤順応した C（Adapted Child：AC）
　　親たちの期待の沿うよう，周囲に気を遣い我慢する「イイ子」の部分

TEG は，5つの自我状態を得点化する60の項目からなる検査で，東京大学心療内科の石川中たちが開発し，東大式エゴグラムと名付けられた。結果は，偏位尺度，疑問尺度とともに5つの基本尺度の得点が出され，男女別のプロフィール欄に記入することで，パーセンタイル得点により，高低がわかるようになっている。また，5つの尺度の高低の組み合わせから，多くの類型が呈示されている。TEGは交流分析の構造分析に基づき，その測定を目的としてつくられた検査である。

このように，理論を基につくられた検査に **EPPS**（Edwards Personal Preference Schedule）があり，これは，マレー（Murray, H. A.）の人格理論に基づき，15の欲求を測定するためにつくられたものである。

6．CMI

CMI（Cornell Medical Index）はアメリカ，コーネル大学のブロードマン（Broadman, K.）らによって，患者の身体的・精神的問題点を短時間で調べることを目的として作成された。この検査は，性格測定とか理論に基づくものではなく，医師の面接，診察の補助のために開発されたものである。日本版は深町建らにより，邦訳，改訂された。

具体的には日本版でいうと，身体的項目では A）目と耳，B）呼吸器系，C）心臓脈管系，D）消化器系，……K）既往症，L）習慣に関する質問があり，精神的項目では M）不適応，N）抑うつ，O）不安，P）過敏，Q）怒り，R）緊張に関する質問がある。原版では，身体的自覚症状については144項目，精神的な自覚症状については51項目で合計195項目あるが，日本版では，それらに男性用16項目，女性用18項目が追加された。

具体的には，C34「人より息切れしやすいですか」，D57「よく下痢をしますか」，N160「いつもみじめで気持ちが浮かないですか」，Q180「すぐかあっとなったり，いらいらしたりしますか」というような項目であり，それに対して「はい」「いいえ」の2件法で回答する。いわば問診を質問紙にしたチェックリストのようなものである。

心身の健康に関する質問紙には，**GHQ**（General Health Questionnaire）**一般精神健康質問票**や **BDI**（Beck Depression Inventory）のような抑うつの程度を測る質問紙も何種類かある。大学や会社に入ったときに，新入生（社員）に一斉に実施して，リスクのある人を把握したり，面接したりするのに便利である。

第2節 おわりに

質問紙法検査は，臨床場面のみならず心理学の研究，調査にも欠かすことのできないものである。市販されている検査を使うなら，どのような背景と目的でつくられたかを理解しておく必要がある。自作するのなら，項目選定から，予備調査と時間がかかるし，信頼性，妥当性の検討を十分にしなくてはならない。それらの留意点を踏まえた上で，活用してもらいたい。

【推薦図書】

『心理アセスメントハンドブック第2版』　上里一郎（監修）　西村書店　2001
『臨床心理査定技法1　臨床心理学全書6』　下仲順子（編）　大塚義孝ほか（監修）　誠信書房　2004
『心理査定実践ハンドブック』　氏原　寛ほか（編）　創元社　2006

第10章 投影法検査

第1節 投影法検査とは何か

　臨床心理アセスメントでは，**投影法**検査とよばれる一群の検査がよく用いられる。これは曖昧でいか様にもとれる刺激を提示して，それに対する反応を見る検査である。反応するに当たっての手がかりが乏しいために，自分の知覚や認識の特徴，期待や不安といった内面的な情報を，刺激に投影して表現しやすいことからこの名がついた。後述する質問紙式検査とは対照的に，検査結果の統計的な信頼性や妥当性は不確かであり，それゆえ批判を受けることも多い。しかし質問紙検査と違い反応の意図的な歪曲が生じにくいこと，そして経験を積んだ臨床家によって用いられた際には，被検者のパーソナリティについて，自己報告よりもはるかに深い無意識的な側面もとらえられることから，実践場面での評価は高い。投影法検査はそれぞれ決まった実施法があり，それによく習熟することが必要である。同時に原則として検査者と被検者とが対面する面接を通して行なう検査法なので，検査を行なう前に被検者との間に十分な信頼関係（ラポール）を築くことも忘れてはならない。特に投影法検査は刺激自体に反応への手がかりが少ない分，検査者との関係が結果に影響を与えやすいと考えられる。投影法検査を身につけるには，数多くの臨床経験を積んで多様な反応が意味するものに精通することが必要である。検査によっては反応の分析がある程度標準化・数量化されているが，反応の質的な評価・分析が重んじられるので，適切に検査を用いるには経験を通して熟練することが欠かせない。

第2節 ロールシャッハ・テスト

　投影法検査の中でも代表的な検査が**ロールシャッハ・テスト**である（図2-10-1参照）。これはスイスの精神科医ロールシャッハ（Rorschach, H.）によって生み出された，10枚のインクブロットからなるテストである。偶然にできた左右ほぼ対称な図柄が「何に見えるか」を答えさせる単純な施行法であるが，被検者の知覚の特徴からパーソナリティのさまざまな特性を明らかにすることを狙っている。ロールシャッハが夭折したため，反応の分析方法は後継者によってさまざまに発展しているが，近年

図2-10-1 ロールシャッハ・テストの模擬図版

では実証的な見地から既存の諸システムを統合する**包括システム**をエクスナー（Exner, J.）が発表し世界的に広まりつつある。

ロールシャッハ・テストはインクブロットに何を見るかも分析の対象ではあるが，それ以上にいかに見るかが重要である。つまり，ブロットのどの部分を，ブロットのどんな特徴を活かして，どのように見たのかといった，反応の形式的側面をいくつかの角度からとらえ，これを記号を用いて表現する。1つ1つの反応が数々の記号によって翻訳されていくわけである。この記号を最終的に数量化して数々の比較を行ない，パーソナリティの特性と関連づけていく。ロールシャッハ・テストでは提示されたインクブロットに反応するという行動にかかわる自我の活動を多次元的に評価するのであって，被検者自身が自覚していない心の潜在的な層も明らかになることが多い。そのため，病院臨床や犯罪臨床などの場面でよく用いられ，パーソナリティの重篤な障害や歪みの有無を鑑定する際の重要な基礎資料とされたりする。

第3節　主題統覚法検査

主題統覚法検査はマレー（Murray, H. A.）らによって作成された投影法検査で，TAT（Thematic Apperception Test）ともよばれている。これは主として人物の登場する場面を描いた絵を見せ，それに対するお話し（物語）をつくらせるものである（図2-10-2）。絵の中の人物が，今何をしているところか，これまでにどんなことがあって，これからはどうなっていくかというふうに，簡単な筋をつくるのである。もちろんどんな話になっても構わない。絵は男性用，女性用，少年あるいは少女用が，共通の絵とともに用いられ，どの被検者でも20枚が用意されている。

マレーはこの検査から，被検者のもつ**欲求**や被検者がその環境から受けている**圧力**についての情報が得られると考えた。そのため，臨床場面からはなれて，実験社会心理学的研究で動機を測定する方法としても用いられたりした。主題統覚法検査には，ロールシャッハ・テスト

図2-10-2 学生が作成したTAT図版の一例

のような記号化のシステムはない。マレー以降もいくつかの分析法が提唱されているが，確定的なものはない。

　しかし人物の登場する絵が多いことから，被検者の自己や他者に対するイメージ，あるいは対人関係のもち方に関する特徴が表現されることが多いと考えられている。また主題統覚法検査では，被検者自身も反応内容から自分自身を省みて，気づきや洞察にいたることも少なくない。そこで単に検査として用いるだけではなく，心理面接の媒体として用いて，ある種のイメージ療法や自己発見の助けとすることも可能ではないかと思われる。

第4節　描画法検査

　さまざまな対象を指定して画面（画用紙）に絵を描かせる検査を，**描画法**と総称している。ロールシャッハ・テストや主題統覚法のように知覚や統覚を求める検査とは異なり，自由な表出を求めるところに特徴がある。画面という環境にいかに自己表現するかによって，被検者のパーソナリティの構造や働き具合を推測しようとする検査である。描く対象によって各技法にわかれるが，いずれも反応の分析には，直観的・質的に反応を感じ取ることが重んじられる。また描画を検査者との間の図示的なコミュニケーションとして理解することも重要である。

1．バウムテスト

　樹木が人の姿に類似するところから，樹木によって人の心のありようをとらえようとするのが**バウムテスト**である。スイスで職業指導に用いられてきたが，コッホ（Koch, C.）によって体系化され，パーソナリティの検査となった。バウムテストは，画用紙と鉛筆を用意し，「（実のなる）木を1本描いてください」との教示で樹木を描かせる簡便な検査である（図2-10-3）。それゆえ日本では，多様な実践場面できわめて高い頻度で用いられている。バウムテストの解釈には数多くの仮説があるが，原則としては全体からしだいに部分へと解釈を進めていく。まず絵の大きさや筆圧，タッチなどから全体的な印象をつかみ，続いて幹や樹冠，根といった部分の特徴から全体的印象を肉付けしていく。さらに節や傷などの特異な描写があればその意味するところも考慮していく。またグリュンワルト

図2-10-3　バウムテストの作品の一例

(Grunwald, M.) の空間象徴理論に基づいて，画用紙上のどこに樹木が描かれたか，さらに樹木で強調されているのは画用紙のどの場所かによって，象徴的な意味づけがなされることもある。バウムテストは容易に行なえる検査で反応を拒否されることは少ないが，描画後に被検者から樹木についての説明や感想などを聴取しておくことは重要である。それが樹木の解釈を大いに助けてくれることがあるからである。

2．人物画

　人物画は「１人の人間を描きなさい」との教示で行なう。以前は子どもを対象に知能検査の１つとして行なわれてきたが，マコーバー（Machover, K.）が被検者の自己像を表わすとの仮説を発表して以来，パーソナリティの検査として広く用いられるようになった。さらに家族の関係や力動を描画から推し量ろうと，家族のメンバー全員を描画に表わす**家族画**や家族が何かしているところを描写する**動的家族画**も開発されてきた。これらは家族療法的アプローチを行なう治療者によってよく用いられている。またバック（Buck, J.）は３枚の画用紙に家屋，樹木，人物を順番に描画させるHTPテストを開発した。家屋は家庭内の人間関係を，樹木は無意識的な自己像を，そして人物は現実あるいは理想の自己を表わすと仮定されている。

3．風景構成法

　日本の精神科医中井久夫によって創案された風景を描く描画法である（図２-10-４）。風景構成法の発案には箱庭療法が深くかかわっている。統合失調症の患者への治療法として箱庭療法の導入を考えていく中で，箱庭を二次元で表わしたようなこの描画法が生み出されていったのである。風景構成法の独自な要素に画用紙の**枠付け**がある。検査者が検査に先立ち，サインペン等を用いて，被検者の目の前で画用紙を枠取りするというものである。枠付けによって用紙を信頼できる安全な空間とできる一方，表出を強いる逃げ場のない空間になるという意味ももつ。風景構成法は枠付けされた画用紙に，検査者が提示する順番を守って風景を構成する項目を描き入れ，全体を風景に構成するというものである。最後にクレヨンで彩色するよううながし，完成後に風景に関して説明してもらう。風景構成法は小学生から実施可能であり，統合失調症のような重い精神病理を抱える人にも適用できる。枠付けにあるように検査者の守りの中で行なう検査なので，心に対する侵襲性は比較的低いとされる。風景構成法の解釈にも決まったマニュアルが

図２-10-４　風景構成法の作品の一例

あるわけではなく，被検者の心象世界が現われているものとしてまずは直観的に把握することが求められる。また各項目が象徴的にさまざまな心の側面を表現するように配置されているので，それに基づく解釈も有効である。

第5節 文章完成法

　文章完成法 SCT（Sentense Completion Test）は，その名の通り，文章の出だしのみ書かれた未完成の文章に続きを書き込んで文章を完成するという検査である。言語連想検査から生まれたとされるが，刺激語を変えることで多様な用途に用いることが可能である。現在日本で広く用いられているのは，1955（昭和30）年に精神医学研究所から出された精研式の文章完成法で，パーソナリティ全体を概観することを目的に，当時のパーソナリティ理論を下敷きにつくられている。付随する解釈法も網羅的で，パーソナリティを知的，情意的，指向的，力動的側面からとらえるとともに，パーソナリティを決定している要因を身体，家庭，社会的要因としてとらえるというものである。ただし精研式の文章完成法は，自己の属性や身近な他者が刺激語となっているものが多く，自分で文章を記入するという方法からも，意識的で自覚している，自己や他者についての理解が得られやすいと考えられる。そこでロールシャッハ・テストや描画法検査と**テスト・バッテリー**を組んで用いることでパーソナリティを多面的にとらえることが期待される。

第6節 P-Fスタディ

　P-Fスタディ（the Picture-Association Study for Assessing Reaction to Frustration）はローゼンツァイク（Rosenzweig, S.）によって発案されたフラストレーション（欲求不満）に対する反応を調べる検査である。2人の人物が話している場面が絵で表現されており，絵の右側の人物が欲求不満に陥っていたり，非難される状況になっている。被検者は，左の人物のことばを受けて右の人物の語ることばを空白になった吹き出しに記入するよう求められる。P-Fスタディの解釈はフロイトの精神分析の概念が基礎になっている。阻害された欲求をどのように発散しようとしており，欲求不満の原因をどこに見いだそうとするかによって反応を分類し，結果を数量化して解釈する。そして被検者の欲求不満の処理の仕方や自我防衛の特徴などを評価する。

第7節 内田クレペリン検査

内田クレペリン検査はいわゆる投影法検査ではない。被検者に何らかの精神作業を課してその成果から精神機能の様相をとらえる，**作業検査**とよばれる検査の1つである。クレペリン（Kraepelin, E.）による精神作業の研究を内田勇三郎が臨床心理検査として発展させたものである。検査で行なう作業とは一桁の数字の加算である。これを1分ごとに時間を区切ってできるだけ多く（もちろん正確に）行なう。それを休憩を挟んで前後半15回ずつくりかえす。どれだけ多く計算できたか（作業量）を線で結んで曲線で表わすと，健常者常態においてはほぼ特定の曲線型を示すことが知られている。これが定型曲線とよばれるもので，初頭努力，疲労，興奮（気乗り），終末努力，休憩効果，緊張保持などの要因が働いて特定のカーブを描くのである。しかし精神病的状態や精神遅滞，性格のかたよりなどの場合，この定型曲線からさまざまな逸脱が見いだされる。そこから知能や意志，性格，行動面の特徴などを見て取ろうとする。分析は作業量の水準（量的側面）と作業曲線のプロフィール（質的側面）とから行なう。内田クレペリン検査は，数の加算という簡単な作業なので小学生から適用でき，**集団施行**も可能で，結果の処理も容易なので，多様な場面で用いられている。また**スクリーニング検査**としても用いられる。

第8節 所見とフィードバック

診断や処遇のための基礎資料として，心理検査がアセスメントとして依頼された際には，必ず結果を所見としてまとめて報告しなければならない。所見はなるべく平易なことばで要点を整理して書くことが望まれる。一方，検査結果を被検者自身に伝え返すことを**フィードバック**とよぶ。ここでも被検者にわかることばで説明することが不可欠であるが，そればかりでなくどんな情報をどの程度伝えるかもよく考えねばならない。検査を実施する前にあらかじめ被検者に，フィードバックの必要の有無やどんな点について知りたいかを尋ねておくと適切なフィードバックを行ないやすい。フィードバックによって，被検者から治療や指導，教育への動機づけを引き出すことが望まれる。アセスメントは単に心理テストを行なって結果を分析するにとどまらず，所見とフィードバックをもって完結することを忘れてはならない。

第10章　投影法検査

【推薦図書】
『風景構成法―その基礎と実践―』　皆藤　章　誠信書房　1994
『包括システムによるロールシャッハ臨床』　藤岡淳子　誠信書房　2004
『アセスメント　臨床心理学第2巻』　三好暁光・氏原　寛（編）　河合隼雄（監修）　創元社　1991
『TAT絵解き試しの人間関係論』　鈴木睦夫　誠信書房　2002
『樹木画テスト』　高橋雅春・高橋依子　文教書院　1986

● 3　心理療法の実際

第11章 心理療法の技法

第1節 カウンセリング

1．相談を受ける専門家

わからないことがあるとき，情報をもっている人に聞くとうまくいくことが多い。大学の単位に関する情報は，教務課の窓口に行けばいい。もっと複雑で専門的なことになると，弁護士，コンサルタントなど資格をもつ専門家を訪ねることになる。何か相談をしたいときの専門家について整理してみる。

（1）ガイダンス（情報提供）

大学に入学したときのオリエンテーションでは，単位について教えてくれる登録**ガイダンス**がある。それだけではわかりにくいことがあると，教務課などに問いあわせに行く。このように，情報を整理して教えたり，わかりにくいところを補足をするような相談は情報提供が中心となる。

（2）コンサルテーション（対処法の検討）

学校で担任教師が不登校の生徒のことで困っているとき，スクールカウンセラーがその生徒や家族の状況を聞き，その生徒の心理を考えながら対応を助言することがある。このように，ある専門家（教師など）が，直接扱っている対象について，個々のケースに沿いながら具体的な対処の仕方を，知識をもつ専門家に相談することを**コンサルテーション**という。

（3）カウンセリング（心理的な相談）

何もする気にならないとか，人の視線が怖くて下宿からでられないというような悩みの場合，情報の提供だけで解決することはまれである。アドバイスをしても，それができずに苦しんでいる人が多いはずである。このように，相談者が心理的問題で悩んでいて，解決がなかなかできないような悩みを聴くのが，**カウンセリング**である。

2．カウンセリング

（1）カウンセリングとは

カウンセリング（counseling）ということばは「ともに考慮する」という意味のラテン語の"concilium"に由来するといわれる（文部省，1971）。すなわち，あること

について2人でいっしょに考えるということになるだろう。カウンセリングということばは広い意味で使われるようになったが、ここでは当然、心理カウンセリングの意味である。一般的な定義をすると、「悩みをもち、その解決を望むクライエント（来談者）に対して、おもにことばによる相互作用を通じて、カウンセラーが援助すること」といえるだろう。

心理療法（精神療法：psychotherapy）は、より病態水準が重い人を対象とし、カウンセリングはより現実的な葛藤を扱うとして区別する考えもあるが、実際には、2つの用語は厳密に区別されずに使われることが多い。ただ、クライエント（以下 CL と略記）の症状や病理によって、薬の併用など医療との連携が必要な場合もある。また、精神分析、行動療法などの理論、技法を使うカウンセラー（以下 CO と略記）もいるが、ここではロジャーズのクライエント中心療法の考えを中心に説明する。

具体的には、CO は CL の立場になったつもりで、すべての面を受け入れて、オープンな態度で、なおかつ集中して話を聴いてあげるのである。CL を1人の人間として尊重し、その場で起こる感情に注目しながら、非指示的態度で聴くことが大切である。ロジャーズは CO の純粋性（一致性）、無条件の肯定的配慮（受容）、共感の態度をとり続ける必要があるとしている（第Ⅱ部第3章参照）。1回50分の時間と場所を決めた上で、カウンセリングの機会を保証してあげることは、CL の生活の中に特別な時間をつくることになり、治療的な効果を生み出す。このようなカウンセリングを毎週くり返す中で、CL は混乱した心が整理され、自らの心の内にある問題に気づくゆとりが生まれてくる。自我の力が回復してくると、しだいに、その問題が相対化され、軽減されてくるのである。あくまで、立ち直っていくのは CL であり、CO は徹底的に話を聴くことで、CL の立ち直りを援助することになる。

（2）話しの聴き方

実際に、カウンセリングで話を聴くときのポイントをいくつか考えてみる。

①受容（うなずく）

CL の発言に対して、CO は良い悪いの評価はせず、好意的にすべてを受容し理解しようとする。すると、自然に「うんうん」、「はあ」、「そう」などのことばとともにうなずいていることに気づく。CL には、CO が熱心に話を聴いてくれていることがわかり、受け容れてもらっていることが伝わる。

②くり返し

CL の発言を CO がくり返し、そのときの状況や感情を再体験させて、自己のあり方や考えを深めさせる。たとえば、CL「……言ってしまったんです」、CO「言ってしまった」などとくり返す応答がよくある。

③感情の反映

　CL の表明する感情の部分を，ニュアンスも含めて CO が鏡のように反映する。結果としてくり返しになる場合もあるが，感情のポイントの部分を明確に歪みなく反映することで，CL に気づきを与えるきっかけになることがある。また，CL の内的世界についての CO の理解が正しいかどうか「『理解の確認』…とよぶことを提案する」とロジャーズ（Rogers，1986／2001）はいっており，共感的理解のためにも大切である。いずれにしても，感情に焦点を当てることは，CO の重要なポイントである。

④明確化

　CL は話しながらも混乱したり，途中で何をいいたいかわからなくなったりすることもある。原則的には，CL がことばにできるのを待つほうがいいが，感情や思考を整理して，明確にしてあげることがある。

⑤直面化

　CO 自身も本音と建て前で一致し純粋であることが，対等な人間関係で相手を尊重することにつながる。信頼関係ができると，CO は「時どき話が横道にそれますね」とか感じたことを伝えることがある。ただし，これは受容，共感の隠し味であり，何でもことばにすると説教になるので注意しなくてはならない。

⑥開かれた質問

　「あなたは20歳になっていますか？」と聞かれれば「はい」，「いいえ」で答えられる。これは閉じられた質問である。しかし，「どう思いました？」と聞かれると，状況により，その人の感じ方によりさまざまな返答がある。このように，答える人に主導権をもたせる質問を「開かれた質問」という。たとえば，女子高校生の CL「お父さん，大嫌い！」に対して，CO「お父さんのこと，大嫌いなんだ」と感情の反映をする。ここで，少し間をおいて「どんなとき，お父さんが嫌だと思う？」という半分開かれた質問をしてみる。すると，「汚い」，「酒飲むと暴れる」とかの返答がある。それにより，CL の内的世界に共感できる道が開けていくのである。

　ほかにも，基本的なことだが，CO のことは話さない，CL の話の腰は折らない，環境や雰囲気を整えることなども大切である。一般向けだが，東山（2000）は具体的にそれらのことにも触れており，参考になる。

3．クライエントの心理

　CL は，カウンセリングに来ることに強い不安をもっている。怒られないか，本当にわかってもらえるだろうか。初対面の人間に自分の弱さをさらけ出すのだから，勇

気の要ることだし，自分で解決できず，やむをえず来るのである。まずは，来談をねぎらい，初回面接で事情を聞きながらも，CLの内的世界に共感しなくてはならない。

ただ，個人的な恥ずかしい話でも，真剣にCLの気持ちに添って聞いてくれるCOという人間と出会うことで，少しおちつく。いままで，自分のことなど誰1人としてわかってくれるはずがないと思いこんでいたので，初めて理解されたような感じがするのである。そして，自分の悩みを話しつづけていると，自分でも混乱していた感情が少しずつ整理されて，客観的な状況や，自分自身の気持ちが少しずつみえてくる。COの仕事は，CLがカウンセリングを通じて主体的な自分を取り戻していく，その過程に寄り添って，援助していくことである。

第2節 遊戯療法

1．遊戯療法とは

遊戯療法（play therapy）とは遊びを媒介に行なわれる心理療法で，子ども（幼児・児童）に対して行なわれる。なぜ遊びなのかというと，大人と違って，子どもはことばによる感情表現が発達的に不完全であるため遊びを主軸に置くのである。子どもにとって遊びはことば以上の意味をもつ。スラブソン（Slavson, 1947）は，「子どもの遊びは生活そのものである」とさえいっている。子どもは自我の発達が未熟であるから，外界のさまざまな刺激で**フラストレーション**（欲求不満）に陥り，不適応状態を引き起こす。それを限定された遊びの中で開放し，対処しようとするのである。すなわち，遊戯療法室（play room・以下プレイルームとする）という特別の場所で，**セラピスト**（療法士・ここでは遊戯療法を行なう人を指す）という信頼する人に受け入れられながら，遊びの中でいろいろな感情を表出し，癒していこうとする。

遊戯療法の歴史は比較的新しく，1930年前後にアンナ・フロイト（Freud, A., 1895－1982）やメラニー・クライン（Klein, M., 1882－1960）が精神分析的立場から遊びを通じて子どもに接近しようと考えた。同じころ，ローエンフェルト（Lowenfeld, M.）は「構成的遊戯療法」を考案，後にユング心理学が加味されたドラ・カルフ（Kalff, D. M.）の「箱庭療法」を生み出すことになる。箱庭療法は1965年に河合隼雄によりユングの分析心理学とともに日本に紹介され，急速に普及した（本章第3節参照）。現在ではプレイルームに箱庭セットが置かれ，遊戯療法に採り入れられているところが多くみられる。これらは，ヨーロッパの**深層心理学**（フロイトの精神分析学，アドラーの個人心理学，ユングの分析心理学を含めた精神力動論の別称）の立場

に立つものである。
　一方アメリカでは，アクスライン（Axline, 1947）がロジャーズ（Rogers, 1940）の「クライエント中心療法」の理論に基づいた非指示的遊戯療法を確立し，日本にも紹介された。アクスラインは治療者に対する8つの基本的原理をあげている。（要約すると，あたたかい友好的関係の確立と発展・あるがままの姿の受容・許容的感情・自己洞察を目的とする，表出感情の照らし返し・子ども自身の問題解決能力への信頼・セラピストの非指示的態度・治療を急がない・必要な制限の設定，の8つである。）これらは子どもの自己治癒力を信じてあるがままに受け容れるという，まさにロジャーズのクライエントに対する態度そのものである。このほかに治療者と患者の治療的人間関係を重視する「関係療法」の立場に立つアレンやムスターカスらの遊戯療法の理論がある。また，前述のプレイルームに置かれた箱庭は2つの療法のドッキングであるが，日本が現在，独自の方法を模索中であることを象徴的に表わしている。現在，箱庭療法学会や遊戯療法学会も設立され，臨床の場で質の高い心理療法の研究・研修の場も増えてきているのは喜ばしいことである。

2．遊戯療法の実際

　遊戯療法には個人療法と集団療法があるが，ここでは個人を対象とする遊戯療法について述べる。それはどのようにして始まり，どのように行なわれ，そしてどのように終わるのであろうか。

（1）予備面接

　子どもは多くの場合自分で問題を解決しようとして来るのではなく，親（母親が多い）に連れて来られる。まず予約により**予備面接**（intake）を行なう。親との面接では，どのような問題で相談を受けたいのか，何をどのように困っているのか，それはいつから始まったのか等必要な聞き取りを行なう。子どもに対してはプレイルームで遊びながら行動観察をする。その後，親子の面接者や他のスタッフと話しあって，医師の診断に当たる「**見立て**」を行ない，治療方針をたて，親子の担当者を決める。一般的には，親子は個々別々に，並行して心理療法が行なわれる。

（2）遊戯療法の条件

①回数・時間・場所・遊具等

　遊戯療法は一般的には，毎週1回，45～60分間，曜日・時間・場所を決めて行なわれる。セラピストは固定で，代替はきかない。心理療法がセラピストとクライエントの人間関係を通じて行なわれるものであることを考えると，なぜ代替がきかないか理由は明らかであろう。場所は玩具が備わったプレイルームを使用するが，部屋の大き

さはあまり大きすぎないほうがおちつくようだ。10㎡前後が個人療法には適当と思われる。20㎡あれば箱庭療法コーナーや畳コーナー等を設けることができよう。遊具はいろいろな年齢の子どもが使えるように考えて選ぶとよい。感情表現をしやすい遊具，すなわち，退行的，攻撃的，感覚的等の表現がしやすい物が適切であろう。多すぎる遊具に圧倒されたり混乱したりしないように，遊具の収納の仕方も考える必要がある。年齢を考慮した配置も考えたい。

②制限

遊戯療法ではプレイルームにおいて子どもは自由に遊ぶことが保障される。しかし何をしてもよいわけではない。そこにはいくつかの**制限**（limitation）が設けられている。それらは自由な遊びが保障されるためのものである。

制限についてムスターカス（Moustakas, 1959）は次のように述べている。「関係療法の最も重要な側面の1つは制限の設定である。制限のないセラピーはありえない。制限はその関係の境界をひき，その関係と現実を結びつける。制限によって子どもは，自分自身，セラピスト，プレイルームに対する責任に気づくのである。それによって安全が確保され，子どもは自由にそして安全に遊べるのである。それによってプレイルームの経験が生きた現実になるのである」。そして，時間の制限（開始と終了の時間を守る），場所の制限（プレイルーム内にとどまる），遊具の使用に関する制限（意図的に壊さない，プレイルームの中だけで使う），セラピストに対する態度の制限（身体や着衣への乱暴）等について触れ，「子どもとセラピストが必要以上に不安，不快，罪悪感をもたないための治療場面固有の必要条件である」としている。

ムスターカスは関係療法の立場から制限について多くを述べているが，遊戯療法を実践する中でセラピストがこの問題に直面することは多く，参考になる。

③母子分離

遊戯療法は原則的には母子並行で行なわれるが，初期段階で，低年齢の幼児に強い分離不安がみられることがある。初めての場所で，初めての人に，知らない場所に連れて行かれるのであるから，不安を抱いて当然といえよう。あまり強引に母から引き離そうとすると心に傷を与えてしまう恐れがある。（母子関係の発達において，母親からの自立の時期は3歳以後とされる。それ以前の人見知りと後追いの段階で母子が分離されると，子どもに重大なストレスが生じるとされる。）母側がプレイルームに同席するなどして，母に置き去りにされないことを子どもが納得できるまで，気長に対応することが大切である。「制限」の形のみにこだわり母子分離を焦って，子どもの心を置き去りにしないよう気をつけたい。

(3) セラピストの知識

遊戯療法に携わるセラピストが子どもを理解するために，少なくとも次のことを理解していてほしい。

① エリクソン（Erikson, 1963）の心理・社会的な発達様式
② アクスライン（前述）の8つの基本的原理
③ 自閉的な子どもの遊びの特徴
④ 自分が担当する子どもの症状についてのメカニズム

(4) 遊戯療法の過程と終結

遊戯療法開始から終結までの過程は，前期（導入期），中期（感情表出期），後期（収束期）の3期に分けて考えることが多い。このような過程を経て，はじめの主訴である問題行動が解消し，再び壁にぶつかっても自分で解決できるだけの力が身についたと思われるようになれば遊戯療法は終結である。

ときにより中断という結果を招くことがあるが，そのときは中断した事実を真摯に受け止め，原因についていろいろな角度から検討し，次への糧としていきたいものである。

第3節　芸術・表現療法（絵画，箱庭，コラージュ療法）

1．芸術・表現療法とは

芸術作品の中には，作家自身の苦悩や精神的な危機を作品の作製を通して潜り抜けたものが多くみられる。芸術作品に限らず，一般の人にとっても，精神的，もしくは肉体的危機状態において，創作，表現活動が活性化し，そのことが危機克服の大きな助けになることはよく知られている。心理療法においても，こうした表現活動の有用性は早くから注目され，活用されてきた。

芸術・表現というと，広くとらえれば小説や詩歌などの言語表現やダンス等の身体表現も含まれるが，本節では特に非言語的視覚表現を用いる，**絵画，箱庭，コラージュ**について解説する。

心理療法はカウンセリングという言語的手段により，セラピストがクライエントの話に耳を傾け，受容的態度を取り続けることによって，クライエントの中にある自己治癒力を活性化させ，クライエント自らが立ち直っていくことを基本とする。しかし言語表現は明晰な論理性と意識化を要求するという特徴から，クライエントの内面に生じるいまだ形になりがたい可能性や，情動を伴ったダイナミックな動きなどを表現できにくいところがある。非言語的表現を媒体とする芸術・表現療法はこうしたいま

だ完全には意識化されていない，意識と無意識の狭間にある心的内容をとらえるのに適した療法であるといえる。ただし，この長所は一方で，十分には把握消化できていない，生々しい情動を伴った素材を容易に引き出すという危険性を併せもつ。そのためこの療法の適用には，クライエントの状態に対する十分な注意が必要とされる。

芸術・表現療法を実施する上で重要な点は，クライエントにただ表現させるだけではだめであるという点である。表現活動はあくまでもセラピストとクライエント両者の関係の中でこそ治療的に働く。治療者が，クライエントの表現を妨げることなく，受容的な態度で，しかも心的エネルギーを傾けて見守る中でこそ，可能性としての**イメージ**は自由に展開していくことを忘れてはならない。

芸術・表現療法は神経症はもちろん，カウンセリング等においては心理的アプローチの取りづらい**心身症**にも有効である。また精神病圏にも適用されるが，この場合病状等，厳密な注意が必要とされる。

2．絵画療法

絵画療法は，道具としては画用紙と鉛筆があればできるという簡易性で優れている。画材はクレヨン，クレパス，サインペン，絵の具等自由に使用できる。

絵画療法でまず思い浮かぶのは**自由画**である。絵画表現が得意なクライエントの場合，この方法で内面の豊かなイメージを展開することができる。しかし，「何でも自由に描いてください」といわれても意外に何を書いていいのかわからないというのがふつうである。そこで導入として何らかの方法を用いるものがある。

たとえば，ナウンバーグ（Naumburg, 1966）の「**なぐり描き法**（scribble）」は，まず画用紙に自由になぐり描きの線を書き，そこから見えるものを彩色する。またウィニコット（Winnicott, 1971）の「**スクイッグル法**（squiggle）」はセラピストとクライエントが交互に何回かなぐり描きに投影しあう方法である。山中（1984）はこの交互法を8つ切り大の画用紙で行ない，6～8こまを交互にくり返した後，投影したすべてのイメージをつなぎあわせて物語をつくる「**交互ぐるぐる描き物語り統合法（MSSM法）**」を開発した。これらはなぐり描きされた線によってイメージが誘発されるため，絵画療法の導入としては有効性が高い。

また中井久夫と中里均（山中, 1992）は，画面をお互いに線で分割し，あとで彩色していく「**交互色彩分割法**」を考案した。この方法は自由画やなぐり描き法などに比べ侵襲度が低いため，精神病圏のクライエントにも適用しやすい。その他，夢分析の補助として，夢に現われたイメージを描画してもらう方法もある。

3．箱庭療法

箱庭療法はローエンフェルト（Lowenfeld, M）によって考案された。その後カルフ（Kalff, D., 1904-1990）がユングの考えを導入して発展させ，河合（1928-2007）が日本へ導入し，さらに世界中へと広がった技法である。

この技法は図2-11-1のように砂の入った箱（内法：57×72×7（cm），内側を青く塗ってある）に，玩具棚から適当に玩具を選んで，何らかの表現を求める。絵画療法と同様，1回の作品を云々するというより，連続したシリーズの流れを注目する。

箱庭療法の特徴としては，まず玩具を使用するため，描画の技術が必要でない点があげられる。このため描画法に抵抗を示す人でも容易に表現できるという長所がある。しかも絵画が二次元的な表現であるのに対し，箱庭は三次元的な表現を可能とする。しかし逆に玩具にイメージが固定されるため，絵画のほうを好む人もいる。

また，砂を用いることも箱庭の大きな特徴である。砂に触れることは触覚から生じる身体感覚を刺激するし，また子ども時代の砂遊びなども想起され，適度の退行を引き起こしやすい。また絵画がどうしても作品として仕上げるという圧力を感じるのに対し，箱庭は砂と玩具で遊ぶという，より自由な感覚を引き起こしやすい。

このような特徴は，クライエントの内的世界をより自由に表現させやすいという長所をもつが，それは逆に引き出しすぎるという危険性もあわせもつ。この危険性を防ぐものとして「砂箱の枠」の重要性が強調される。クライエントは砂箱の枠，それを見守るセラピストという枠，さらには相談室という枠の中に守られる中で箱庭を表現するということが重要である。

図2-11-1　箱庭の砂箱と玩具

4．コラージュ療法

コラージュ法は，おもに4つ切画用紙の台紙に，セラピストが用意した数冊の雑誌からクライエントが自由に写真等をはさみで切り抜き貼り付ける方法である（**マガジン・ピクチャー・コラージュ法**）（杉浦，1993）。また森谷（1993）は箱庭にヒントを得，雑誌等からの切り抜き断片をあらかじめ箱の中に用意し，それらの断片の中から

クライエントが自由に選択し自分でさらに切り抜いて台紙に張るという方法（**コラージュ・ボックス法**）を開発した。

コラージュは雑誌等があれば施行でき，箱庭のように砂箱や玩具等を準備する必要もないという点で手軽である。また写真等の既存の素材を用いるので技巧も必要としない。これらのことから，最も簡便な方法であるといえる。

また砂を使うことによる身体的感覚刺激がないこと，二次元的な表現であることは，箱庭の生々しい直接性に比べ，間接的な距離を感じさせる。この特徴は，コラージュ表現をやや意識的で美的作品へと導きやすいが，一方でその**侵襲性**の低さが有用にもなりうる（ただし，まれに「はさみで切る」という行為が，ある種の脅威をもたらすこともあるのでいちがいにはいえない）。

また二次元的表現ではあっても，素材である写真の構図の組み合わせしだいでは，箱庭の三次元的表現以上の効果が可能である（たとえば鳥瞰図と下から見上げる図等，異なる視点を一枚の中に無限に組み合わせることが可能である）。その他重ね貼りなど，絵画や箱庭ではできない独自の表現方法もあり，コラージュ独自の可能性が考えられる。

このように，表現療法といっても，それぞれに特徴があるので，クライエントの病態や好みにあわせて選択されることが望ましい。

第4節 音楽療法

1．音楽療法とは
（1）音楽療法の定義と適用領域

音楽に人の心を癒す効果があることは，サウル王を竪琴で癒した旧約聖書のダビデの話等，歴史的に多くの例が示されている。現在のような音楽療法が行なわれるようになったのは，第二次世界大戦後のアメリカにおいて，復員兵の心身疾患への治療を通して音楽療法の重要性が認識されたことによる。だが，音楽療法の定義を一言で簡潔に述べることはむずかしい。1996年に全日本音楽療法連盟（現在の日本音楽療法学会）の示した「音楽療法士認定規則」前文によれば，音楽療法とは「音楽のもつ生理的，心理的，社会的働きを応用し，心身の障害の軽減回復，機能の維持改善，生活の質の向上，問題となる行動の変容などの目的のもとに，意図的，計画的に行なわれる治療的プロセス」であり，それを実施する人を「音楽療法士」であるとしているが，実際には音楽療法はもう少し広い意味でとらえられ，教育や福祉的な立場で行なわれる種々の音楽を用いた活動も含まれる。丸山（2002）は，音楽療法の適用領域とし

て，おもに次の4領域をあげている。
　①看護・医療領域：病院（小児科，精神科，心療内科，歯科，眼科，産科，リハビリセンター，高齢者病棟，ホスピス病棟等）の患者対象に，治療効果の促進，身体機能の維持向上，疼痛緩和，レクリエーションや生活の質の向上等を目的に実施。
　②保健・福祉領域：福祉施設，福祉センター，相談所，作業所，公民館等で障害をもつ人，あるいは一般の人を対象に，機能の維持改善，社会性の向上，コミュニケーション促進，生活の質の向上，レクリエーション，予防的観点，福祉行政の一環として実施。
　③養護・教育領域：養護・福祉施設，学校，病院，更正施設等において，養護や特別支援教育を必要とする人等を対象に，教育，発達支援，自立支援，カウンセリング，生活の質の向上を目的とし，教師，施設職員，カウンセラー，ボランティアなどによって実施。
　④個人・企業・その他：個人や家族，社員，一般の人を対象に，ストレス緩和，メンタルヘルス，労働環境改善，娯楽提供等を目的に実施。
　このように，ことばを超えたアプローチが可能である音楽の特性を生かして，音楽療法は多くの現場で実施されている。

（2）音楽療法の種類

　音楽療法の活動は「能動的音楽療法」と「受動的音楽療法」に大きく分類される。前者は即興演奏等の音楽表現を主体とし，後者はGIM（音楽によるイメージ誘導法），RMT（調整的音楽療法）等，音楽聴取を中心に進めるものであるが，音楽演奏に制限があるクライエントへも適用可能な方法である。しかし実際のセッションでは，音楽を聴いた後，そのイメージを即興で表現する等，組み合わせて用いられることも多い。さらに，実施対象が個人の場合と集団の場合，セラピストも単独の場合と複数の場合がある。また，音楽療法の理論背景には，生理学，精神医学，学習・発達心理学，精神分析や対象関係論，人間性心理学等の医学や心理学の理論が多く援用されている。

（3）音楽療法と心理学

　音楽療法の領域，対象，内容はさまざまであるが，いずれにせよ，セラピストとクライエントとの関係性の中で音楽が体験されることによって音楽療法は展開していく。決まったマニュアルをくり返すのではなく，セラピストが個々のケースにとって有効な方法を自らの音楽的資質を生かして十分吟味し，「今，ここ」での出会いを大切にしながら実施していくことが求められる。この点について，稲田（2003）は，音

楽療法とは「心身のケア」という医療的な側面と「音楽的対話」の発展という人間関係的側面とが，たえず同期的に生起するユニークな治療分野であると述べている。つまり，音楽そのものの美しさや，メロディーやリズムが規則性や体系をもち，安定した形で帰結する構造・様式がもつ力のみならず，セラピスト自身がつねに開かれた態度で音楽と人に対する姿勢こそが決定的に重要となる。音楽療法においては，音楽的能力に加え，クライエントの問題を的確にアセスメントし，治療方針を立て，関係性の中で適切なコミュニケーションを取っていける臨床心理学的センスが欠かせないのである。

2．音・音楽の機能
（1）音・音楽の機能
　健常者が音楽を聴き自ら演奏することによって，悲しみから立ち直ったり，あるいは意欲がわいてきたりすることは，すでに多くの人々が体験し知っている。しかしなぜ音楽がそのような働きや影響力をもっているのか。残念ながらこの問いに対する明確な答えはいまだ見当たらないようである（福井，1999）。村井（1995）も，「音楽の流れのダイナミックな変化が，私たちの感情の変化に似ているゆえに，さまざまな感情反応を聴き手に引き起こす」ことを，「科学的には未検証ですが，多くの音楽研究者が仮定している」と述べている。

　民族音楽学者メリアムは，音楽の機能を次の9項目にまとめている。
　①情緒表現
　②審美的享受
　③娯楽
　④伝達
　⑤表象表現
　⑥肉体的反応を起こす
　⑦社会規範への適合を強化
　⑧社会制度と宗教儀礼を成立させる
　⑨文化の存続と安定化に寄与する

　すでに原始社会から行なわれていたとされる，治療という項目はここには見当たらないが，これらの機能により，治療効果が得られていたのであろう。

（2）音楽とことば
　音楽が療法上で有効に働く理由の1つとして，音楽とことばの共通要素をあげることができる。音楽は**ノンバーバル・コミュニケーション**の手段の1つであり，ことば

もまた音の一種である。音楽を聴くことにより，人は慰めのことばや他者からの同意・支持や励ましのことばを得たかのような気持ちになることがある。バント（Bunt, 1994）は，音楽療法と音楽要素との関連を述べているが，ここでは音楽の6つの要素を中心に，ことばとの共通点をあげておく。

①**リズム**：音の長短の組み合わせやパターンの反復，拍子など。ことばにも韻律があり，人それぞれ個性的な語り口調や間の取り方などもある。また踊りや動きに伴う心拍数の変化（速度）なども関連し，さらに**1/f ゆらぎ**要素も関連する。

②**メロディ**：音の高低と長短の組み合わせであり，人が語るときにも，感情の高揚やその沈静化に伴い，必然的に現われる。

③**ハーモニー**：協和音と不協和音，倍音の響き，また終止形などによる緊張とその弛緩がある。カデンツ（終止形）には，語り手の起承転結と通じるものがある。

④**音色**：美しい音の響きや声に魅了される要素や，音源の正体を判別する要素がある。また話の感情変化や内容をより効果的に伝えるため，本能的に使い分けている。

⑤**速度**と⑥**強弱**も，ともに感情の高揚につれて無意識的に変化し，速くなったり声も大きくなる。以上のほかに**フレーズ**などの要素もあり，息使いなども関連する。音楽も話術も，これらの要素により緊張を与え，その弛緩は安堵感や快感を与える。

このように音楽とことばには共通点が多く，自閉症児のように，セラピストの語りかけに最初はまったく無反応な状態であっても，音には敏感に反応する。これをセラピストとの接触の発端にできれば，次は音でコミュニケートする段階へと発展させることが可能になる。

（3）同質の原理

音楽療法の土台とされているものに，アルトシューラー（Altshuler, I. M.）による**同質の原理**がある。これはたとえば，悲しみに沈んでいる人の心の器へ，さらに悲しみの要素を注ぎ込むことにより，器の中の悲しみをあふれ出させ，心を**浄化（カタルシス）**しようとするものである。そうすればしだいに，さわやかな明るい音楽が受け入れられるようになり，心が回復していくのである。つまりセラピストはクライエントと同質の気持ちに立ち，悲しみの現状をまず肯定することが重要になる。これは前項で述べた，音楽の「ことば」がつねに聴くものの感情に同意し慰める，という考え方とも共通している。

セラピストは，音・音楽とクライエントを仲介する存在となるよう，それらを通じて楽しくコミュニケートできることが望ましい。ともすれば音楽自体に何か不思議な

すばらしい力や薬効があるかのように思われがちである。しかしそれよりも，クライエントたちの心と同期できるよう臨機応変に適切な音楽へ彼らを導き，彼らの音・音楽による**自己表現**やその**達成感**の獲得を援助する，これらセラピストたちの的を得た音・音楽の選択能力や演奏（できれば**即興演奏**）による**音楽提示能力**にこそ，音楽療法の成否がかかっているといえる。

第5節 認知行動療法

1．認知行動療法とは

 認知行動療法（cognitive-behavioral therapy）を構成する中心的な理論は，**認知療法**（cognitive therapy）と**行動療法**（behavior therapy）である。**社会的学習理論**（社会的認知理論）で有名なバンデューラ（Bandura, 1977）はモデリングの学習過程の中で認知を扱い，ベック（Beck, 1976）は認知療法の中で行動面も扱っていた。認知と行動は，どちらが先に生起するかではなく，密接に関連しているといえる。行動療法と認知療法は互いの長所を取り入れ，数多くの実証的な研究をふまえたうえで，認知行動療法となった。このことから，認知行動療法は，認知的技法（cognitive techniques）と行動的技法（behavioral techniques）を用いて，歪んだ認知や問題行動を修正しようとする介入法といえる。

2．認知行動療法の特徴

 認知行動療法の特徴としては，以下のことが考えられる。
 ①クライエントが抱えている課題や問題をつねに，認知的・行動的視点から検討し，そして概念化する。
 ②クライエントとしっかりとした信頼関係を築き，クライエントと協同して課題に取り組む。
 ③過去より現在（今）を重視し，問題や課題に焦点を当て，解決策を考える問題志向的（problem oriented）な療法である。
 ④介入を通じてクライエントを教育し，クライエント自身が否定的な思考や信念を把握，検討することができるようになり，自ら対応できるようにする。
 ⑤クライエントの気分，思考，行動を変容させるため，認知的技法，行動的技法を介入の中で活用する。
 このように，認知行動療法はこれまでの心理療法とは違った特徴がある。

3. 認知行動療法の実施

　実際にクライエントとかかわる場合，レドリーら（Ledley et al., 2005）は，次のような手順を示している。
　①クライエントを査定と介入の過程に適応させる。
　②査定を実行し，介入の中心となる問題を明確にする。
　③介入計画を作成する。
　④介入プログラムを実行する。
　⑤適切な時期に介入を終了する。
　認知行動療法を実施し，効果的な介入を行なうためには，信頼関係（ラポール）が必要である。認知行動療法では，クライエントが改善したい問題を，クライエントと協同作業しながら介入を進めていく。そのため，クライエントが介入について理解し，主体的に取り組めるように，臨床家はクライエントに働きかける必要がある。

4. 認知行動療法における認知と行動の役割

　認知と行動は，認知行動療法において重要な要因である。認知とは，思考や視覚的イメージなどを指し，行動とは，観察可能な人の動きといえる。認知と行動を理解し，扱うことは，認知行動療法を実施する上で重要なことである。これは，臨床家だけでなくクライエントにも有益な情報を提供することになる。たとえば，臨床家はクライエントの反応を理解するために，質問紙などで客観的な査定を行なう。査定を行なうことによって，介入効果の確認がしやすくなり，クライエントの症状や状態にあわせて介入を実施することができる。一方，クライエントにとっては，査定をすることで漠然とした問題を具体的にすることができるため，自分の認知や行動を理解できる。また，自分自身の認知を**セルフ・モニタリング**（自己観察）することができ，現在の状態や変化が把握できる。さらに介入効果がわかりやすいため，クライエント自身で自己コントロールがしやすくなる。このように，認知や行動を扱うことは臨床家だけでなくクライエントにも利点があり，効果的な介入を実施するうえでも重要である。

5. 認知行動療法の介入構造

　精神分析のような従来の心理療法では，「介入する側」と「介入を受ける側」といった固定した関係が多かった。認知行動療法では，クライエントの課題や問題に対して，協力して取り組む。クライエントはただ介入を受けるといった消極的な態度ではなく，積極的な態度で介入に参加し，現在の問題と向かい合い解決方法を考える。

認知行動療法では，効果的な介入を行なうために介入過程も明確になっている（図2-11-2）。

6．認知行動療法における介入の実際

日常生活で生じる同じ出来事をある人は肯定的に考えるが，別の人は否定的に考えることがある。同じ状況でも人によって認識方法が異なることで，感情や行動に違いが出る。この認知の違いを理論的に検討するために構築されたのが認知モデル（cognitive model）である（図2-11-3）。認知モデルとは，人の感情や行動が，その人の出来事に対する理解の仕方によって影響をうけるという仮説である（Beck, 1995）。

たとえば，資格が取得できずに悩んでいる男子大学生の認知モデルは次のようになると考えられる。彼は資格を取得するため毎日勉強していたが，資格試験に落ちてしまった。そのため，精神的にもつらくなり相談にきた。面接の中で彼は，「資格試験の問題はむずかしくて私になんか解くことができません」と話した。これが彼の**自動思考**(automatic thought)と考えられる。さらに話を聞いてみると，「私は頭が悪い無能な人間

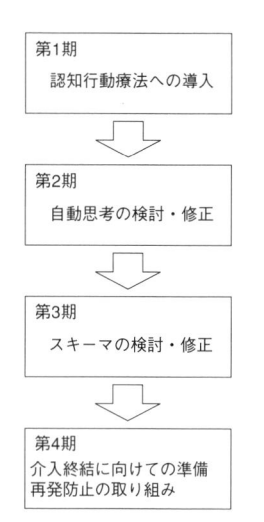

図2-11-2　認知行動療法の介入過程
（井上, 2006より改変）

第1期　認知行動療法への導入
第2期　自動思考の検討・修正
第3期　スキーマの検討・修正
第4期　介入終結に向けての準備　再発防止の取り組み

中核信念：私は頭が悪い無能な人間だ
媒介信念：資格が取得できないのは，私に能力がないからだ
場面・状況：資格試験に失敗する
自動思考：資格試験の問題はむずかしくて私になんか解くことができない
諸反応：
感情　緊張・恐怖・不安
行動　試験勉強をしない
身体・生理的反応　吐き気・腹痛・頭痛

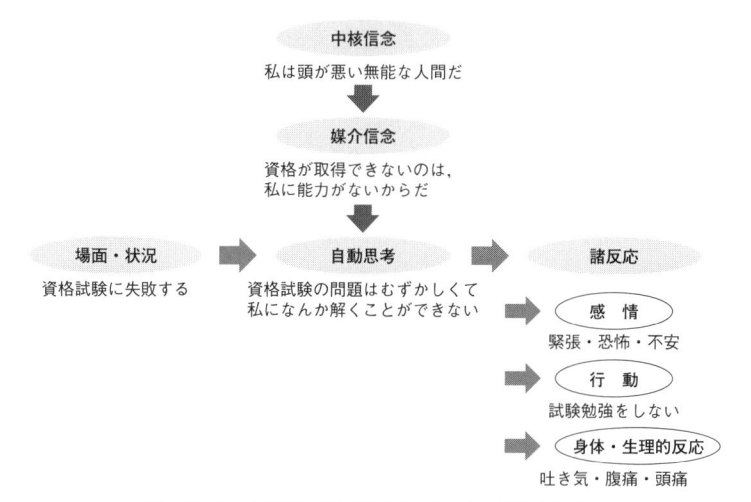

図2-11-3　本事例の認知モデル（Beck, 1995より改変）

だ」と話した。「私は頭が悪い無能な人間だ」という認知は，彼の**中核信念**（core belief）と考えられる。中核信念と自動思考との間にはいくつかの媒介信念（intermediate belief）があると仮定される。媒介信念は，ルール（rule），構え（attitude），思いこみ（assumption）などが含まれていると考えられている。彼の媒介信念は，「資格が取得できないのは，私に能力がないからだ」というものであった。その結果，感情面では試験に対する緊張，恐怖，不安をもち，行動面では試験勉強をしなくなり，身体・生理的反応では吐き気，腹痛，頭痛という症状がみられた。

　このような事例に対する介入の手順としては，最初に認知行動療法について説明する。次に，クライエントの認知を話題にし，自動思考への理解を深める。面接の中で臨床家は，クライエントの話を傾聴しつつ，話の中で語られたことに対して質問を行ないながら介入をすすめる。臨床家がクライエントに質問をすることで，クライエント自身が考え方やものごとのとらえ方に気づくことができ，否定的な認知を修正することができる。クライエントの非機能的な認知を同定し，検証することで，機能的な認知に修正する。これを認知再構成法（cognitive restructuring）とよぶ。行動については，現在の行動を検討し，不適切な行動を改め，ロールプレイやソーシャルスキルズ・トレーニングなどを行なうことで，望ましい行動を形成していく。また，認知行動療法では，クライエントにホームワーク（homework）の課題を与える。ホームワークは，セッションとセッションをつなぐものであり，日常活動表や思考記録表によるセルフ・モニタリングも含まれる（井上，2004）。

　認知行動療法はクライエントに積極的にかかわり，認知の修正だけでなく行動の修正も試み，介入効果を高めることをめざす心理療法である。

第6節　自律訓練法と自己調整法

1．自律訓練法

　自律訓練法（Autogenic Training : AT）は，一般的には「ストレス解消法」や「リラクゼーション法」として広く知られるようになってきた。しかし，本来，自律訓練法は，心理療法の方法である。この心理療法の方法は催眠の研究から出発しており，ドイツの生理学者フォクト（Vogt, O.）や精神医学者シュルツ（Schultz, J.）によって開発され，後にカナダに移住したシュルツの共同研究者，ルーテ（Luthe, W.）によって英語圏に紹介され，広く普及した。心身をリラックスさせる「標準練習」が基本にあり，心身がリラックスした状態をステージとして，「自律性中和」，「自律性修正」や「自律性黙想練習」などがある。基礎部分にあたる「標準練習」が広く普及し

ため，一般的には自律訓練法は「ストレス解消法」や「リラクゼーション法」として知られている。また，日本では心療内科において自律訓練法は早くから研究され，臨床に利用されてきたため，重要な心身医学的療法として用いられるようになった。本節ではおもに標準練習について，そして自律訓練法を改良した**自己調整法**について概説する。

2．標準練習

　催眠を受ける場合，ある程度リラックスしていなければ効果が得られない。つまり，催眠を受ける患者はある程度，リラックスしている必要があるが患者の中には，自分でリラックスすることを覚えるものがいる。さて，リラックスしている状態の特徴はどのように体験されるのだろうか。

　一般的に，リラックスすると次のような特徴が体験できる：両腕が重たい，両脚が重たい，両腕が温かい，両脚が温かい，心臓が規則正しく打っている，呼吸が安定している，おなかが温かい，額が涼しい。

　力が抜けると引力に引っ張られて両腕，両脚が重く感じる。また，抹消への血流の増加に伴って両腕や両脚が温かく感じられる。このように四肢の重温感はリラックスに伴って自然に起こる現象である。同じように，お腹が温かい，額が涼しいという現象もリラックスに伴って自然に起こっている。イライラ，カリカリしているときには，額が熱く感じられることがあるが，その反対に，リラックスしているときには額にさわやかな風が触れるような涼感を感じる。つまり，古くから日本でいう「頭寒足熱」の状態なのである。

　そこで，このような自然に発生している変化を学習できるように「訓練法」に発展させたのが標準練習である。しかし，上記のような変化を起こさせようと努力すればするほど，できなくなる可能性がある。「手を温かくしよう，しよう！」と頑張っても，手は温かくなるものではない。そこで，自律訓練法では「受動的注意集中」という注意の向け方が重用視されている。簡単に解説すると，**受動的注意集中**とは，あるがままに受け入れる，受け身の注意集中と表現することができる。たとえば，「両手を温かくしよう」と思うと能動的だが，「両手が自然に温かくなる」と思ってさりげなく，両手に注意を向けているような集中を言う。このような注意集中について，野球選手が語っているのを聞いたことがある。「ヒットを打とう，打とうと思いすぎると打てない」とか，よく打っている選手は「打とう，打とう」と思うのではなく，ボックスに立っていると，「ボールが大きく見えた」とか「ボールが止まってみえた」というのである。ここでも，ヒットを打とうとする能動的注意集中が不必要な緊

張を生みだしており、「きっと打てる」と受動的に集中しているときはボールが大きく見えるのである。自律訓練法を進めていくうえでは、このような受動的注意集中が重要である。

受動的注意集中をしたうえで、自律訓練法の標準練習では、次のような公式で練習を進める。また、「公式」とは「あらかじめ決められた言葉」（言語公式）である。
　①背景公式　気持ちの背景についての公式で「気持ちが落ち着いている」と自分の中で繰り返す。
　②第1公式（重感練習）「両手・両脚が重たい」
　③第2公式（温感練習）「両手・両脚が温かい」
　④第3公式（心臓調整練習）「心臓が静かに、規則正しく打っている」
　⑤第4公式（呼吸調整練習）「楽に呼吸している」
　⑥第5公式（内臓調整練習）「お腹が温かい」
　⑦第6公式（額涼感練習）「額が心地よく涼しい」

実際の練習は、静かに自分に注意を向けられるような環境で行なう。身体を締め付けるネクタイやベルトなどは緩め、仰臥姿勢（上向きに横になる）あるいは単純椅子姿勢（椅子に座る）で行なう。練習では、1つの公式を数分間練習し、段階的に、1つの公式が修得できたら次に進むようにする。

3．自己調整法

自律訓練法が日本に紹介されると、東洋の瞑想法と共通するところが注目された。たとえば、気功法、ヨーガや座禅など、自律訓練法に共通する方法が東洋には古くから伝わっている。九州大学医学部心療内科の教授であった池見酉次郎（1979）はそれに注目し、自律訓練法を改良して、自己調整法（Self-Regulation Method：SRM）を考案した。

座禅やヨーガのように、背筋をまっすぐにして練習するようにした。（仰臥姿勢は頻繁に用いられなくなった。）そして、自律訓練法はもともと催眠の研究からスタートしており、その影響を受けているが、池見は催眠よりも体感法の原理を利用するようになってきた。つまり、自己暗示の影響で「両手が温かくなる」のではなく、両手を太ももにのせていると、太ももと接触しているあたりに自然に温感が発生する。このような身体の自然な感覚に注意を向けるようにして、標準練習の公式を用いたのである。姿勢を変更したうえで、自己調整法では次のような公式を用いる。
　①背景公式　気持ちの背景についての公式で「気持ちが落ち着いている」と自分の中で繰り返す。（自律訓練法と同じ。）

②第2公式（両手の温感練習）「両手が温かい」（重感練習は省略。）
③第3公式（両腕の温感練習）「両腕が温かい」
④第4公式（両足の温感練習）「靴底や床と接触している両足裏が温かい」
⑤第5公式（両脚全体の温感練習）「腰から下が温かい」
⑥第6公式（額涼感練習）「額が心地よく涼しい」

　心臓調整練習は呼吸や動悸にとらわれてしまう練習者もいるため，省略されるようになった。腹部温感練習も，必要な場合にのみ実施するようになった。また，東洋の行法と同じように，ゆっくり息を吐くことの弛緩効果に注目し，背景公式において，ゆっくり息を吐くように指導するようにした。それは，次のような公式言語である。「ゆっくり息を吐いていると，からだの余分な力が抜けて，気持ちが落ち着いてきます。」

　このように，池見西次郎は自律訓練法を根本的に日本的に改良した。そして，このように改良された自己調整法を研究した池見陽は，心身症，神経症など46の疾患への応用や症例研究，不安の低減効果，身体症状の減少，客観性の増大，外向性の増大を報告し（Ikemi et al., 1986），脳波及び大脳誘発電位に及ぼす影響（Ikemi, 1988），サーモグラフィーを用いた手背部の体表温の測定（Ikemi et al., 1986）などの研究を行なってきた。また，本来，フォーカシング指向心理療法の研究者である池見陽は自己調整法ばかりではく，自律訓練法全般の原理を催眠ではなく，自己との関係性におく体験過程的（フォーカシング的）な考察も行なっている（池見，2000）。

第7節　家族療法（システムズアプローチ）

1．コミュニケーションと家族

　私たちは，つねに他者から影響を受け，他者に影響を与えながら社会の中で生活している。人と人との間で行き来する情報（言動）のことをコミュニケーションとよび，社会の中に住む以上私たちは他者とのコミュニケーションから逃れることはできない。

　社会の中において複数の人間からなり，相互に最も影響を受ける最小の単位が**家族**である。ただ，家族を定義することは困難である。同居しているものか，別居していても血縁があるものか，などあらゆる場面でも例外があり，すべてを包括できる定義はないだろう。しかし，マダネス（Madanes, C.）はワークショップの中で「家族は最もプリミティブな自助グループである」と表現した。いずれにしろ，家族メンバーの中の誰かに何らかの問題が生じたとき，ともに暮らしている，あるいは別居してい

ても心理的に近い間柄では「問題」の影響を強く受け,「問題」やその解決にかかわる度合いも当然強くなるであろう。

家族療法では,家族をはじめ,「問題」に少なからずかかわっている人々とともに解決に取り組むことを特徴としている。

2. 家族とともに解決に取り組む

家族療法では,ともすると「家族に問題があるから家族療法が必要」などと誤解を受けることがあるが,実際は「家族を治療する」のではなく,「家族とともに治療を行なう」という表現のほうが適切であろう。また近年では,「治療」ということばよりも,「家族援助」という表現が使われることも多くなってきている。

ただし,家族が本来もっているはずの解決への能力を引き出すためには,問題を抱えた家族のありようを見立てる(アセスメントする)必要があり,そのためには「家族システム」という視点が有用である。

このように家族を「システム」としてとらえる視点の特徴は,問題を抱えた当事者をIP(Identified Patient:患者とみなされたもの)と表現するところに端的に表わされている。つまり,通常はそのまま「患者(patient)」とよばれるところのIPは,問題を抱えた当事者(とみられている)ではあるが,家族療法ではその個人のみを「患者」とみなすのではなく,**家族全体**にかかわることとしてとらえ直す。たとえば,IPの抱える問題は,家族療法の過程において,ときには「他の家族メンバーを助けるもの」であったり,あるいは「夫婦関係を助けるもの」などと新しいラベルが付与される。「問題」に対する新しい見方が提供されること自体が,家族内システムが変化するきっかけになると考えることができる。つまり,IPはシステムのありようによって今たまたまIPとなっているだけであり,システムが変化すれば(あるいは見方を変えれば)IPではなくなるというパラダイムの変換と変化への可能性を含んでいるといえる。

言い換えると家族療法では,問題の原因をIPの内的な問題ととらえるのではなく,コミュニケーションのありよう(システム)の一部としてとらえるのである。

家族をシステムとしてとらえて働きかけること(システムズアプローチ)の理論的な背景になっているのは,ベルタランフィ(Bertalanffy, 1968)の**一般システム理論**である。さらにミラーは,この理論を精神医学に応用するために一般生物体システムを7つのレベルに分類した。(図2-11-4)(遊佐,1984)。

私たちは,個人(システム)と個人(システム)の間でつねに情報交換(コミュニケーション)を行ない,影響しあっている。同時に,上位システムと下位システムの

第11章　心理療法の技法

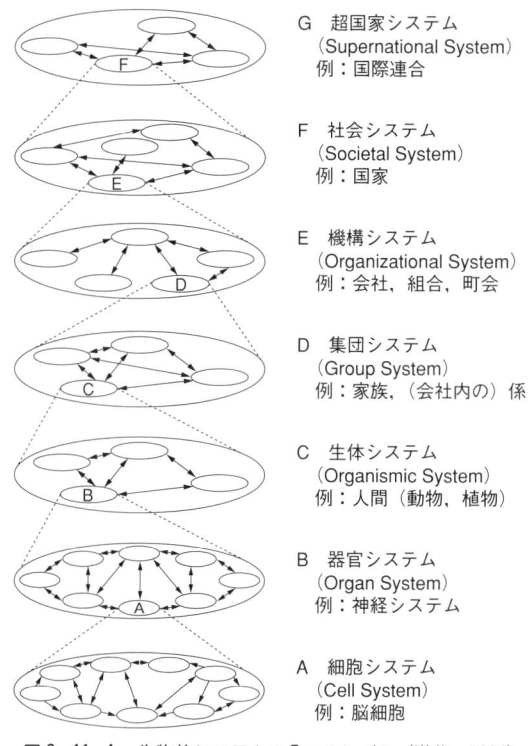

G　超国家システム
　（Supernational System）
　例：国際連合

F　社会システム
　（Societal System）
　例：国家

E　機構システム
　（Organizational System）
　例：会社，組合，町会

D　集団システム
　（Group System）
　例：家族，（会社内の）係

C　生体システム
　（Organismic System）
　例：人間（動物，植物）

B　器官システム
　（Organ System）
　例：神経システム

A　細胞システム
　（Cell System）
　例：脳細胞

図2-11-4　生物体システムの7つのレベル（遊佐，1984）

間においてもつねに互いに影響しあっており，「おのおののレベルでのシステムは，他のレベルでのシステムと相関関係をもつ」（遊佐，1984）ものであり，一部は全体に影響し，全体は一部に影響するともいえる。

　たとえば，ある子どもが，不登校になり，学校に行かなくなったとする。母親は困惑し，父親に助けを求めるが，思うように協力してくれないことで父親を責めるかもしれない。父親は，仕事上の悩みを抱えている上に，夫婦関係がギクシャクしたことから不眠に落ち入り，うつ状態になってしまったとする。つまり，子どもの不登校問題が家族全体（全体）に影響し，家族関係の悪化が父親個人の体調（一部）に影響したといえる。

　父親は，近所の心療内科で睡眠導入剤と抗うつ薬を処方され，カウンセリングを受けたことで睡眠とうつ状態が改善したとする。父親の活動性が回復し，母親への精神的支えが可能となり，夫婦関係が改善することで，両親の子どもへの接し方にゆとりが生じ，子どもの精神状態の安定につながるかもしれない。そうなったとするなら

217

ば，薬の処方という細胞システムへの働きかけとカウンセリングが，脳（器官システム）に影響し，父親の体調（生体システム），家族の人間関係（家族システム）に影響し，再び子どもの状態（生体システム）に影響を与えることになる。

このように子どもの不登校に関して，子どもの性格や親の育て方などの結果として出現した問題としてとらえるのではなく，システムのありようの一部としてとらえるのである。

「一部は全体に影響し，全体は一部に影響する」ことのメリットは，このようにシステムの中のどこか一部が変化（改善）すればさまざまなレベルの「波及効果」が期待できることである。よって，不登校問題で学校に行なっていない本人が来談しないからといって援助者が何もできないというわけではなく，来談している者（たとえば親）を援助することが家族全体の支援やひいては子ども本人への援助につながると考えることができる。

3．システムの3つの属性から働きかける

システムには3つの属性があり，それぞれ構造（structure），機能（function），発達（development）とよばれている（図2-11-5）。つまり，家族システムは，これらの属性によるそれぞれの立場からの眺め方が可能であり，同時に，それぞれの属性から眺めた切り口よって働きかけることができる。

ただし，家族システムに有効に働きかけるために，援助者はその足場を確保しなければならず，そのためには**ジョイニング**によって家族システムに加わっていく必要がある。ジョイニングとは援助者が，家族システムのメンバーの一員として仲間入りすることである。そのために援助者は，家族のルールや雰囲気，考え方に自分の姿勢をあわせる必要がある。援助者が家族システムを脅かす存在ではなく，メンバーの一員であると認められることによってはじめて家族との共同作業が可能となる。

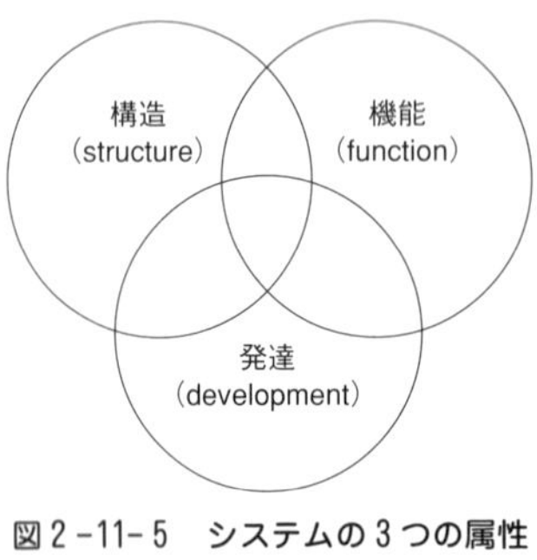

これらの構造，機能，発達の属性はそれぞれ相互に関連しあっており，1つの属性に働きかけ，影響を及ぼすことは他の属性にも影響し，システム全体への変化につながると考えられる。たとえば，構造に働きかけて影響を及ぼすことができれば，それは機能や発達といった側面にも影響するのであり，他の属性から働きかける場合も同じである。

図2-11-5　システムの3つの属性
（遊佐，1984より一部改変）

それでは各属性からの視点とそこからの働きかけについて述べるが，システムのアセスメントは，面接室内における実際のコミュニケーションによる場合と家庭内のコミュニケーションのあり様についてインタビューによって明らかにする方法がある。

(1)「構造」からの視点と働きかけ

構造からの視点は，家族システムの「しくみ」に関することであり，おもに家族メンバーの位置関係をもとにして眺める視点を指す。たとえば，「父親が仕事ばかりしているために他の家族とは心理的な距離が遠く，母子は密着している」というような表現は，この視点から眺めた事象に基づいた「仮説」である。また，年長の子どもが親の役割をとることや祖父母が親の変わりに子育てに強い影響力をもつことなどは，**世代間境界**を超えるものであり，家族システムの混乱としてとらえるという見方もできる。

このような視点で家族システムが解決への能力が発揮される構造となるよう援助していく方法は，構造派家族療法とよばれ，ミニューチン（Minuchin, 1974）のアプローチに代表される。

(2)「機能」からの視点と働きかけ

機能からの視点は，家族システムの「働き」に関するものである。人間が複数集まれば，必ずコミュニケーションのパターンが生じる。問題を抱えて来談する家族は，一定のパターンから抜け出すことができないことで解決に向かうことができない，と考える。このような視点でのアプローチに代表されるものは，戦略派家族療法とよばれ，ヘイリー（Haley, 1976）らのアプローチや問題に対する解決策（偽解決）が問題を維持しているとするMRI短期療法グループのアプローチ（Fish et al., 1982）などがある。

(3)「発達」からの視点と働きかけ

発達の視点は，時間という要因によって生じる変化であり，家族の「歴史」に関することである。家族システムは，つねに変化している。家族メンバーは加齢に伴い，コミュニケーションのありようも変わるし，結婚や死亡などにより，家族メンバーそのものも変化する。ボーエン（Bowen, K. M.）の家族療法は，家族世代図（ジェノグラム）をもとにして，複世代の家族における家族の歴史や情動プロセスなどについて焦点を当てることから，この視点からのアプローチが含まれていると考えられる（遊佐，1984）。

4．おわりに

このように家族療法では，人と人との間におけるコミュニケーションをシステムと

して眺めるという「ものの見方」をするものであり，「問題」もその一部であるとみなす。つまり，「問題」もある立場からのものの見方の結果であり，絶対的なものではない。この考え方により，変化の可能性が広がっていくものと考えられる。

また，システムは上記のようにさまざまな角度から眺めることができ，それぞれの眺め方に基づくアプローチの技法が，多く開発されている。

「絶対的なものの見方」や「絶対に正しい解決方法」があるのではなく，「構造」や「機能」，「発達（歴史）」といった視点から立てた「仮説」に基づいて援助を行ない，効果を検証するという手順にてすすめ，効果が認められなければ「仮説」を立てるところからやり直す。見立てとしての「仮説」は，変化のためのものの見方であるので，効果がなければすぐに変更する必要があり，柔軟な考え方が要求されるとともに，「仮説」でしかない，と一段上のレベル（メタ・ポジション）から眺めることにより柔軟な発想が生まれやすくなると考えられる。

近年は，病理や過去，問題といった視点から未来や解決に視点を移したソリューション・フォーカスト・アプローチや現実は人々の間で社会的に構成されていくとする社会構成主義の理論を背景とするナラティヴ・セラピー（小森・野村，2003）やコラボラティヴ・アプローチ（Anderson, 1997）などが家族療法の領域から発展し，注目を集めている。

これらの流れは，援助者が問題の解決について専門的な立場から「介入する」するという従来の縦型の援助関係を見直し，心理援助を来談者とともに新たなストーリーを紡いでいく共同作業（協働）として改めてとらえ直すという視点や姿勢を提供しようとしているものである。

このように家族療法の考え方や技法は，人間の内面だけでなく，人と人との関係性に関する視点を私たちに提供してくれる。また，それらは社会のあり方やニーズと影響しあって，つねに刻々と変化し続けているといえる。

第8節　グループアプローチ

池見（2006）は料理における「和，洋，中華」に模して，「精神分析的，行動療法的，人間性心理学的」なものを心理療法における基本的な3大グループ，と位置づけている。本節では，**臨床心理学の基礎**を前提に，数多くのグループアプローチの中から，精神分析的グループアプローチ，人間中心的グループアプローチ，行動療法的グループアプローチを目標・援助者の役割・技法・グループ展開についての責任分担，の観点から対比し，実践への誘いとしている。内容は15の代表的グループアプローチ

第11章　心理療法の技法

を要領よく紹介しているコーリー（Corey, 1990）に負うところが大きい。

1．精神分析的グループアプローチ

①目標：クライエントが幼いころの家族関係を再経験できうるようなグループ風土を醸成する。過去の出来事に結びついた感情で，意識されないままに現在の行動にもち込まれている感情を表面化させる。心理的な発達の妨げになった源泉への洞察を励まし，情緒的経験の修正を刺激する。

②援助者の役割：受容的で寛容な雰囲気の醸成を支援し，グループ内の相互作用を促進させる。どちらかといえば没個性的で客観的な姿勢にとどまることで，自分へのメンバー各人の投射を容易にする。セラピストとして抵抗や転移の表示を指摘し，その意味を解釈する。未解決の問題にメンバーが対処し得るように働きかける。

③技法：解釈，**夢分析**，**自由連想**，抵抗の分析，転移の分析といった技法を用いるが，いずれも無意識を意識化させ，クライエントに洞察を得させるための技法である。

④グループ展開についての責任分担：援助者はグループ展開に**指示的指導性**（リーダーシップ）を発揮することには控えめで，グループに展開をまかせるが，ある行動についてはその意味を解釈する責任を担う。メンバーたちは無意識的な問題をとり上げ，自発的に話しあう責任を増加させ，他者の言動を解釈し，それぞれの洞察を話しあう。メンバーは互いにセラピストの責任を担い合う。

2．人間中心的グループアプローチ

①目標：いろんな感情を安心して探査できるような風土の中で，メンバーは新しい経験にいっそう取り組み，自分自身と自分の判断に自信を深める。メンバーは過去に囚われずに現在を生きるように奨励され，率直性，誠実性，自発性を発展させる。メンバーは「今ここで」他者と出会えるように，疎外感克服の場としてグループを活用できるようになる。

②援助者の役割：援助者の役割は**ファシリテーター**と表現される。グループが（指示を受けないで）コミュニケーションを妨げるものに取り組むように，信頼の風土を醸成するように，グループとしての機能を発揮できるように側面的に支援する。中心的な課業は，会合の場で自分を偽らず，各人への気づかい，尊敬の念，理解を表現することである。望ましい風土を醸成するためには，寛容でしかもグループ過程にかかわっているという援助者の姿勢を伝えることが必要である。「今ここで」グループで生起していることについて，自分の個人的な感情や印象を話す場合も少なくない。

③技法：ファシリテーターの態度と行動が重視され，構造的・計画的技法はほとんど用いられない。基本的な技法は積極的傾聴，感情の反射，明確化，支持，そしてクライエントのために「そこに存在する」ことなどである。

　④グループ展開についての責任分担：援助者がグループ展開を方向づけることは少ない。メンバーが互いに援助しあい，グループを望ましい方向・建設的な成果へと展開させていく能力をメンバーたちがもちあわせていると考えられている。

3．行動療法的グループアプローチ

　①目標：目標は各人に設定された処遇目標の達成であって，クライエントの望ましくない行動の減少・除去であり，望ましい行動の獲得，増加，維持である。行動は客観的，具体的に明示される。

　②援助者の役割：行動変容の専門家として機能する。指示的であり，ときに教師や訓練士（トレイナー）として機能する。行動変容について説明し，対処法や実施法を教え，グループ外でも練習できるように宿題を課す場合もある。

　③技法：主要な技法は行動原理や学習原理に基づき，行動の変容や認知の再構成をもくろむもので次のような技法が含まれる。**系統的脱感作，内潜増感法**，強化，消去，罰，**モデリング**，リハーサル，**コーチング**，フィードバックなどがある。

　④グループ展開についての責任分担：グループは処遇目標達成の背景および手段であって，処遇をはなれてグループの展開や理想的なグループ状態に関心がはらわれることはない。援助者は処遇目標の効果的な達成の観点から積極的にグループ展開を計画し，予定しておいた一連の活動に従ってグループを展開させる。メンバーは学んだものを積極的に日常生活に応用し，新しい行動をグループ外で実践する。

4．治療的メカニズムと契約の重視

　コーシニとローゼンバーグ（Corsini & Rosenberg, 1963）は集団心理療法に関する300余の論文を分析して，グループにおける主要な治療的メカニズムを**知的要因**（観察効果，普遍化，知性化），**情緒的要因**（受容，利他性，転移），**行為的要因**（現実吟味，換気，相互作用）に分類した。これらのメカニズムは援助者とクライエントの一対一の面接場面に働くものでもあるが，現実吟味や利他性のメカニズムはグループ場面においてはじめて生き生きと体験される。観察効果などもグループ状況のほうが多種多様の情報が得られる。しかし秘密保持への懸念は，個人の深い問題に入りがたいという面がある。またグループ過程そのものは，プラスの結果ばかりをもたらすものではない。受容に対しては拒否，利他に対しては利己といったマイナス面が考えられ

る。特定グループ内における観察効果や普遍化が，メンバーや社会に有害なものをもたらす場合もある。独裁者や孤立者の出現も考えられる。

　グループの展開にどの程度に援助者がかかわるかについては，いろんな見解があるが，メンバーが望ましいグループ過程を創り出していけるように援助することもときには援助者に求められる。グループ・ダイナミックスについての知識は，たとえグループ過程への介入を快しとしない立場の援助者にとっても，不必要なあせりや失望をしないですむために必要である。最後になったが，契約という概念についての考察も重要である。クライエントが望まない方向へ望まないやり方で導かれることのないように，グループの目的と目的達成の方法や役割分担についての当事者間の合意をグループ開始前に確認し，開始後にもグループ内で確認事項を補強しておく必要がある。コーリーは精神分析的アプローチにおける援助者の役割で「グループのために制限を設ける」(p.516)をあげているが，制限は「してはならない」という方向だけでなく「何々するように」という方向にも働くもので，精神分析的なアプローチに専有されるものではない。制限を含む契約の履行は，クライエントの権利を守るだけでなく，実践の効果にも重要な要素と考えられる。

【推薦図書】
第1節
『カウンセリングの実際問題』　河合隼雄　誠信書房　1970
『精神療法面接のコツ』　神田橋條治　岩崎学術出版社　1990
『プロカウンセラーの聞く技術』　東山紘久　創元社　2000
第2節
『遊戯療法』　深谷和子（編著）　金子書房　2005
『心理療法　臨床心理学第3巻』　河合隼雄（監修）　創元社　1992
第3節
『箱庭療法入門』　河合隼雄　誠信書房　1969
『心理臨床と表現療法』　山中康裕　金剛出版　1999
『コラージュ療法入門』　森谷寛之　創元社　1993
第4節
『音楽療法』　L. バント（著）　稲田雅美（訳）　ミネルヴァ書房　1996
『音楽療法の基礎』　村井靖児　音楽之友社　1995
『音楽療法の現在』　国立音楽大学音楽研究所音楽療法研究部門（編著）　人間と歴史社　2007
第5節
『心のつぶやきがあなたを変える―認知療法自習マニュアル―』　井上和臣　星和書店　1997

第Ⅱ部　臨床心理学

『認知行動療法』　坂野雄二　日本評論社　1995
第6節
『自律訓練法』　松岡洋一・松岡素子　日本評論社　1999
『自律訓練法の実際─心身の健康のために─』　佐々木雄二　創元社　1984
『自己をととのえる─現代を生きる道─』　池見酉次郎　講談社　1985
『セルフコントロールと禅』　池見酉次郎　NHKブックス　1981
第7節
『家族療法入門─システムズ・アプローチの理論と実際─』　遊佐安一郎　星和書店　1984
『セラピスト入門─システムズアプローチへの招待─』　東　豊　日本評論社　1993
『家族療法─システムズアプローチの〈ものの見方〉─』　吉川　悟　ミネルヴァ書房　1993
『心理療法テクニックのススメ』　坂本真佐哉・東　豊・和田憲明　金子書房　2001
『臨床家のための家族療法リソースブック─総説と文献105─』　日本家族研究・家族療法学会（編）　金剛出版　2003
『ナラティヴ・アプローチの理論から実践まで─希望を掘り当てる考古学─』　G.モンクほか（編）　国重浩一・バーナード紫（訳）　北大路書房　2008
第8節
『新版エンカウンター・グループ─人間信頼の原点を求めて─』　C.ロジャーズ（著）　畠瀬　稔・畠瀬直子（訳）　創元社　2007

第12章 臨床心理士の活動と倫理

第1節 はじめに

1．臨床心理士の活動の広がり

　臨床心理士の活動領域は，スクールカウンセラーなどの教育領域，児童相談所等の福祉施設，精神科や心身医学をはじめとした医療施設，家庭裁判所調査官や心理技官，警察内のカウンセリングなど司法，矯正，警察領域，企業内のカウンセリングなど産業領域，さらに開業など，その分野，形態は多岐にわたっている。従来の心理相談室での相談のみならず，たとえば，地域の保健師に同行し家庭訪問を行なうというような**アウトリーチ**での相談活動も展開されてきている。一方，臨床心理士数も約2万人となり，活動の種類や形態，対象者も臨床心理士もさまざまに変化してきた。既成の枠を超えての活動は，臨床心理士の新しい活動可能性を広げるものであり，また援助を受ける側にとっても，臨床心理士と出会う機会が増えるという点で望ましいことであるが，同時に，それらの質や水準を保つための努力も必要となる。このような背景の中で，臨床心理士の「倫理」の問題がよりクローズアップされて来ている。本章では，臨床心理士の職業倫理という問題について考えてみることにしよう。

2．倫理とはなぜ必要なのか—権限と責任

　職業倫理とは，他者に対して身体的，精神的な侵害を引き起こす可能性のある職業に倫理的な行動上の制限をかけようとするものである。職業倫理について，深刻に問われるようになったのは，第二次世界大戦でドイツの医師がユダヤ人に対して行なった，重大な人権侵害を伴う医学的実験という事件によるものであった。それを踏まえ，まず医学分野において近代的な職業倫理（「**ヘルシンキ宣言**」1964）がつくられ，それがしだいに他の専門職に広がった。医師のみならず，臨床心理士もやはりクライエントのプライバシーに関する事柄を扱うということから，精神的・心理的な侵害が起こる可能性を有している。クライエントの意志に反する侵入や侵害，搾取，便宜的な利用などの可能性を自覚する必要がある。専門性をもつ以上，臨床心理士は職業的権限を行使してカウンセリングを行なうが，同時に，それを用いてクライエントに不利益を与えないことが倫理的な前提となる。

第2節 心理臨床に携わる者にとっての倫理

1．心理臨床における関係の特殊性

　心理療法はカウンセラーとクライエントとの関係性の中で展開する。それは日常的な関係とは異なり特殊な目的をもつかかわりであり，意図的に構成されたものである。つまり自然発生的な人間関係ではなく，一種の**契約関係**である。また，そこでは，温かい受容的な雰囲気や肯定的な関心がクライエントに向けられており，クライエントにとって依存性が高まり，退行が生じやすくなる。さらに両者は対等であるとはいうものの，当然ながらカウンセラーの専門家としての権威や知識，問題分析力は心理療法を進めていくうえで必要なものである。転移や逆転移の問題も存在し，カウンセラーとクライエントの関係にはさまざまな要素が入り込む可能性が渦巻いている。そういった心理臨床に携わる者にとってその専門性を枠づけるものが倫理規準である。**日本心理臨床学会**では1998年に**倫理綱領**と**倫理規準**を制定している。倫理綱領は基本的な原則を定めているものであるが，そこには「責任」「技能」「査定技法」「援助・介入技法」「研究」「秘密保持」「公開と説明」「他者との関係」「記録の保管」「倫理の遵守」があげられている（表2-12-1）。

2．臨床心理士の職業的倫理7原則

　臨床心理士が果たすべき職業倫理諸原則について，金沢（2006）はポウプら（Pope et al., 1987）およびレートリヒとポウプ（Redlich & Pope, 1980）を参考に，7つの原則を提示し，解説を加えているので簡単に紹介しよう（表2-12-2）。

　第1原則の「相手を傷つけない」は当然のことであるが，しかし現実には，臨床心理士の意図しないところで相手を傷つける可能性もあることに留意すべきである。また，ここにはリファー（他の専門機関への紹介）や臨床心理士側の不在（入院などの長期の不在や突然の交代など）による見捨てられ感への配慮も含まれる。第2原則「十分な教育・訓練によって身につけた専門的な行動の範囲内で，相手の健康と福祉に寄与する」では，自分が専門家として取り扱える範囲を見きわめ，それを超える場合は他の適切な機関にリファーすることなどが考えられる。自分にできることとできないことを見きわめるのもまた専門家としての力量である。また，他の専門職との連携にあたっては適切な協力関係を築くことは当然のことである。第3原則「相手を利己的に利用しない」は「**多重関係**」や「**勧誘**」や「**商取引的関係**」の禁止を含む。カウンセリングのためであれ，相談室以外の場所で会うことは多重関係的逸脱行動と考

第12章　臨床心理士の活動と倫理

表2-12-1　日本心理臨床学会倫理綱領

制　　定：平成10年9月21日
最近改正：平成19年3月31日

　日本心理臨床学会は，日本心理臨床学会倫理規程第2条の規定に基づき，この倫理綱領を定める。
前　文
　日本心理臨床学会会員は，その臨床活動及び研究によって得られた知識と技能を人々の心の健康増進のために用いるよう努めるものである。そのため会員は，常に自らの専門的な臨床業務及びその研究が人々の生活に重大な影響を与えるものであるという社会的責任を自覚し，以下の綱領を遵守する義務を負うものである。
(責　任)
第1条　会員は，自らの専門的業務の及ぼす結果に責任をもたなければならない。
　2　会員は，その業務の遂行に際しては，対象者の人権尊重を第一義と心得て，個人的，組織的及び政治的な目的のためにこれを行ってはならない。
(技　能)
第2条　会員は，訓練と経験によって的確と認められた技能によって，対象者に援助・介入を行うものである。
　2　会員は，前項の援助・介入を行うため，常にその知識と技術を研鑽し，高度の技術水準を保つように努めるとともに，自らの能力と技術の限界についても十分にわきまえておかなければならない。
(査定技法)
第3条　会員は，対象者の人権に留意し，査定を強制し，若しくはその技法をみだりに使用し，又はその査定結果が誤用され，若しくは悪用されないように配慮を怠ってはならない。
　2　会員は，査定技法の開発，出版又は利用に際し，その用具や説明書等をみだりに頒布することを慎まなければならない。また，心理検査や査定に関する不適切な出版物や情報によって，査定技法やその結果が誤用・悪用されることがないよう注意しなければならない。
(援助・介入技法)
第4条　会員は，臨床業務を自らの専門的能力の範囲内で行い，対象者が最善の専門的援助を受けられるように常に能力向上に努めなければならない。
　2　会員は，自らの影響力や私的欲求を常に自覚し，対象者の信頼感又は依存心を不当に利用しないように留意しなければならない。
　3　会員は，臨床業務を行う場合においては，職業的関係のなかでのみこれを行い，対象者又は関係者との間に私的関係をもってはならない。
(研　究)
第5条　会員は，臨床心理学に関する研究に際して，対象者又は関係者の心身に不必要な負担を掛け，又は苦痛若しくは不利益をもたらすことを行ってはならない。
　2　会員は，その研究が臨床業務の遂行に支障を来さないように留意し，対象者又は関係者に可能な限りその目的を告げて，同意を得た上で行わなければならない。
　3　会員は，その研究の立案・計画・実施・報告などの過程において，研究データの記録保持や厳正な取り扱いを徹底し，捏造，改ざん，盗用，二重投稿などの不正行為を行ってはならず，またそのような行為に加担してはならない。
(秘密保持)
第6条　会員は，臨床業務上知り得た事項に関しては，専門家としての判断の下に必要と認めた以外の内容を他に漏らしてはならない。
　2　会員は，事例又は研究の公表に際して特定個人の資料を用いる場合には，対象者の秘密を保護する責任をもたなくてはならない。会員をやめた後も，同様とする。
(公開と説明)
第7条　会員は，一般の人々に対して心理学的知識又は専門的意見を公開する場合には，公開者の権威又は公開内容について誇張がないようにし，公正を期さなければならない。
　2　会員は，前項の規定による公開が商業的な宣伝又は広告の場合には，その社会的影響について責任がもてるものであることを条件としなければならない。
　3　会員は，自らが携わる研究の意義と役割を充分に認識し，その結果を公表し，その意義について説明するように努めなければならない。

第Ⅱ部 臨床心理学

（他者との関係）
第8条　会員は、他の専門職の権利及び技術を尊重し、相互の連携に配慮するとともに、その業務遂行に支障を及ぼさないように心掛けなければならない。
　　2　会員は、他者の知的成果を適切に評価すると同時に、自らの研究に対する批判には謙虚に耳を傾け、誠実な態度で意見を交え、相互の名誉や知的財産権を尊重しなければならない。
（記録の保管）
第9条　会員は、対象者の記録を5年間保存しておかなければならない。
（倫理の遵守）
第10条　会員は、この倫理綱領を十分に理解し、これに違反することがないように常に注意しなければならない。
　　2　会員は、違反の申告が発生したときは、倫理委員会の調査・裁定を受ける場合がある。
（補　則）
第11条　この綱領の具体的な倫理基準は、理事長が別に定める。

附　則　この倫理綱領は、平成10年9月21日から施行する。
附　則　この倫理綱領は、平成11年4月4日から施行する（一部改正）。
附　則　この倫理綱領は、平成19年3月31日から施行する（一部改正）。

表2-12-2　職業倫理の7原則（金沢，2006）

第1原則：相手を傷つけない、傷つけるようなおそれのあることをしない 相手を見捨てない。同僚が非倫理的に行動した場合にその同僚の行動を改めさせる、など。
第2原則：十分な教育・訓練によって身につけた専門的な行動の範囲内で、相手の健康と福祉に寄与する 効果について研究の十分な裏付けのある技法を用いる。心理検査の施行方法を順守し、たとえば検査を家に持ち帰って記入させるなどといったマニュアルから逸脱した使用方法を用いない。自分の能力の範囲内で行動し、常に研鑽を怠らない。心理臨床家自身の心身の状態が不十分な時には心理臨床活動を控える。専門技術やその結果として生じたもの（たとえば心理検査の結果）が悪用・誤用されないようにする。自分の専門知識・技術を誇張したり虚偽の宣伝をしたりしない。専門的に認められた資格がない場合、必要とされている知識・技術・能力がない場合、その分野での基準に従わないケアや技術などの場合、などの際には心理臨床活動を行わず、他の専門家にリファーする等の処置をとる、など。
第3原則：相手を利己的に利用しない 多重関係を避ける。クライエントと物を売買しない。物々交換や身体的接触を避ける。勧誘をしない、など。
第4原則：一人一人を人間として尊重する 冷たくあしらわない。心理臨床家自身の感情をある程度相手に伝える。相手を欺かない、など。
第5原則：秘密を守る 限定つき秘密保持であり、秘密保持には限界がある。本人の承諾なしに専門家がクライエントの秘密を漏らす場合は、明確で差し迫った危険があり相手が特定されている場合、クライエントによる意思表示がある場合、虐待が疑われる場合、そのクライエントのケアなどに直接関わっている専門家等の間で話し合う場合（たとえばクリニック内のケース・カンファレンス）、などである。もっとも、いずれの場合も、できるだけクライエントの承諾が得られるように、心理臨床家はまず努力しなければならない。また、記録を机の上に置いたままにしない、待合室などで他の人にクライエントの名前などが聞かれることのないようにする、といった現実的な配慮も忘れないようにする必要がある。なお、他人に知らせることをクライエント本人が許可した場合は、守秘義務違反にはならない。
第6原則：インフォームド・コンセントを得、相手の自己決定権を尊重する 十分に説明したうえで本人が合意することのみを行う。相手が拒否することは行わない（強制しない）。記録を本人が見ることができるようにする、など。
第7原則：すべての人々を公平に扱い、社会的な正義と公正と平等の精神を具現する 差別や嫌がらせを行わない。経済的理由などの理由でサービスを拒否しない。一人一人に合ったアセスメントや介入などを行う。社会的な問題への介入も行う、など。

えうる。多重関係は，たとえば大学の指導教員が学生相談室でその学生のカウンセラーを務めるというような場合にも生じ，きわめて現実的に生じやすい問題であることを認識すべきである。第4原則「一人一人を人間として尊重する」は，相手を「研究や実験の対象」とみなす態度は慎むべきであるし，相手に対する自己開示の程度，相手をどう呼ぶかといった問題も含む。臨床心理士の活動が社会的ひろがりをみせるにつれ公的発言に対する十分な配慮も必要となってくるが，それらも含まれるだろう。第5原則「秘密を守る」は，**守秘義務**として知られているが，重要な問題であるので別項にて詳述する。第6原則「インフォームド・コンセントを得，相手の自己決定権を尊重する」は，契約関係であるカウンセリング関係はクライエントとの合意を前提としている。つまり合意の前提のためには専門的にここで何が行なわれるかなどが事前に明らかにされていなければならない。これは専門的技量や能力を保持する側がその能力を有するがためにその力の行使にあたってとるべきクライエントを守るための責務であり，これがいわゆる**インフォームド・コンセント**（説明と同意：informed consent）である。第7原則「すべての人々を公平に扱い，社会的な正義と公正と平等の精神を具現する」については，相手の文化的背景，期待，要求，価値観などについての適切なアセスメントとそれに基づく対応が重要となる。また，臨床心理士も人である以上，多少のステレオタイプや偏見をもっていると思われる。それらの改善が必要なのは言うまでもないが，自らの個人的要因に気づき，クライエントへの影響を最小限にする努力を怠ってはならない。

3．臨床心理士の守秘義務

臨床心理士にとって，クライエントの利益を優先し，話された内容について秘密を守るのは当然のことである。ちなみに，英語で守秘義務は"confidentiality"というが，これは，クライエントが寄せている「強い信頼」を意味する。「強い信頼に基づく秘密保持」（金沢，2006）というのが本質的意味である。クライエントは他人に打ち明けることができないような自らの感情や体験を臨床心理士に話す。それは信頼感がなければできないことである。守秘義務違反はそれゆえ強い信頼を裏切る行為となる。ただし，1976年の**タラソフ判決**（具体的な他者への殺意を聞いたにもかかわらず守秘義務により適切な警告等の危険回避のための手段を怠ったとし，クライエントが起こした殺人事件についてカウンセラーの責が問われた）以降，クライエントが自分自身あるいは他者に対して明確かつ切迫した危険を呈している場合には，その危険を避けるために秘密保持の原則は適用されないとする「タラソフ原則」とよばれる警告義務が認識されるようになった。また，スクールカウンセラーの場合などは，担任教

師や養護教諭との連携が必要となるため，守秘義務を固持し何も情報提供しないという頑固な態度では適切な連携をとるうえで支障が生じることもある。そのため，クライエントの了解の範囲で教員等を含むチームとして守秘義務を共有する場合もあり，いかにこういった二律背反的状況に対応するかは，臨床心理士の頭を悩ませる問題である。

第3節 心理学を研究する者としての倫理

　臨床心理士は英語では"clinical psychologist"といい，カウンセリングだけでなく，学会での発表や事例検討会，紀要や学会誌への投稿などの研究もまた臨床心理士の重要な活動の1つであり，研究においても十分な倫理的配慮が必要である。たとえば，研究にあたって所属組織が管轄する**倫理委員会**でのチェックを受けることをはじめ，質問紙作成段階では，その質問項目に不適切な表現がないか十分吟味すること，研究内容が協力者を不当に傷つけたり，不快感を与える内容を含んでいないかの事前検討，協力者へのインフォームド・コンセントを十分行なうこと，必要に応じて適切にフィードバックを行なうこと，事例の学会等での発表にあたって当人の了解をとることなど，研究はあくまでも協力者の無償の善意に基づいて成り立つことを十分わきまえるべきである。こういった配慮は，協力者の人権保護的観点からすれば当然のことであるが，倫理的観点が軽視された心理学研究もなされてきたことは歴史的事実である。これらへの謙虚な反省をふまえ，自由な真理探究の実現のためにこそ研究者は意識を高め，絶えざる倫理的配慮を行なっていかねばならない。

第4節 おわりに

　倫理の問題は明確にこうすべきであるとクリアカットできるものではなく，それぞれの事例の特殊性や関係性も勘案して慎重に決定，適用していくべき問題である。責任ある行為とは押しつけられるものではなく内発的なものである。また，目先の都合や事情に流されるのではなく，理想や真実探求への真摯な姿勢（高次の倫理観）をもち，まずは倫理的原理原則に照らしてその行為の是非を厳密に吟味する態度が重要であろう。倫理的原則やルールは臨床心理士を縛るためにあるのではなく，むしろ自由な能力の行使を保障するためのものであると理解することが肝要である。

【推薦図書】

『事例に学ぶ心理学者のための研究倫理』　安藤寿康・安藤典明（編）　ナカニシヤ出版　2005

『臨床心理学の倫理をまなぶ』　金沢吉展　東京大学出版会　2006

第13章 心理臨床の実践領域

第1節 教育領域の実践

1．スクールカウンセラー
（1）スクールカウンセラーとは

　不登校やいじめ，非行などの学校現場の問題に対応するために，平成7年文部省は**スクールカウンセラー**（以下SCと略記）活用調査研究委託事業を始めた。SCには，臨床心理士等のカウンセリングの専門家が起用され，週1回8時間という勤務で，学校現場で活動している。限られた時間内での活動は多岐にわたるが，現場のニーズは高く，平成13年度からは，全国の公立中学校に配置することになった。一部の小学校，高校にも配置している県もあり，今では，中学校にはSCがいるのがあたり前のようになっている。

（2）スクールカウンセラーの活動

　SCが児童生徒の問題や教職員の対応について状況を聞きながら，児童生徒の心理の理解や対応の工夫についてアドバイスしたり，いっしょに考えることを**コンサルテーション**という。内容としては不登校関係が多いが，友人関係，情緒不安定，発達障害，虐待等が多い。最近は，保護者への対応も話題になることもある。

　児童生徒，保護者など，実際に困っていたり悩んでいる人たちと，その問題について継続的に話しあい，どうしていくかをいっしょに考えるのが**カウンセリング**である。児童生徒の相談内容は，友人関係，いじめ，親子関係，教師との関係，性格などの相談が多い。過呼吸発作やリストカットなどの問題もある。心理テスト，箱庭，描画などを希望する児童生徒もいる。保護者からの相談は，不登校が多いが，いじめ，非行，神経症などとともに，子育てに関する不安や家庭の問題なども話題にのぼる。教職員自身の相談では，人間関係，教員としての適性，家族のことなどについて話しあわれることもある。教職員自身のうつ病も増えているようである。

　教職員に対する研修としては，カウンセリング，発達，児童生徒理解に関する講演形式の研修が多いが，1つの事例を中心に研修を深める事例検討，教職員自身が参加するロールプレイなど，実習形式の研修も実施されている。保護者に対しては，子どもの発達や心理，子育て，親子関係，カウンセリングなどについての講演が多い。

学校の生徒指導部や生徒会などが中心になって，生活意識調査やいじめに関するアンケートなどを実施することがある。また，心身の状態を尋ねるアンケートを実施したり，アンケート結果を基にSCと担任で児童生徒理解を深めることもある。

SCの活動を広く知ってもらうために，教職員向けに，ニュースレターをつくることがある。教職員の仕事への感想やSCからの提言などを書いて，教職員に配り話をする機会をつくったりする。また，相談のない昼休みや放課後に相談室を開放し，児童生徒を自由に出入りさせて，SCと接する機会をつくり，相談に誘導することもある。

（3）スクールカウンセラーと学校

学校には，校長，教頭とよばれる管理職，一般教員の中には，教務主任，生徒指導部長などのまとめ役や養護教諭がいて，教員以外にも事務員，校務員など全員を含めて教職員という。各教職員には教務，生徒指導，研究，財務などの校務分掌とよばれる校内業務の分担がある。最終的な権限と責任を負っているのは校長である。

SCもそのような教職員の一員になるのであるから，学校という組織，地域との関係，児童生徒のようすを理解するように努めなくてはならない。学校の生徒指導の一端を担うために，SCは生徒指導関係の部会に参加できるといい。それが無理なら生徒指導部長や養護教諭，教頭，学年主任などに学校で困っている児童・生徒のことなどを聞くことで学校，教職員集団，児童生徒を見立てておく必要がある。

一般的なカウンセリングでは，場所，時間などを決めてそこに来てもらう。しかし，学校で，SCがずっと相談室で待機しているのは問題であろう。職員室にも机があるので，空き時間には，養護教諭や生徒指導部長，担任，学年主任などと話しをすることにより，情報を集めたり，簡単なコンサルテーションをすることが望ましい。生徒指導の原則は，共通理解，意思統一である。たとえば，1年生は少しくらい茶髪でもいいけど3年生はダメとなると指導ができなくなる。また，他学年の生徒でも，その場で指導することもあるので，ある程度わかっていなければならない。

そのような，学校文化とカウンセリングの守秘義務が摩擦を起こすことがあり，いちばんむずかしいところである。たとえば，相談内容については，担任も本人も了解してくる場合が多いが，生徒，保護者の個人情報がからんだり，担任批判のような場合は，困ることがある。担任も気づいていれば，コンサルテーションのようにできるが，しばらくようすを見ることもある。学校には，校内守秘という枠組みもあるので，ある程度は教職員と情報共有することが望ましいが，すべて話すとクライエントが何でも話せなくなるので，バランスを取る必要がある。記録を要求されれば学校用をつくる。

また，地域，学校により，管理職，生徒指導部長の方針により，SCの活動が変わってくることが多い。その学校のニーズにあわせながら，SCの個性も活かせるような活動を模索していくのがいいだろう。そのためにも，カウンセリングの技術，知識は大前提であるが，学校という場でのカウンセラーの動き方について見識を広めておく必要がある。また，児童精神医学，発達，教育心理学などの知識，社会福祉，司法矯正のシステムや最新情報を理解しておくといいだろう。

　幅広い経験と知識が必要なので，臨床心理士会や教育委員会の研修を通じて，さまざまな知識を得たり仲間たちと討議したり，スーパービジョンを受け，現場の体験を通して学んでいくことが大切になってくる。

2．学生相談室の心理臨床
（1）わが国の学生相談の歴史

　わが国の戦前の教育においては学生対応は厚生・補導の色合いが強く，あくまで取締や監督・監視，思想の善導と取締をおもな目的としていた。現在の学生相談のモデルとなった「学生助育」の理念が導入されたのは戦後アメリカから SPS（Student Personal Services）[1]が紹介されてからである。学生相談の強化を図った人々は，「学生が適応した学生生活を送り，調和のとれた人格を形成することをいかにして指導し，援助しうるか」を目的とした教育的役割としての意味づけを試み，これは今も連綿と学生相談の根底をなす考え方として受け継がれている。学生相談を行なう部署として従来は学生課，厚生課などが中心であったが，学生相談の専門性が認識されるにつれ学生相談室や保健管理センターなどの**学生相談機関**が設置されるようになった。

（2）学生相談機関設置の背景

　1970年代以降，各大学に学生相談機関が相次いで設置され，2003年度に全国規模で行なわれた調査によると，学生相談室の設置率は大学52.3％，短期大学37.5％，高等専門学校67.7％で，全体平均は46.9％であった（大島ら，2004）。1987年に行なった同様の調査での全体平均は42.1％で，この増加の背景には，近年の少子化傾向の一方で，大学進学率増加とともにさまざまな青少年問題が浮上してきたことがあげられる。たとえば不登校や問題行動，さらに対人関係に悩んだ経験をもつ学生が，大学内でも不適応を来たすケース，また，鬱，摂食障害，高次機能発達障害や統合失調症など，対応に医学・心理臨床学的な専門知識を必要とする場合などである。加えて近年は離婚・虐待・DVなど，複雑な家庭背景をもつ学生も多く，解離性障害や人格障害と診断される事例も増えてきている。さらに高校までの進学中心の教育のあり方の弊害として，全般的に対人関係を保つためのコミュニケーション能力が育っておらず，

病理はなくても新しい環境の中で友人がつくれない，対人関係を保てないという傾向がある。結果として，首尾よく卒業にいたっても卒業後就業しない，あるいは就職しても3年以内には離職するという傾向が強まり，若者の就業意欲の低下は非正規雇用の問題とも相まって一種の社会問題と化している。しかし，自主性・自発性が乏しく自分が何をしたいのかもわからない彼らにはなかなか働く実感をもてないのが実情で，文部科学省は小学校からのキャリア教育にようやく力を入れはじめたところである。

(3) わが国の現代の学生相談―目的と理念

学生相談とは大学の中にある学生相談機関で行なわれている大学生に対する心理的相談活動を指す（鶴田，2001）。これまで学生相談機関は，問題のある一部の特別な学生が行くところというイメージが根強くあったが，本来学生相談はすべての学生を対象として，対人関係，学生生活，家庭問題，精神保健，人生観，進路など学生生活の幅広い領域におけるさまざまな悩みに専門的見地から応えることにより，その人間的成長を図るものである。いわば学生が社会に出るための**アイデンティティ**の発達促進支援といえよう。文部科学省（2000）は，学生相談機能を学生の人間形成をうながすものとしてとらえ直し，大学教育の一環として位置づけることを提言している。このように独自の発展を遂げてきたわが国の学生相談の理念は，もともと厚生補導モデルから出発したものが，現在は「厚生補導（学生助育）モデル」「心理臨床モデル」「大学教育モデル」の3つの理念に発展し，それぞれの大学のコミュニティの中に定置されている（齋藤，1999）。

(4) **学生相談活動の実際**

学生相談活動の実際は，次のような活動に分けられる。

①援助活動：おもに心理面接中心の援助活動。情報提供やアドバイスで解決するもの（**ガイダンス**）からカウンセリング（第Ⅱ部第11章第1節参照），症状の悪化や不安から混乱状態に陥ったり，トラブルを起こしたりした時の**危機介入**までその形態はさまざまである。疾患を抱えながら学生が学業を続けられるために医療機関での治療を併行して行なう**療学援助**，障害学生への支援，健康な学生の人格的成長をうながす発達支援などがある。近年注目されているのが発達障害をもった学生の入学率の増加であり，発達障害者支援法（2005）に基づきこれらの学生も教育を受けられるよう教育機関が支援することが求められている。さらにすべての学生の人格的成長をうながすアイデンティティの発達支援は学生相談の根幹をなす活動である。筆者はこの時期に，人生全体を視野にいれた自分の生き方を考える「キャリア支援」を提供することも学生相談の重要な役割の1つと考え

る。
②教育活動：心の健康の増進や精神保健的予防活動として行なわれる講演会やワークショップ，五感を使って実感を養う体験型グループワークなど。
③コミュニティ活動：学生相談の立場から大学全体に働きかける活動。学生の抱える問題や傾向，学生対応について教職員の認知度を上げ，理解を求める重要な活動。
④研究活動：学生生活実態調査や学生対応に関する研究。

(5) 学生相談の専門性

　1989年に臨床心理士資格が設立され，それらをベースにした「大学カウンセラー資格」が2001年に日本学生相談学会によって設立されるなどより専門性の高い学生相談カウンセラーが求められている。学生相談では「診断」よりも「**見立て**」が必要であることを河合（1998）は説いている。学生相談に携わる者は，臨床心理学的知識をベースにした「見立て」ができる専門性と，大学全体を視野に入れた教育的配慮が求められる。また，進学率の増加や少子化の影響によって，大学教育が担うべき役割と期待も時代とともに変化している。学生相談を教育の重要な一翼を担う核として全学的学生支援の展開を行なっている大学もある（立教大学学生相談所，2006）。学生の人格的・能力的成長や発達の促進，心を育てる教育，社会で能力を発揮し自己を実現していけるような学生を育てるために，今後は総合的な学生支援を全学的に行なっていく必要がますます増えていくと思われる。学生相談カウンセラーは時代の変化に敏感であり，臨床心理学・発達心理学的見地から学生の成長を見守ることのできる存在でなければならないだろう。

第2節　福祉領域の実践

1．福祉とは

　一般的に，福祉とは社会のすべての人が幸福で安定した生活を営むためにもたらされるものとされている。つまり個人では解決できないような生活上の問題を解決することを目的とした社会的な取り組みや政策，制度などの総称といえる。日本国憲法第25条にある「すべての国民は健康で文化的な最低限度の生活を営む権利を有する」という考え方が基本になっており，社会的に弱者にある人々に対して，社会との関係を社会制度やサービスを用いて関係調整することで，自立的に生活を築いていけるように支援する機能を担っている。その領域は多岐にわたり，社会福祉，高齢者福祉，障害者福祉，児童福祉などが代表的なものとしてあげられる。

その中の1つである児童福祉では，障害児や母子（父子）家庭の児童，充分な養育環境にいない児童などに代表されるような特別に支援を必要とする児童に対する施策を中心に行なわれてきており，各都道府県および政令指定都市では児童に関するさまざまな相談を受け付ける児童相談所を設置して，児童福祉の大部分を担う働きをしている。以下に児童相談所における臨床活動について紹介する。

2．児童相談所とは

児童相談所は，児童福祉法に基づいて0〜18歳までの子どもに関する相談に応じたり，必要な調査や心理学的，医学的，社会学的，教育学的な判定に基づいて指導を行なったりする行政機関である。子どもが健やかに育つことをサポートする，子どもの権利を守るための機関で，相談を受付け親子関係や社会との関係調整をする児童福祉司と，子ども自身の心理学的判定や治療を行なう児童心理司，一時的に子どもを保護する一時保護所という大きく3つの独立した機能をもつ。

3．おもな相談内容と心理職（児童心理司）の役割

児童相談所の相談は，医療機関のように医師に紹介されてくるものばかりではなく，また心理面接の場面にみられるような相談意欲があって来談するケースばかりでもない。不登校（園）や育児，しつけ，子どもの性格に関する相談（育成相談）をはじめとして，虐待や養育する保護者が不在など養育環境上問題ある場合の相談（養護相談），万引きや家出などの虞犯や触法行為のある子どもにかかわる相談（非行相談），薬物乱用や家庭内暴力など通常の相談形態ではつながりにくいケースや相談に拒否的なケースにもかかわる。そして，多様な相談の中で件数が最も多いのは，発達に問題がある疑いのある子どもについての相談（発達相談）であり，全相談の約5〜6割を占めている。その理由の1つは，児童相談所が発達にハンディキャップをもつ子どもに療育手帳を発行するという行政的役割もあるからであろう。

基本的には相談は無料であり誰でも相談をすることができる。ただ，多岐にわたる相談を無料で受け入れるという入口の広さもあり，児童相談所の相談内容は社会の動きの影響を受けやすい。たとえば，戦後は戦災孤児に衣食住を確保するために大きな役割を担い，また不登校が社会現象として注目され，声高に叫ばれていた時期には不登校児へのさまざまな支援に取り組んできた。また震災などの自然災害発生時にはそのアフターケアに取り組むなど非常に社会の変化に敏感な機関である。近年では，児童虐待が注目され，地域での子育て支援活動も盛んに取り組んでいる。地域によりその取り組みはさまざまであるが，たとえば，親のための子育てグループや親対象のカ

ウンセリングの実施，地域へのコンサルテーションなどがあげられる。

　このように，児童相談所の相談内容・形式は多岐にわたり，相談の受け方も直接会って行なう面接相談から家庭訪問や巡回相談など**アウトリーチ**を行なう場合など，その手法はさまざまである。

　このような相談の中で，児童心理司はおもに次のような役割を担っている。子どもの心理的ケアを目的としたカウンセリングや**プレイセラピー**（箱庭を用いる場合もある）を行なうこと，そして子どもおよびその家族の心理学的な見立てを行なうことである。心理検査や行動観察，面接を通して，子どもの特徴をとらえ，問題となる側面を指摘し，そしてどうすればその問題が子どもにとってよい方向に向いていくように援助できるのか心理学的視点から意見をもつのである。児童相談所では，おもに児童心理司と児童福祉司がペアを組み1人の子どもを援助する。必要に応じて精神科および小児科の医師，一時保護した場合には保育士や児童指導員など多くの職種の職員の意見を聞きながら協議をし，ときには他職種といっしょに行動するなど多様なアプローチを通じて子どもをサポートする方法を検討する。場合によっては施設への入所を決定するなど子どもの人生を大きく変えるような決定をすることもある。児童相談所は子どもが施設に入所するための措置権という権限をもっており，基本的には親の同意を得て行なわれるが，養育者が不在の場合や，虐待が認められており，家庭で生活することが子どもにとって適切ではないと判断される場合にも施設に入所する決定がなされるのである。

　また，児童相談所は関係機関も非常に多く，幼稚園や保育所，学校などの教育現場，病院，警察や家庭裁判所，施設，弁護士，大学など多くの子どもを取り巻く関係機関と必要に応じて連携をとりながら仕事をしている。当然，児童心理司も必要に応じて地域にコンサルテーションを行なったり，意見交換をしたりすることも大切な役割の1つである。多くの他機関とつながり，さまざまな職種の人の接点も多い児童相談所での児童心理司の業務では心理臨床を深めていく上でも視野を広げることができ，また面接室の外に一歩踏み出して心理臨床を行なう醍醐味も体験できるのである。

第3節　医療・保健領域の実践

1．精神科医療における心理臨床

（1）はじめに

　「精神科における心理臨床というのは，臨床心理学の理論と技術を身につけた心理

臨床家が，患者を心理学の立場から測定，分析，観察したり，それに基づいて指導，カウンセリング，心理療法などの心理学的処置を行なっていくことである」。前田（1981）によるこの定義は，今も基本的には変わらない。ここでは，初学者のために，この定義に含まれる事項について解説し，さらに時代の変化を経て今心理臨床家に求められるものについても一言触れておきたい。

（2）精神科医療の場と人について

心理臨床家が働く**精神科医療の場**は，主として次の3領域である。

①総合病院の精神科（神経科を含む場合もある）
②単科精神病院（老人保健施設やデイケアセンターを併設する病院が多い）
③開業精神科（心療内科）クリニック

①の総合病院や②の単科精神病院では，外来での心理臨床のみならず，病棟内で入院患者とかかわることも多い。

精神科医療の場では，精神科医，看護師，受付係を基本に，心理臨床家・精神科ソーシャルワーカー・作業療法士といった職種の人たちが働いている。先に述べた①・②・③の機関が，精神科医療の主たる場であるとはいえ，精神科医療は従来，保健・福祉との緊密な連携を常としている。さらに昨今は「子ども」をめぐるさまざまな問題への対応から，教育領域とのかかわりも欠かせない。言い換えれば心理臨床家はどの領域にあろうとも，広く自分が担当する領域以外についての関心と人的ネットワークを欠いては十分な仕事ができないというのが現状である。

（3）精神科医療で出会う人たち

精神科医療を求めて関係機関を受診する人たちの内訳は，多岐にわたっている。

発達の遅れやかたよりが疑われる幼児，登校困難・身体症状の頻発などを抱える小学生，さらに思春期青年期になると強迫症状・摂食障害・手首自傷・ひきこもりなど複数の問題の重なるケースもまれではない。「うつ気分」や身体の不調を訴えて受診するサラリーマンも増えている。青年期の不登校の中には精神病の発症が疑われるケースもときに混じっている。神経科が併設されている場合は，アルツハイマーなどの認知症の疑われる中高年者も受診する。

こうした「患者」のみならず，治療においてはそれぞれの「家族」も切り離すことができない。家族のあり方が症状発生に関与している場合が少なくないからである。このように精神科医療では，幼児から高齢者まで幅広い年齢層の人たちとの出会いを経験する。そこでは本人の抱える問題のみならず，家族（関係）・発達・ライフイベント・ときには地域文化まで視野を広げながらの問題の理解や把握が求められる。

第Ⅱ部　臨床心理学

（4）心理臨床家の仕事

　心理臨床家の主たる役割は，冒頭の前田（1981）の定義に示されるように，「患者を心理学の立場から測定，分析，観察する」心理査定（アセスメント）と「それに基づいて指導，カウンセリング，心理療法などの」心理的援助である。

　精神科医療での心理査定は，主治医である精神科医から，心理査定の目的を付して依頼されることが多い。すでに初回の診察をすませて，主訴，病歴，家族構成などの聞き取りがなされ，主治医から心理査定へのオリエンテーションがなされていても，いざ査定の場面に入ると強い抵抗が示されることも少なくはない。臨床の現場は，教科書には出てこなかったハプニングにあふれ，臨機応変な対処術が求められるところといえよう。心理検査は，心理査定実施のための重要な資料を提供する。数ある心理検査のすべてに通暁することは無理であろうが，自分が用いる主要な検査については，自らが被検者となって「検査を受ける側」の心理的身体的負荷を体験しておく必要がある。特に，投影法検査（第10章参照）は，受検者理解に資する深い情報を提供する反面，受検者を揺さぶり侵襲的な作用をおよぼす場合もあるので，慎重な選択と実施が求められる。

　一方，心理的援助は，先述した心理査定の結果を含めた主治医の総合的判断により打ち出される治療方針（薬物療法，精神（心理）療法，環境調整，生活指導など）の中に位置づけられる。1人の患者に医師と心理臨床家が，それぞれ薬物療法と心理療法を分担してあたることもあれば，患者への対応は医師が，家族への対応は心理が引き受けるという場合もある。さらに多くの医療従事者が同時にかかわるケースでは，定期的なミーティングによる情報交換や治療の進展に関する話しあいも欠かせない。

　心理療法の実施にあたっては，自分に合った理論と技術に習熟し，実践し，スーパーバイザーによるケース指導を並行しながら，身についたものに育てる努力が必要である。

2．心身医療における心理臨床
（1）心身医療における心理臨床の範囲

　心身医療における心理臨床の仕事の範囲としては，狭義には心身症を抱える**患者**に対する心理援助と，広義には心身医学の立場からの**コンサルテーション・リエゾン**としての心理援助をあげることができる。ちなみに，「コンサルテーション」は，他の専門家の相談にのることであり，「リエゾン」は連携や連絡を意味する。つまり，他の診療科に出向いていって，そこの専門家（スタッフ）と連携をとりながら問題の解決にあたることを指す。

通常，心理臨床の仕事には，カウンセリングや心理療法による心理援助および，心理検査などのアセスメントの業務が含まれる。

（2）心身症患者に対する心理援助の実際
①心身医療で出会う患者とは
　心身症は，「身体疾患の中でその発症や経過に心理社会的因子が密接に関与し，器質的ないし機能的障害が認められる病態をいう。ただし神経症やうつ病など他の精神障害に伴う身体症状は除外する」（日本心身医学会教育研修委員会，1991）とされている。つまり，いわゆるストレスに関連して発症した疾患やその病状がストレスによって増悪する場合，心身症とよばれる。心身相関の観点からみると心理的要因は身体症状に強く影響するものであり，ほとんどの身体疾患は心身症の範疇に入るともいえるが，具体的に内科領域でしばしばみられる疾患については，第Ⅱ部第7章の表2－7－1を参照されたい。
　むろん，いくらストレスが関与していたとしても，一般的な治療で改善すれば心身医療の対象となることは少なく，実際に心身医療の対象となるのは，一般的な治療でなかなか改善しない場合であることが多い。つまり，通常の治療で改善しないことから，「心因性である」とか，あるいは「ストレスによるもの」との可能性が指摘され，心療内科をはじめとした心身医療の専門科目にコンサルトされる。
②治療経過に配慮する
　さて，心理援助に携わる者として最も大事なことは，出会うまでの経過の中で「心因性」あるいは「ストレスによる」と「診断」されたことについて患者自身がどのように受け止めているか，ということに配慮することである。
　患者によっては，「なるほど仕事が忙しかったから」などと納得して，新たな治療に意欲的にのぞむことができる場合もあるが，「心因性」といわれたことに対して，「病気として扱ってもらえなかった」とか，あるいは「自分（の性格など）に問題がある」といわれたように受け止めてしまう場合も少なくない。そのような場合に，心理援助の担当者が「カウンセリングを始めましょう」といっても，患者側の動機づけは高まらず，適切な援助関係を構築できるはずもないであろう。
　患者が自分の症状に関して，それまでの主治医も含めて周囲の者からどのような説明を受け，それに対してどのように感じたのか，また，それらの人々との間がどのような関係性にあったのかなど，発症してからこれまでのプロセスに関する情報を患者の視点や立場にそった形で収集し，患者やその家族の立場を承認する姿勢をとらなければならないであろう（坂本，2005）。
　つまり，しぶしぶ受診している患者に対しては，まずは気のりしなかったというプ

ロセスを振り返って理解することや，しぶしぶながらも受診したことを肯定的に評価するなど，患者のおかれた立場を認める姿勢が必要である。このように**援助者との関係性**により，援助者の働きかけも変えていく必要がある。

　患者や家族の立場が十分に認められ，心理援助の目的が援助者との間に共有されることが必要である。その過程により，援助関係が構築され，効果的な援助へとつながっていくものと考えられる。

(3) コンサルテーション・リエゾンとしての心理援助

　総合病院で心身医療に携わる場合には，他の診療科からの依頼にて心理援助を行なう場合も少なくない。それらは，たとえば，患者が慢性疾患や生死にかかわるような重篤な疾患を抱えており，治療そのものに大きなストレスを伴うことから援助の必要性が認められる場合や，病棟で患者－スタッフ間に何らかの問題が生じており，医師や看護師からの要請がある場合などさまざまな場面が考えられる。

①身体疾患の治療そのものにストレスを伴う場合

　たとえば，悪性腫瘍を抱えた患者などは，不安や抑うつを伴いやすく，それらの心理的要因が，痛みを始めとした身体症状に影響することが知られている（Melzack & Wall, 1982）。同時に，家族も不安を抱えやすく，医師や看護スタッフとの間に立場の違いからさまざまなコミュニケーションの行き違いが生じることもある。

　心理援助者は，患者本人の心理状態を把握するだけでなく，スタッフとの関係，家族との関係，スタッフと家族の関係，またそれらがどのように本人の状態に影響しているかなどについても視野を広げる必要があるだろう（坂本，1995）。

　筆者は，総合病院の心身医療の現場において，さまざまな疾患を抱える患者に対する心理援助に携わった。たとえば，骨髄移植の患者は，移植の前後数週間にわたり免疫抑制のために無菌室管理となる。骨髄移植は日進月歩の治療であるとはいえ，いまだ完璧な治癒率には道のりが遠い。死を意識する患者の心理状態は日々揺れ動くものであり，無菌室での孤独感はそれを助長する。筆者は定期的に無菌室を訪問してカウンセリングを行なっていたが，そのような状況におかれた患者に対する心理援助の役割は大きいものと思われる。

　その他医療現場では，たとえばHIV感染者への心理援助を経験することもある。近年は発症率，死亡率がともに減少しつつあるとはいえ，感染者は年々増加しており，社会的な偏見やインパクトもきわめて大きいため，感染者本人を襲う心理的ショックと誰にもいえないことからくる孤独感は測り知れないものがある。よって，ここでも心理的援助は身体的治療と補完的に行なわれるべきであろう（野口・小島，1993）。

これらはほんの一例であるが，いずれにしろ医療機関では，言うまでもなく心理援助だけが単独で成り立つわけではなく，医師，看護師，その他専門家とチームを組み，それぞれの役割を活かしながら援助していく必要がある（金沢，1995）。
②患者（あるいは家族）－スタッフ間の関係に問題が生じている場合
　どこの診療科の病棟でも，患者やその家族の不安が強く，いくら説明しても治療について納得してもらえないとか，いくら処置をしても訴えがおさまらず対応が困難である，あるいはくり返し患者教育を行なっているにもかかわらず，食事や行動範囲，服薬などの約束事が守られない，などの問題が生じることが少なくない。
　また，それらの場合には患者（あるいはその家族）と医療スタッフが対立関係になってしまっていることもある。患者側にしてみれば，「自分の苦しみをわかってくれない」とか「つらいときにすぐに対応してもらえない」などと不満を抱えている場合もあるし，医療スタッフのほうからは「患者に治療意欲がみられない」などとみられているかもしれない。
　援助者は，まずは誰がどのように困っており，どのようなプロセスを経て心理援助を要請されたのかについて把握しなければならない。また，それぞれがどのようなニーズをもっており，現在の状況でどのようにそのニーズを満たすことができるのかについて検討する必要がある。
　患者や家族も含め，複数の人が治療にかかわっている場合には，「誰に問題があるのか」とか，「何が悪かったのか」というところに焦点を当てすぎるとますます対立関係が悪化する場合もある。「原因」よりも「ニーズ」，「目標」，「目的」などに焦点を当てることができると，治療に向けてともに協力しあう関係を立て直すきっかけとすることができる場合が多い。それぞれの専門家がそれぞれの能力を発揮できるような橋渡しの役割としても，心理援助の専門家の役割は大きいと考えられる。
（4）おわりに
　心身医療の現場では，さまざま過程を経た患者への心理援助を行なうことになるが，そこではすべての患者が自ら治療を望んでいるとも限らない。援助者は，そこでただ「動機づけの低い患者」とレッテルを貼るのではなく，どのような文脈によって「治療意欲を表明できない」のかについて理解する視点をもつ必要がある。
　ここで記述しなかった心理アセスメントに関しても，同様の配慮が必要であり，誰がどのような必要性によって行なうのか，またデータは，誰によってどのように用いられ，誰がどのように患者にフィードバックするのかについて把握しておく必要があるだろう。
　心身医療における心理援助は，通常の身体的治療だけでは扱いきれない多くの問題

を扱うことになり，人間関係の要因を切り離して考えることはできない。よって，心理援助の専門家は，患者や家族を取り巻く人間関係，また，医療スタッフとの関係性，さらには，医療スタッフどうしの関係性にも配慮することで，それぞれの役割が効果的に機能できるよう，支援していく必要がある。患者や家族をも含めたよりよい「チーム」が形成されることが，質の高い医療サービスにつながるものと考えられる。

第4節　司法・矯正・警察領域の実践

1．はじめに

　新聞や雑誌で犯罪者の「更生」が「更正」と誤記されていたり，「保護観察」が「保護監察」と誤記されていたりする。「婦女暴行」という法律上は存在しない罪名が用いられることもある。少年事件を報道するテレビのレポーターが，少年院と少年鑑別所を混同していることもある。おそらく一般の人たちは，こうしたことばの意味や法制度を的確に理解していないのであろう。本書の読者にとっても，犯罪や非行にかかわる心理臨床はなじみの薄い分野であろうと思われる。したがってここでは，ごく基本的なことを簡略に述べることとしたい。

2．警察における心理臨床

　警察領域で働く心理臨床実務者の多くは，非行少年にかかわる仕事をしている。少年法によれば，罪を犯した14歳以上20歳未満の少年を「**犯罪少年**」，刑罰法令に触れる行為をした14歳未満の少年を「**触法少年**」，将来において罪を犯しまたは刑罰法令に触れる行為をする虞（おそれ）のある少年を「**虞犯（ぐはん）少年**」とよび，それらをまとめて「**非行少年**」とよんでいる。

　警察の仕事といえば，そうした非行少年を検挙・補導することであると思われるだろう。それはもちろんであるが，警察はまた，家出少年や犯罪被害にあった少年など，保護や支援を必要とするさまざまな少年およびその家族らともかかわり，相談，助言，あるいは継続的な指導などを行なっている。そうした活動は「**少年警察活動**」とよばれている。少年警察活動規則によれば，少年警察活動は，少年の心理に関する深い理解を踏まえ，少年の性行および環境を深く洞察し，秘密の保持に留意しつつ，最も適切な処遇を講ずることと規定されている。こうした警察の活動は，単なる取締りというよりも，優れて心理臨床的な実践活動でもある。活動の一環として，児童相談所や学校，あるいはその他の関係機関とも連携しつつ少年を指導することも多い。

そうした観点からみれば，この種の警察活動はソーシャルワークであるともいえる。こうした活動をおもに担っているのは，**少年サポートセンター**（全国に約190か所）に勤務する**少年補導職員**（約1,100人）たちである。

なお，各都道府県警察本部には科学捜査研究所が置かれ，ここでも心理専門職たちが犯人像の推定（**プロファイリング**）や**ポリグラフ検査**（いわゆるうそ発見器）などを通して，警察の捜査活動を支えている。

3．裁判における心理臨床

警察に検挙された非行少年は，**家庭裁判所**（以下，「家裁」と略記）に送致される。それを受けて，**家裁調査官**（少年部）が，少年本人のほか保護者や関係者らを調査する。1つひとつの少年事件の背後には，本人の資質的な問題だけでなく，家庭環境や交友関係など，さまざまな要因が複合している。そうしたことを踏まえ，家裁調査官は，心理学その他の専門的知識を活用して，非行少年らの調査を行ない，その結果を踏まえて非行少年の最終的な処分が決定される。家裁調査官はまた，試験的な観察期間を設けて，非行少年を個別的に指導することもある。こうした調査や指導は，少年司法における心理臨床の実践であるといえる。

家裁の家事部にも調査官が配置されている。家事部の調査官は，心理学等の知見と技術を活用しつつ，離婚や親権をめぐる紛争など，家庭内のさまざまなもめごとの解決を支援する。これもまた，司法における心理臨床の実践といえよう。

なお，司法における心理臨床というと，刑事裁判における犯罪者の**精神鑑定**が連想されるだろう。しかし実際には，精神鑑定は裁判以前の段階（起訴前）に行なわれるものが多く，熟達した精神科医師によってなされることがほとんどであり，心理臨床の実務者の役割は補助的である。

4．矯正における心理臨床

わが国には，非行少年らを収容する施設として，少年鑑別所が51庁，少年院が51庁設置されている。犯罪者や刑事被告人らを収容する施設として，刑務所60庁，拘置所7庁がある。これらを総称して「**矯正施設**」とよび，すべて法務省矯正局の所管である。

少年鑑別所には，心理学その他の専門的知識に基づいて少年の資質の鑑別を行なう専門職（心理技官）が配置され，面接や行動観察のほか，各種の心理検査などを活用しつつ，非行少年の資質の鑑別および処遇方針の策定にあたっている。

少年院は，家庭裁判所から保護処分として送致された非行少年らを収容し，これに

矯正教育を授ける。非行少年の年齢や犯罪的傾向，心身の疾患や障害の有無などに応じて，初等・中等・特別・医療の4種類の少年院が設置されている。生活指導，進路指導，職業能力開発，教科の補習教育，特殊教育，レクリエーションなどのほか，必要な医療的処置や心理療法的支援が，1人ひとりの少年の特性や問題性に応じて実施されている。こうした働きかけは矯正教育とよばれ，指導を行なう専門職員は**法務教官**と称されている。矯正教育は，通常の学校教育とは異なり，非行少年1人ひとりを対象とした教育的かつ心理臨床的な実践であるといえる。法務教官は，全国の少年院に約2,200人配置されているほか，少年鑑別所にも約800人配置されている。

なお，成人を収容する矯正施設（刑務所や拘置所）にも心理技官や法務教官の配置が進みつつあり，受刑者らの分類調査や矯正処遇にかかわっている。

5．更生保護における心理臨床

法務省保護局は，全国50庁の**保護観察所**を所管している。ここで働く**保護観察官**たちは，矯正施設から社会に復帰した犯罪者や非行少年たち，あるいは保護観察となった非行少年や執行猶予者たちの立ち直りを支援しており，それらは「更生保護」とよばれている。また，医療観察制度に基づき，**社会復帰調整官**たちが，心神喪失等の状態で重大な他害行為を行なった精神障害者たちの社会復帰を支援するためのさまざまな心理臨床的処遇を行なっている。

第5節 産業領域の実践

1．産業カウンセリングと産業メンタルヘルスの背景

現在の医療や教育を背景とした心理臨床の流れとは別に，日本では労働者の心身の健康を守るための活動がなされてきた。ずいぶん前のことになるが，地方から若い年齢で都市部の工場などに出稼ぎにきた若年労働者は，アイデンティティの問題や人間関係，適応の問題などといった心理的な課題に直面していた。そこで，企業の人事・労務担当者，あるいは経営者に心理学やカウンセリングの知識を教育し，労働者の心身の健康維持・増進のためにカウンセリングを行なってきた活動がある。こういった活動は当時の労働省が所轄しており，医療を担当していた厚生省や学校臨床を担当していた文部省とは異なった背景をもつカウンセリング活動であった。この流れが現在の「**産業カウンセラー**」の資格制度につながっている。

産業社会や労働状況，労働行政が大きく変化していく中で，心身の健康管理のコンテクストも変化していった。公害問題が取り上げられる時期があり，また定年延長の

ために中高年の健康管理が課題となった時代もあった。バブル期以降は，働きすぎによる過労死やストレス感，うつ状態の増加が取り上げられるようになってきた。事実，働く人が心療内科系の疾患や気分障害，不安障害，適応障害で休むことも多くなり，これらは企業にとってみれば労働力の損失につながるのである。また，これらの問題を個人の問題だけに限定するのではなく，それらの予防やケアに企業が関与することが**労働安全衛生法**によって義務づけられている。

現在，企業のメンタルヘルスに関しては，厚生労働省の指針に基づいて，次の「4つのケア」が実践されている。

① セルフケア：労働者が自らの心身の健康の保持増進のために行なう活動をいう。このようなケアの実践には，労働者に必要なメンタルヘルスの知識を提供する必要があり，メンタルヘルスの教育研修が必要である。

② ラインによるケア：上司が部下のメンタルヘルスに耳を傾ける活動をいう。ここでも，管理職者はメンタルヘルスに関する知識を身につけておく必要があり，教育研修が必要である。

③ 事業所内の産業保健スタッフによるケア：社内の産業医，保健師，カウンセラーなどによるケアである。

④ 事業所外の専門機関によるケア：外部の病院や相談機関でのケアである。

日本の企業ではこのような取り組みが労働安全衛生活動の中で行なわれている。上記にみてきたように，4つのケアの中でも「心身の健康の保持・増進」，すなわちメンタルヘルスについては労働者や管理者に知識を教育していく必要がある。産業でいう「メンタルヘルス活動」とは，多くの場合，このような教育研修活動をいう。そして，その必要がある場合に，社内，あるいは社外でカウンセリング（心理療法）を行なうことがある。このような心理療法を「産業カウンセリング」という。

2．産業カウンセリングの実践

筆者は企業内でのカウンセリングと外部病院での心理療法は大きく異なることはないとしながらも，産業カウンセリングの特徴を次のように紹介している。まず，産業カウンセリングでは，クライエントは成人である。したがって，プレイセラピーなど児童臨床で用いるセラピーの方法は産業カウンセリングでは用いられない。次に，クライエントは企業に採用され，企業の中で仕事をしている人であるから，多くは比較的健康なパーソナリティを有している。さらに，産業カウンセリングは産業保健活動の一環であり，産業保健スタッフとのチームワークが必要である。たとえば，会社の中にカウンセラーが1人でカウンセリングルームを作っても，なかなかクライエント

は来ないだろう。産業カウンセリングの来談経路のほとんどは職場を巡視している保健師，あるいは定期健康診断時の所見により産業衛生スタッフから紹介されてくる。また，池見ら（1992）は，産業カウンセリングと管理職のメンタルヘルス教育の関連性が重要であると考察しているが，管理職が実際のカウンセラーとメンタルヘルス研修で顔なじみになることで，来談意欲が高まったり，部下と一緒に相談に来たり，あるいは部下との関係について相談に来ることがある。また，クライエントの要請があれば，カウンセラーが上司の来談を要請し，職場でのあり方について上司と相談することもある。企業内の産業カウンセリングではクライエントが料金を払っているわけではないこともあって，企業全体，あるいは職場全体のメンタルヘルス向上が大きな目標なのである。

第6節 私設心理相談領域の実際

　日本臨床心理士会において，開業に関する基準などを考える部会が発足され，第一期の委員に選出された。委員の役割として，当時開業をしていた臨床心理士からアンケートを取り，それらの意見を整理し議論を重ねたのである。その後，委員のメンバーも変わり，議論もかなり進んだようで，現在では「開業」という名称を「**私設心理相談**」に改名し，研修会も積極的に行なわれるようになった。私設心理相談の研修会には多くの心理士が集まっていると聞く。今後，臨床心理士の資格を取得した人たちが私設心理相談領域に多く参入してくることと思われる。

　過去20年間，社会状況が急激に変化する中で，「心の専門家」としての臨床心理士が社会的に認知され，臨床心理士が活躍する場が多種多様になった。その中でも私設心理相談の実践は，他領域の臨床と異なる面が多々ある。筆者は20年間，個人開業の場でカウンセリングを行なってきた。現在は大学に席を置いているが，長年の心理臨床の経験から，私設心理相談の仕事の内容，**インテーク面接**の重要性，相談室を成り立たすための意識性の3点について述べる。

　私設心理相談では，自らのオフィス（面接室）をもち，臨床実践と経営という，まったく異なった2つのリアリティを同時に生きなければならない。臨床実践では，面接室でのカウンセリングが中心であり，相談内容も不登校から統合失調症といったさまざまな問題を抱えて来談してくる**クライエント**が対象になる。特に，人格障害の難事例に多くかかわらざるを得ないのが私設心理相談の特徴である。その意味では精神科の医師とのネットワークは欠かせない。これら多種多様なクライエントと難事例に対応する臨床力が必要になる。また経営と臨床とはまったく異なるセンスが要求さ

れるので，新たに学習せねばならないことが多い。専門家である税理士に相談する必要もでてくる。

　私設心理相談を成り立たせるにはコツがあるように思われる。それは「インテーク面接を制する」と考えればよい。言い換えれば，見立て（**心理アセスメント**）が的確にできるか否かにかかっている。筆者は，クライエントから予約の電話が入れば，心理問診レポートと身体問診レポートを送付している。面接日にそれらの問診レポートを持参してもらう。インテーク面接では，まず2種類の問診レポートに目を通し，クライエントの主訴を中心に筆者の長年の経験によって蓄積された「臨床地図」にあてはめる作業を行なう。その後に，インテーク面接を始めるのである。「2つのレポートに書かれていることは理解しました。今日は初回面接で，あなたの問題について聴くことが中心になります。話せる範囲で話してください。話したくないことは語らないようにしてください。面接の終わりには，話された内容のまとめをして，今後どのようにすればよいのかの方向づけをいたします。また，持参されたレポート2通，私がまとめたメモ書き1通をコピーしてお渡しします。始めてもよいでしょうか」と，初回面接の目的を伝えている。メモ書きをする用紙は「初回面接のまとめ」に記入している。

　インテーク面接での見立てのポイントとして，①心身問診レポートと面接からみる心身の状態，②家族にまつわる成員，力動，病理，世代伝播など，③成長プロセス，発達段階における問題点，0～3歳，3～10歳，10～18歳の軸に分け問題点を聴き，七情（東洋医学の内因という概念）とのつながりをみる，④まとめと方向づけ，の4つの点に重心をおいている。インテーク面接のまとめは重要である。クライエントが来談した動機，主訴，理解してもらいたいことを理解し，今後どのようなことが問題になり，それを解決するにはどうすればよいかなど，クライエントがセラピストの見立てに対して腑に落ちたとき，カウンセリングが継続されるのである。私設心理相談での料金は，1回50分，8,000円から15,000円ぐらいが多い。それゆえ，クライエントからいただく料金分だけカウンセリングの内容で返していかなければ続かない。私設心理相談はシビアな領域である。

　私設心理相談は，「一国一城の主」であるがゆえに自由さがある。しかし，その「自由」の奥には，何も守られていないという「不安定」さがあるのも事実である。相談室の形態は個人経営とグループ経営があり，個人経営に比べればグループ経営のほうが安心感は高いようである。それは，問題発生がしたとき仲間によって支えられる利点があるようだ。

　個人経営では，経営安定と健康管理を行なわなければならない。まず，経営安定だ

が,「時間給労働者としての自覚」の中で,「心理職人(プロ)」としての意識と臨床力,臨床の研究と工夫が必要となる。その意味では,組織に雇われている心理士に比べれば,すべての面において,時間を惜しまず働かなければ成り立たない。これは医師の開業と同じである。そして,「自分の名前で生きていく自覚」が必要となる。私設心理相談が成り立つには,多くの人に名前を知ってもらわなければならない。そのためには日々の臨床量と研修会での学習,事例の発表と論文の執筆,自分の専門と独自性の開発,臨床仲間と医師とのネットワーク,一般の人に対する講演やワークショップ活動などアイデアが必要になる。

　次に健康管理でだが,カウンセリングというクライエントの内的世界(影)にかかわるがゆえに,セラピスト自らの心理的な面を気をつけなければならない。その方法としては,自らの心理面に関しては教育分析を受け,ケースに関しては**ケース・スーパービィジョン**を受けることをお勧めする。またさまざまな研究会に参加して,仲間たちとのネットワークの中で,お互いを啓発し支え合う場がなければ,私設心理相談の実践は成り立たない。そのようなネットワークを通して,「心理職人」としての臨床への探求と工夫があってこそ成り立つ領域である。

注)
1) 1951年にアメリカ教育審議会(ACE)内に「アメリカのSPSを日本の大学に紹介するための委員会」がつくられ,ウィリアムソン(Williamson, E. G,ロイド(Lloyd, W. P博士らを団長とした5人の専門学者が日本に派遣された。彼らによって日本の旧帝大で「厚生補導研究会」が開かれ,1953年東京大学に学生相談所が設立されたのを皮切りに,全国の大学に学生相談室が開設されていった。

【推薦図書】
第1節
『スクールカウンセラーの仕事』　伊藤美奈子　岩波書店　2002
『学校臨床心理学・入門―スクールカウンセラーによる実践の知恵―』　伊藤美奈子・平野直己(編著)　有斐閣　2003
『学校カウンセリング入門(改訂版)』　友久久雄(編著)　ミネルヴァ書房　2005
『学生のための心理相談』　鶴田和美　培風館　2001
『大学生がカウンセリングを求めるとき―こころのキャンパスガイド―』　小林哲郎・高石恭子・杉原保史(編著)　ミネルヴァ書房　2000
『学生相談と心理臨床』　河合隼雄・藤原勝紀(責任編集)　金子書房　1998
第2節
『児童相談所で出会った子どもたち』　山縣文治(監修)　ミネルヴァ書房　1998
『児童虐待と児童相談所―介入的ケースワークと心のケア―』　岡田隆介(編)　金剛出版　2001

『子どもの心百科』東山紘久（編）　太洋社　2002
第3節
『医療心理学入門』　金沢吉展　誠信書房　1995
『医療におけるブリーフセラピー』　宮田敬一（編）　金剛出版　1999
第4節
『犯罪・非行の心理学』　藤岡淳子（編）　有斐閣　2007
『犯罪に挑む心理学』　笠井達夫・桐生正幸・水田恵三（編）　北大路書房　2002
第5節
『実践入門産業カウンセリング』　楡木満生（編著）　川島書店　2003
第6節
『開業心理臨床』　乾　吉佑・飯長喜一郎・篠木　満（編）　星和書店　1990
『カウンセラーの仕事』　三木善彦・黒木賢一（編）　朱鷺書房　1995

●引用・参考文献●

第Ⅰ部　心理学

●1　心の働き
第1章
Watson, J. B.　1913　Psychology as the behaviorist views it. *Psychological Review*, **20**, 158-177.

第2章
新井康允　1997　入門ビジュアルサイエンス　脳のしくみ　日本実業出版社
岩田　誠（監修）　1998　図解雑学　脳のしくみ　ナツメ社
越野好文・志野靖史　2004　好きになる精神医学—こころの病気と治療の新しい理解—　講談社サイエンティフィック
黒谷　亨　2002　絵でわかる脳のはたらき　講談社サイエンティフィック
渡辺雅幸　2004　こころの病に効く薬—脳と心をつなぐメカニズム入門—　星和書店

第3章
Piaget, J., & Inhelder, B.　1956　*The child's conception of space*. London : Routledge & Kegan Paul.
Portmann, A.　1951　*Biologische fragmente zu einer lehre vom menschen*. Basel : Verlag Benno Schwabe & Co.　高木正孝（訳）　1961　人間はどこまで動物か—新しい人間像のために—　岩波書店
矢野喜夫・落合正行　1991　発達心理学への招待—人間発達の全体像をさぐる—　サイエンス社

第4章
Julesz, B.　1971　*Foundations of cyclopean perception*. Chicago : University of Chicago Press.
松田隆夫　2000　知覚心理学の基礎　培風館
Rubin, E.　1921　*Visuell wahrgenommene Figuren*. Gyldendalske.
梅本堯夫・大山　正　1992　心理学への招待—こころの科学を知る—サイエンス社
Wald, G.　1945　Human vision and the spectrum. *Science*, **101**, 653-658.
八木昭宏　1997　知覚と認知　培風館

第5章
Bandura, A.　1965　Influence of models' reinforcement contingencies on the acquisition of imitative responses. *Journal of Personality and Social Psychology*, **1**, 589-595.
Garcia, J., & Coelling, R.A.　1966　Reaction to cue to consequence in avoidance learning. *Psychonomic Science*, **4**, 123-124.

第6章
Baddeley, A. D.　1986　*Working memory*. Oxford University Press.
Collins, A. M., & Quillian, M. R.　1969　Retrieval time from semantic memory. *Journal of Verbal Learning and Verbal Behavior*, **8**, 240-247.
Newell, A., & Simon, H. A.　1972　*Human problem solving*. Englewood Cliffs, NJ : Prentice-Hall.
Sperling, G.　1960　The information available in brief presentations. *Psychological Monographs*, **74**（498）.
Tulving, E.　1972　Episodic and semantic memory. In E. Tulving & W. Donaldson（Eds.）, *Organization of memory*. Academic Press.
Tversky, A., & Kahneman, D.　1983　Extensional vs intuitive reasoning : The conjunction fallacy in probabilistic judgment. *Psychological Review*, **90**, 293-315.

第7章
Atkinson, R. L., Atkinson, R. C., Smith, E. E., Bem, D. J., Nolen-Hoeksema, S., & Daryl, J. B. 1999 *Hilgard's introduction to psychology*. 13th ed. Harcourt College Publishers.　内田一成（訳）　2002　ヒルガードの心理学　ブレーン出版

引用・参考文献

馬場口登・山田誠二　1999　人工知能の基礎　情報系教科書シリーズ15　昭晃堂
今田　寛・賀集寛・宮田　洋（編）　2003　心理学の基礎　3訂版　培風館
市川伸一・伊東裕司（編）　1996　認知心理学を知る　第3版　ブレーン出版
松本裕治・今井邦彦・田窪行則・橋田浩一・郡司隆男　1997　言語の科学入門　岩波講座言語の科学　1巻　岩波書店
Murphy, G. L., & Medin, D. L.　1985　The role of theories in conceptual coherence. *Psychological Review*, **92**, 289-316.
Rosch, E., & Mervis, C. B.　1975　Family resemblances : Studies in the internal structure of categories. *Cognitive Psychology*, **7**, 573-605.

● 2　心と社会
第8章
Bertalanffy, L. von　1968　*General system theory : foundations, development, applications.* New York : George Braziller.　長野　敬・太田邦昌（訳）　1973　一般システム理論—その基礎・発展・応用—　みすず書房
Cannon, W. B.　1953　*Bodily changes in pain, hunger, fear, and rage.* 2 nd ed. Boston : Charles T. Branford Co.
Darwin, C.　1872　*The expression of the emotions in man and animals.* London : John Murray.　浜中浜太郎（訳）　1991　人及び動物の表情について　岩波書店
Eibl-Eibesfeldt, I.　1984　*Die Biologie des menschlichen Verhaltens : Grundriβ der Humanethologie.* Piper Verlag.　日高敏隆（監修）　桃木暁子ほか（訳）　2001　ヒューマン・エソロジー—人間行動の生物学—　ミネルヴァ書房
Ekman, P.　1972　*Emotion in the human face.* 2 nd ed. Cambridge : Cambridge University Press.
Ekman, P., & Friesen, W. V.　1975　*Unmasking the face.* Englewood Cliffs, NJ : Prentice-Hall.　工藤　力（訳編）　1987　表情分析入門—表情に隠された意味をさぐる—　誠信書房
Heider, F.　1958　*The psychology of interpersonal relations.* New York : John Wiley & Sons.　大橋正夫（訳）　1978　対人関係の心理学　誠信書房
Izard, C.E.　1991　*The psychology of emotions.* New York : Plenum Press.　荘厳舜哉（監訳）　1996　感情心理学　ナカニシヤ出版
James, W.　1892／2001　*Psychology, the briefer course.* Dover, Mineola.　今田　寛（訳）　心理学上・下　岩波書店
LeDoux, J.　1996　*The emotional brain.* New York : Touchstone.
Lindsay, P. H., & Norman, D.A.　1977　*Human information processing : an introduction to psychology.* 2nd ed. New York : Academic Press.　中溝幸夫・箱田裕司・近藤倫明（共訳）　1983-1985　情報処理心理学入門（1, 2, 3）　サイエンス社
Maslow, A. H.　1970　*Motivation and personality.* 2 nd ed. New York : Harper and Row.
Rolls, E.T.　1998　*The brain and emotion.* Oxford : Oxford University Press.
Schachter, S., & Singer, J.E.　1962　Cognitive and physiological determinants of emotional state. *Psychological Review*, **69**, 379-399.
Scherer, K. R., Schorr, A., & Johnstone, T. 2001 *Appraisal processes in emotion.* Oxford : Oxford University Press.
Tomkins, S.　1982　Affect theory. In P. Ekman (Ed.), *Emotion in the human face.* 2 nd ed. Cambridge : Cambridge University Press. Pp. 353-395.
Zajonc, R. B.　1980　Feeling and thinking : Preferences need no inference. *American Psychologist*, **35**, 161-175.

第9章
Allport, G. W.　1961　*Pattern and growth in personality.* Holt, Rinehart & Winston.　今田　恵（監訳）　1968　人格心理学上・下　誠信書房
Allport, G. W., & Odbert, H.S.　1936　Trait names : A psycholexical study. *Psychological Monographs*, **47**（211）.
Cattel, R. B.　1946　*Description and measurement of personality.* New York : World Book.
Costa, P. T., Jr., & McRae, R. R.　1982　*Revised NEO personality inventory and NEO Five-Factor inventory : Professional manual.* Odessa, FL : Psychological Assessment Resources.
Eysenck, H. J.　1951　The organization of personality. *Journal of Personality*, **20**, 103.
Eysenck, H. J.　1959　*Manual of the Maudsley Personality Inventory.* London : University of London Press.
Eysenck, H. J., & Eysenck, S. B. G.　1964　*Manual for the Eysenck Personality Inventory.* San Diego, CA : Educa-

tional and Industrial Testing Service.
Eysenck, H. J., & Wilson, G. D. 1976 *A Textbook of Human Psychology*. London : MTP Press. 塩見邦雄（監訳）1984 心理学概論 創元社
Freidman, M., & Rosenman, R. H. 1974 *Type A-Behavior and Your Heart*. A Fawcett Crest Book.
河合隼雄 1967 ユング心理学入門 培風館
Krahe, B. 1992 *Personality and social psychology : Toward a synthesis*. London : Sage Publication. 堀毛一也（編訳）1996 社会的状況とパーソナリティ―統合に向けて― 北大路書房
Kretschmer, E. 1924 *Korperbau und Charakter : Untersuchungen zum Konstitutions Problem und zur Lehre von den Temperamenten*. Springer. 相場 均（訳）1960 体格と性格 光文堂
Mischel, W. 1968 *Personality and assessment*. New York : John Wiley & Sons. 詫間武俊（監訳）1992 パーソナリティの理論―状況主義的アプローチ― 誠信書房
Reese, L., & Eysenck, H. J. 1945 A factorial study of some morphological and psychological aspects of human constitution. *Journal of Mental Science*, 91, 8-21.
Sheldon, W. H., & Stevens, S.S. 1942 *The varieties of temperament*. New York : Harper and Brothers.
Sheldon, W. H., Stevens, S.S., & Tucker, W.B. 1940 *The varieties of human physique*. New York : Harper and Brothers.
渡邊芳之・佐藤達哉 1993 パーソナリティの一貫性をめぐる「視点」と「時間」の問題 心理学評論, 36, 226-243.
山根 薫（編）1980 現代教育心理学―人格の診断 日本文化科学社

第10章

Andersen, S. M., & Baum, A. 1994 Transference in interpersonal relations : Inference and affect based on significant-others. *Journal of Personality*, 62, 459-497.
Aronson, E., & Linder, D. 1965 Gain and loss of esteem as determinants of interpersonal attractiveness. *Journal of Experimental Social Psychology*, 1, 156-171.
Bartholomew, K., & Horowitz, L. M. 1991 Attachment styles among young adults : A test of a four-category model. *Journal of Personality and Social Psychology*, 61, 226-244.
Brewer, M., & Miller, N. 1984 Beyond the contact hypothesis : Theoretical perspectives on desegregation. In N. Miller & M.B. Brewer (Eds.), *Groups in contact : The psychology of desegregation*. Academic Press. Pp. 281-302.
Cohen, C. E. 1981 Person categories and social perception : Testing some boundaries of the processing effects of prior knowledge. *Journal of Personality and Social Psychology*, 40, 441-452.
Cronbach, L. J. 1955 Processes affecting scores on "understanding of others" and "assumed similarity". *Psychological Bulletin*, 52, 177-193.
Driscoll, R., Davis, K., & Lipetz, M. 1972 Parental interference and romantic love : The Romeo and Juliet effect. *Journal of Personality and Social Psychology*, 24, 1-10.
Dutton, D. G., & Aron, A. P. 1974 Some evidence for heightened sexual attraction under conditions of high anxiety. *Journal of Personality and Social Psychology*, 30, 510-517.
Hazan, C., & Shaver, P. R. 1987 Romantic love conceptualized as an attachment process. *Journal of Personality and Social Psychology*, 52, 511-524.
Janis, I. L. 1982 *Groupthink : Psychological studies and policy decision and fiascoes*. 2 nd ed. Houghton Mifflin.
Latané, B., & Darley, J. M. 1970 *The unresponsive bystander : Why doesn't he help?* New York : Appleton-Century-Crofts. 竹村研一・杉崎和子（訳）1997 冷淡な傍観者―思いやりの社会心理学―ブレーン出版
Moscovici, S. 1976 *Social influence & social change*. Academic Press.
Rusbult, C. E., Zembrodit, I.M., & Gunn, L.K. 1982 Exit, voice, loyalty, and neglect : Responses to dissatisfaction in romantic involvements. *Journal of Personality and Social Psychology*, 43, 1230-1242.
Sagor, H. A., & Schofield, J.W. 1980 Racial and behavioral cues in black and while children's perceptions of ambiguously aggressive acts. *Journal of Personality and Social Psychology*, 39, 590-598.
Tajfel, H., & Turner, J. 1979 An integrative theory of intergroup conflict. In W.G. Austin & S. Worchel (Eds.), *The social psychology of intergroup relations*. Monterrey, CA : Brooks-Cole. Pp. 33-47.
Walster, E. 1965 The effect of self-esteem on romantic liking. *Journal of Experimental Social Psychology*, 1, 184-197.

引用・参考文献

第11章

Baumeister, R. F. 1998 The self. In D. T. Gilbert, S. T. Fiske, & G. Lindzey (Eds.), *The handbook of social psychology*. 4 th ed. Vol. 1. New York : McGraw-Hill. Pp. 680-740.
Brown, J. D., & Kobayashi, C. 2002 Self-enhancement in Japan and in America. *Asian Journal of Social Psychology*, 5, 145-168.
Diener, E., & Diener, M. 1995 Cross-cultural correlates of life satisfaction and self-esteem. *Journal of Personality and Social Psychology*, 68, 653-663.
Dunning, D., Meyerowitz, J., & Holzberg, A. D. 1989 Ambiguity and self-evaluation : The role of idiosyncratic trait definitions in self-serving assessments of ability. *Journal of Personality and Social Psychology*, 57, 1082-1090.
遠藤由美 1997 親密な関係性における高揚と相対的自己卑下 心理学研究, 68, 387-395.
Heine, S. J., Lehman, D. R., Markus, H. R., & Kitayama, S. 1999 Is there a universal need for positive self-regard? *Psychological Review*, 106, 766-794.
Hofstede, G. 1991 *Cultures and organization*. London : McGraw Hill. 岩井紀子・岩井八郎（訳）1995 多文化世界 有斐閣
伊藤忠弘 1999 社会的比較における自己高揚傾向 平均以上効果の検討, 心理学研究, 70, 367-374.
James, W. 1890 *Psychology, briefer course*. 今田 寛（訳）1992 心理学（上・下）岩波書店
北山 忍 1997 文化心理学とは何か 柏木恵子・北山 忍・東 洋（編）文化心理学―理論と実証― 東京大学出版会 Pp. 17-43.
Markus, H. R., & Kitayama, S. 1991 Culture and the self : Implications for cognition, emotion, and motivation. *Psychological Review*, 98, 224-253.
Oishi, S., Diener, E. F., Lucas, R. E., & Suh, E. M. 1999 Cross-cultural variations in predictors of life satisfaction : Perspectives from needs and values. *Personality and Social Psychology Bulletin*, 25, 980-990.
Rosenberg, M. 1965 *Society and the adolescent self-image*. Princeton, NJ : Princeton University Press.
Taylor, S. E., & Brown, J. D. 1988 Illusion and well-being : A social psychological perspective on mental health. *Psychological Bulletin*, 103, 193-210.
Taylor, S. E., & Brown, J. D. 1994 Positive illusion and well-being revisited : Separating fact from fiction. *Psychological Bulletin*, 116, 21-27.
山本真理子・松井 豊・山成由紀子 1982 認知された自己の諸側面の構造 教育心理学研究, 30, 64-68.

第12章

Becker, M. H., & Mainman, L. A. 1975 Sociobehavioral determinants of compliance with health and medical care recommendations. *Medical Care*, 8 (1), 10-24.
春木 豊・森 和代・石川利江・鈴木 平 2007 健康の心理学 サイエンス社
Kasl, S. V., & Cobb, S. 1966 Health behavior, illness behavior, and sick role behavior : I. Health and illness behavior. *Archives of Environmental Health*, 12, 246-266.
厚生労働書 2005 平成17年患者調査
厚生労働書 2008 平成20年版厚生労働白書「人口統計」
内閣府 2008 平成20年版障害者白書 http://www8.cao.go.jp/shougai/whitepaper/h20hakusho/zenbun/index.html （2008年11月12日閲覧）
内閣府大臣官房政府広報室 2008 平成20年6月「国民生活に関する世論調査」報告書 http://www8.cao.go.jp/survey/h20/h20-life/index.html （2008年11月12日閲覧）
日本健康心理学会（編）2006 健康心理学概論 山本多喜司・野口京子（編集）健康心理学基礎シリーズ① 実務教育出版
野口京子 2007 新版 健康心理学 金子書房
上田吉一 1997 健康観 日本健康心理学会（編）健康心理学辞典 実務教育出版
山本多喜司 1997 健康習慣 日本健康心理学会（編）健康心理学辞典 実務教育出版

第13章

Bem, S. L. 1974 The measurement of psychological androgyny. *Journal of Counseling and Clinical Psychology*, 42, 155-162.
Bem, S. L. 1975 Sex role adaptability : One consequence of psychological androgyny. *Journal of Personality and Social Psychology*, 31, 634-643.

Glick, P., & Fiske, S. T.　1996　The Ambivalent Sexism Inventory : Differentiating hostile and benevolent sexism. *Journal of Personality and Social Psychology*, 70, 491-512.
伊藤裕子　1978　性役割の評価に関する研究　教育心理学研究, 26, 1-10.
柏木恵子　1967　青年期における性役割の認知　教育心理学研究, 15, 193-202.
Martin, C. L., & Dinella, L. M.　2001　Gender development : Gender schema theory. In J. Worell (Ed.), *Encyclopedia of Women and Gender*. San Diego, CA : Academic Press. Pp. 507-521.
Spence, J. T., & Helmreich, R.　1972　The attitudes toward women scale : An objective instrument to measure attitudes toward the rights and roles of women in contemporary society. *JSAS Catalog of Selected Documents in Psychology*, 2.
Spence, J. T., & Helmreich, R.　1978　*Masculitinity & femininity : Their psychological dimensions, correlates, and antecedents.* Austin : University of Texas Press.
Spencer, S. J., Steele, C. M., & Quinn, D. M.　1999　Stereotype threat and women's math performance. *Journal of Experimental Social Psychology*, 35, 4-28.
鈴木淳子　1991　平等主義的性役割態度：SESRA（英語版）の信頼性と妥当性の検討および日米女性の比較　社会心理学研究, 6, 80-87.
宇井美代子・山本眞理子　2001　Ambivalent Sexism Inventory（ASI）日本語版の信頼性と妥当性の検討　日本社会心理学会第42回大会発表論文集, 300-301.
West, C., & Zimmerman, D. H.　1987　Doing gender. *Gender & Society*, 1, 125-151.

第14章
日経パソコン（編）　2008　日経パソコン用語辞典　日経 BP 社
総務省　平成19年「通信利用動向調査」の結果　http://www.johotsusintokei.soumu.go.jp/statistics/statistics01a.html（2008年11月12日閲覧）
電気通信事業者協会　「携帯電話・PHS 契約数」　http://www.tca.or.jp/database/（2008年11月12日閲覧）
インターネット協会（監）　2008　インターネット白書2008　インプレス R&D
モバイルコンテンツフォーラム（監）　2008　ケータイ白書2009　インプレス R&D
川浦康至（編）　1998　インターネット社会　現代のエスプリ, 370.　至文堂
池田謙一（編）　2006　インターネット・コミュニティと日常世界　誠信書房
加納寛子（編）　2008　ネットジェネレーション　現代のエスプリ, 492.　至文堂
文化庁　著作権　http://www.bunka.go.jp/chosakuken/（2008年11月12日閲覧）
警察庁　サイバー犯罪対策　http://www.npa.go.jp/cyber/（2008年11月12日閲覧）

引用・参考文献

第Ⅱ部　臨床心理学

● 1　臨床心理学の基礎
第1章
前田重治　1985　図説臨床精神分析学　誠信書房
小此木啓吾ほか（編）　2002　精神分析事典　岩崎学術出版社
鈴木晶　2004　図解雑学フロイトの精神分析　ナツメ社
氏原寛ほか（編）　心理臨床大事典　1992　培風館
山田由佳　2002　イラスト図解精神分析ってなんだろう？　日本実業出版社

第2章
Jung, C. G.　1927　The Structure of psyche. In H. Read, M. Fordbam, G. Adler, & W. McGuire (Eds.), *Collected Work of C. G. Jung*. Vol. 8. London : Routledge. para. 317-21.
Jung, C. G.　1938　Psychological Aspects of the Mother Archetype. In H. Read, M. Fordbam, G. Adler, & W. McGuire (Eds.), *Collected Work of C. G. Jung*. Vol. 9. London : Routledge. para. 155.
Jung, C. G.　1946a　The Psychology of the Transference. In H. Read, M. Fordbam, G. Adler, & W. McGuire (Eds.), *Collected Work of C. G. Jung*. Vol. 16. London : Routledge. para. 470.
Jung, C. G.　1946b　General Aspects of Dream Psychology. In H. Read, M. Fordbam, G. Adler, & W. McGuire (Eds.), *Collected Work of C. G. Jung*. Vol. 8. London : Routledge. para. 505.
河合隼雄　1967　ユング心理学入門　培風館

第3章
久能徹・末武康弘・保坂亨・諸富祥彦　1997　ロジャーズを読む　岩崎学術出版社
Rogers, C.　1986　クライエント・センタード／パーソン・センタード・アプローチ　伊藤博・村山正治（監訳）　2001　ロジャーズ選集上　誠信書房
Rogers, C.　1957　セラピーによるパーソナリティ変化の必要にして十分な条件　伊藤博・村山正治（監訳）　ロジャーズ選集上　2001　誠信書房

第4章
Patterson, G. R.　1965　An application of conditioning techniques to the control of a hyperactive child. In P. Ullman & L. Krasner (Eds.), *Case studies in behavior modification*. New York : Holt, Rinehart & Winston. Pp. 370-375.
Wolpe, J.　1958　*Psychotherapy by Reciprocal Inhibition*. Stanford University Press.　金久卓也（監訳）　1977　逆制止による心理療法　誠信書房

第5章
Bowlby, J.　1969　*Attachment and Loss*. Vol. 1. Attachment. New York : Basic Books.
Bruner, J.　1990　*Acts of Meaning*. Harvard University Press.　岡本夏木・仲渡一美・吉村啓子（訳）　1999　意味の復権——フォークサイコロジーに向けて——　ミネルヴァ書房
Erikson, E.　1959　*Identity and the Life Cycle*. International University Press.　小此木啓吾（監訳）　自我同一性　1978　誠信書房
Erikson, E.　1963　*Childhood and Society*. W.W. Norton & Company.　仁科弥生（訳）　1977　幼年期と社会　みすず書房
Meltzoff, A., & Morre, M.　1977　Imitation of facial and manual gestures by human neonates. *Science*, 198, 75-78.
Sameroff, A., & Emde, R.（Eds.）　1989　*Relationship Disturbances in Early Childhood*. New York : Basic Books.　小此木啓吾（監修）　2003　早期関係性障害　岩崎学術出版社
Sameroff, A., McDonough, S., & Rosenblum, K.（Eds.）　2004　*Treating Parent-Infant Relationship Problems*. New York : GuilfordPress.
Stern, D.　1985　The Interpersonal World of the Infant. New York : Basic Books.　小此木啓吾・丸田俊彦（監訳）　1989　乳児の対人世界　岩崎学術出版社
Stern-Bruschweiler, N., & Stern, D.　1989　A model for conceptualizing the role of mother's representational world in various mother-infant therapies. *Infant Mental Health Journal*, 10（3）, 142-156.

Trevarthen, C.　1974　Conversations with a two-months-old. *New Scientists*, **2**, 230-235.
Trevarthen, C.　2001　Intrinsic Motives for Companionship in Understanding : Their Origin, Development, and Significance for Infant Mental Health. *Infant Mental Health Journal*, **22**, 95-131.
Tronick, E.　2007　*The Neurobehavioral and Social-Emotional Development of Infants and Children*. New York : W.W. Norton & Company, Inc.
渡辺久子・古澤頼雄・野田幸江・小倉　清　1995　乳幼児；ダイナミックな世界と発達　財団法人安田生命社会事業団

第6章
志水　彰・頼藤和寛・水田一郎・岩瀬真生　2005　精神医学への招待改訂2版　南山堂

第7章
生野照子　1997　小児心身症の心理臨床　森野礼一・北村圭三（編著）　心理職・福祉職をめざす人へ　ナカニシヤ出版　Pp. 51-63.
Lask, B., & Fosson, A.　1989　*Childhood and Illness : The Psychosomatic Approach*. Chichester : John Wiley & Sons.
日本心身医学会教育研修委員会（編）　1991　心身医学の新しい診療指針　心身医学**31**, 537-576.

● 2　臨床心理アセスメント
第8章
松原達哉（編）　1995　最新心理テスト法入門—基礎知識と技法習得のために—　日本文化科学社
中瀬　惇・西尾　博（編）　2001　新版K式発達検査反応実例集　ナカニシヤ出版
上野一彦・海津亜希子・服部美佳子（編）　2005　軽度発達障害の心理アセスメント—WISCⅢの上手な利用と事例—　日本文化科学社

第9章
上里一郎（監修）　2001　心理アセスメントハンドブック第2版　西村書店
Graham, J.　1977　*The MMPI : A Practical Guide*.　田中富士夫（訳）　1985　MMPI—臨床解釈の実際—　三京房
下仲順子（編）　大塚義孝ほか（監修）　2004　臨床心理査定技法1　臨床心理学全書6　誠信書房
氏原　寛ほか（編）　2006　心理査定実践ハンドブック　創元社

第10章
藤岡淳子　2004　包括システムによるロールシャッハ臨床　誠信書房
皆藤　章　1994　風景構成法—その基礎と実践—　誠信書房
三好暁光・氏原　寛（編）　1991　アセスメント　河合隼雄（監修）　臨床心理学2巻　創元社
鈴木睦夫　2002　TAT絵解き試しの人間関係論　誠信書房
高橋雅春・高橋依子　1986　樹木画テスト　文教書院

● 3　心理療法の実際
第11章第1節
東山紘久　2000　プロカウンセラーの聞く技術　創元社
河合隼雄　1970　カウンセリングの実際問題　誠信書房
文部省（編）　1971　生徒指導資料第7集　中学校におけるカウンセリングの考え方　大蔵省印刷局
Rogers, C. R.　1986　Person-Centered Review. Vol. 1, No. 4. Pp. 375-377. In H. Kirschenbaum & V.L. Henderson (Eds.), *The Carl Rogers Reader*.　伊東　博・村山正治（監訳）　2001　ロジャーズ選集下　誠信書房　Pp. 152-161.

第11章第2節
Axline, V. M.　1947　*Play Therapy : The Inner Dynamics of Childhood*. Boston : Houghton Mifflin.　小林治夫（訳）　1959　遊戯療法　岩崎学術出版社
Erikson, E. H.　1963　*Childhood and Society*. New York : W.W. Norton & Company.　仁科弥生（訳）　1977　幼児

引用・参考文献

　　　期と社会　みすず書房
次良丸睦子・五十嵐一枝（共著）　2002　発達障害の臨床心理学　北大路書房
河合隼雄（監修）　1992　臨床心理学3巻　心理療法　創元社
Moustakas, C. E.　1959　*Psychotherapy with Children : The Living Relationship*.　古屋健治（編訳）　1968　児童の心理療法—遊戯療法を中心として—岩崎学術出版
本明　寛（監修）　1989　評価・診断　心理学辞典　実務教育出版
Rogers, C. R.　1959　*Theory of Personality and Therapy*.　伊東　博（編訳）　1967　パーソナリティ理論　ロージャーズ全集8　岩崎学術出版
Slavson, S. R.　1947　*The Practice of Group Therapy*. New York : International Universities Press.　小川太郎・山根清道（共訳）　1956　集団心理療法入門　誠信書房
空井健三（編）　1979　臨床心理学　テキストブック心理学7巻　有斐閣ブックス

第11章第3節

河合隼雄　1969　箱庭療法入門　誠信書房
森谷寛之　1993　コラージュ療法入門　創元社
Naumburg, M.　1966　*Dynamically Oriented Art Therapy : Its Principles and Practice*. Grune & Stratton
杉浦京子　1993　コラージュ療法入門　創元社
Winnicott, D. W.　1971　*The Therapeutic Consultation in Child Psychiatry*. London : Hogarth Press.
山中康裕　1984　H・NAKAI風景構成法　岩崎学術出版
山中康裕　1992　心理療法　岡田康伸ほか（編）　臨床心理学3　創元社

第11章第4節

Bunt, L.　1994　*Music Therapy : An Art Beyond Words*.　稲田雅美（訳）　1996　音楽療法—ことばを超えた対話—ミネルヴァ書房
福井　一　1999　音楽の謀略—音楽行動学入門—　悠飛社
Helmut, H., Voigt, D., Knill, P. J., & Weymann, E.　1996　*Lexikon Musiktherapie*. Hogrefe-Verlag.　阪上正巳ほか（訳）　1999　音楽療法事典　人間と歴史社
稲田雅美　2003　ミュージックセラピィ　ミネルヴァ書房
丸山忠璋　2002　療法的音楽活動のすすめ　春秋社
村井靖児　1995　音楽療法の基礎　音楽之友社

第11章第5節

Bandura, A.　1977　*Social Learning Theory*. NJ : Prentice Hall.　原野広太郎（監訳）　1979　社会的学習理論　金子書房
Beck, A.　1976　*Cognitive Therapy and the Emotional Disorders*. New York : International Universities Press.　大野裕（訳）　1990　認知療法　精神療法の新しい展開　岩崎学術出版社
Beck, J. S.　1995　*Cognitive Therapy : Basics and Beyond*. New York : Guilford Press.　伊藤絵美・神村栄一・藤澤大介（訳）　2004　認知療法実践ガイド基礎から応用まで—ジュディス・ベックの認知療法テキスト—　星和書店
井上和臣（編著）　2003　認知療法ケースブック　星和書店
井上和臣（編著）　2004　認知療法・西から東へ　星和書店
井上和臣　2006　認知療法への招待改訂4版　金芳堂
Ledley, D. R., Marx, B. P., & Heimberg, R. G.　2005　*Making Cognitive-Behavioral Therapy Work : Clinical Process for New Practitioners*. New York : Guilford Press.　井上和臣（監訳）　黒澤麻美（訳）　2006　認知行動療法を始める人のために　星和書店
Wright, J. H., Basco, M. R., & Thase, M. E.　2006　*Learning Cognitive-Behavior Therapy : An Illustrated Guide*. Washington D. C. : American Psychiatric Publishing.　大野　裕（訳）　2007　認知行動療法トレーニングブック　医学書院

第11章第6節

Ikemi, A.　1988　Psychophysiological effects of self-regulation method : EEG frequency analysis and contingent negative variations. *Psychother Psychosom*, **49**, 230–239.

引用・参考文献

池見　陽　1989　自律訓練法と隣接緒技法の統合と展開　自律訓練研究, 9, 9-17.
池見　陽　2000　自律訓練法の治療パラダイム：体験過程の視点からみた自律訓練法　自律訓練研究, 19, 74-83.
Ikemi, A., Tomita, S., & Hayashida, Y.　1988　A thermographical analysis of the warmth of the hands during the practice of self-regulation method. *PsychotherPsychosom*, 50, 20-28.
Ikemi, A., Tomita, S., Kuroda, M., Hayashida, Y., & Ikemi, Y.　1986　Self-Reulation Method : psychological, physiological and clinical considerations. *Psychother Psychosom*, 46, 184-195.
池見西次郎　1979　自律訓練法の心理と生理　自律訓練研究, 1, 1-15.
松岡洋一・松岡素子　1999　自律訓練法　日本評論社
Schultz, J., & Luthe, W.　1969　*Autogenic Therapy*. Vol.1. *Autogenic Methods*. New York : Grune & Stratton.

第11章第7節

Anderson, H　1997　*Conversation, language, and possibility : A postmodern approach to therapy*. Basic books.　野村直樹ほか（訳）　会話・言語・そして可能性―コラボレイティヴとは？セラピーとは？―　金剛出版
Fish, R. et. al　1982　The tactics of change : Doing therapy briefly. Jossey-Bass, Inc.　鈴木浩二・鈴木和子（監修）　1986　変化の技法―MRI短期集中療法―　金剛出版
小森康永・野村直樹（編集）　2003　ナラティヴ・プラクティス　現代のエスプリ, 433.　至文堂
Minuchin, S.　1974　*Families and family therapy*. Cambridge : Harvard University Press.　山根常男（監訳）　1984　家族と家族療法　誠信書房
Haley J.　1976　*Problem-solving therapy*. Jossey-Bass, Inc.　佐藤悦子（訳）　1985　家族療法―問題解決の戦略と実際―　川島書店
遊佐安一郎　1984　家族療法入門―システムズ・アプローチの理論と実際―　星和書店

第11章第8節

Corey, G.　1990　*Theory and Practice of Group Counseling*. 3 rd ed. Pacific Grove, CA : Brooks/Cole.
Corsini, R. J., & Rosenberg, B.　1963　Mechanisms of Group Psychotherapy : Processes and Dynamics. In M. Rosenbaum & M. Berger（Eds.）, *Group Psychotherapy and Group Function*. New York : Basic Books.

第12章

金沢吉展　2006　臨床心理学の倫理をまなぶ　東京大学出版会
日本心理臨床学会　1998　日本心理臨床学会倫理綱領

第13章第1節

玄田有史・曲沼美恵　2004　ニート　幻冬舎
伊藤美奈子・平野直己（編著）　2003　学校臨床心理学・入門―スクールカウンセラーによる実践の知恵―　有斐閣
河合隼雄・藤原勝紀（責任編集）　1998　学生相談と心理臨床　金子書房
小林哲郎　2005　スクールカウンセリングの実際　友久久雄（編著）　学校カウンセリング入門改訂版　ミネルヴァ書房　Pp. 109-136.
久世敏雄・齋藤耕二　監修　2000　青年心理学事典　福村出版
文部科学省　2000　大学における学生生活の充実方策について（報告）―学生の立場に立った大学づくりを目指して―http : //www.mext.go.jp/b_menu/shingi/chousa/koutou/012/toushin/000601.htm.（2008年11月12日閲覧）
大島啓利・林　昭仁・三川孝子・峰松　修・塚田展子　2004　2003年度学生相談機関に関する調査報告　学生相談研究, 24（3）, 269-304.
齋藤憲司　1999　学生相談の専門性を定置する視点―理念研究の概観と4つの大学における経験から―　学生相談研究, 24（1）, 1-22.
都留春夫（監修）　小谷英文・平木典子・村山正治（編）　1994　学生相談　星和書店
鶴田和美　2001　学生のための心理相談　培風館
立教大学学生相談所　2006　学生相談を核とした全学的学生支援の展開―学生と大学をつなぐ「よろず学生相談」の活用―

引用・参考文献

第13章第2節
上里一郎（監修）　1993　心理アセスメントハンドブック　西村書店
松原達哉（編）　1995　最新心理テスト法入門―基礎知識と技法習得のために―　日本文化科学社
中島義明・安藤清志・子安増生・坂野雄二・繁枡算男・立花政夫・箱田裕司（編）　1999　心理学辞典　有斐閣
日本社会福祉養成校協会（監）　2003　社会福祉士のための基礎知識Ⅱ　中央法規
氏原　寛・成田善弘・山中康裕・亀口憲治・東山紘久（編）　1992　心理臨床大辞典　培風館

第13章第3節
Berg, I. K.　1994　*Family based service? A solution-focused approach*. W.W. Norton & Company, Inc.　磯貝希久子（監訳）　1997　家族支援ハンドブック―ソリューション・フォーカスト・アプローチ―　金剛出版
金沢吉展　1995　医療心理学入門　誠信書房
前田重治　1981　心理臨床―精神科臨床と心理臨床家―　星和書店
Melzack, R., & Wall, P. D.　1982　*The challenge of pain*. Penguin Books.　中村嘉男（監訳）　1986　痛みへの挑戦　誠信書房
日本心身医学会教育研修委員会　1991　心身医学の新しい診療指針　心身医学, **31**, 537-576.
野口正成・小島賢一　1993　エイズ・カウンセリング　福村出版
坂本真佐哉　1995　集団を対象とした心理療法―システムズ・アプローチを中心として―　秋山俊夫・上野徳美（編）　人間関係の心理と臨床　北大路書房
坂本真佐哉　2005　社会学的・家族的アプローチ　吾郷晋浩・河野友信・末松弘行（編）　コメディカル・スタッフのための心身医学テキスト―効果的なチーム医療を実践するために―　三輪書店

第13章第4節
法務省法務総合研究所（編）　犯罪白書（各年版）
生島　浩・村松　励（編）　1998　非行臨床の実践　金剛出版
警察庁（編）　警察白書（各年版）
岡堂哲雄（編）　1990　非行の心理臨床　講座心理臨床の実際第3巻　福村出版
竹江　孝・乾　吉佑・飯長喜一郎（編）　1991　司法心理臨床　心理臨床プラクティス第5巻　星和書店

第13章第5節
池見　陽・久保田進也・野田悦子・富田小百合・林田嘉朗　1992　産業メンタルヘルスにおけるパースン・センタード・アプローチの研究と実践　産業医学, **34**, 18-29.

人名索引

●A
Allport, G. W.　75, 79
Altshuler, I. M.　208
Andersen, S. M.　84
Anderson, H.　220
Aron, A. P.　85
Aronson, S. M.　85
Atkinson, R. C.　45
Axline, V. M.　200, 202

●B
Baddeley, A. D.　46
Bandura, A.　42, 43, 209
Bartholomew, K.　86
Baum, A.　84
Baumeister, R. F.　94
Beck, A.　209, 211
Bem, S. L.　106
Bertalanffy, L. von.　216
Binet, A.　177, 178
Bowen, K. M.　219
Bowlby, J.　25, 157
Brewer, M.　90
Broadman, K.　185
Brown, J. D.　96
Buck, J.　190
Bunt, L.　208
Byrne, E.　184

●C
Cannon, W. B.　66
Cattell, R. B.　79, 184
Chomsky, N.　8, 56
Cobb, S.　101
Cohen, C. E.　84
Corey, G.　221, 223
Corsini, R. J.　222
Costa, P. T., Jr.　81
Cronbach, L. J.　83

●D
Darley, J. M.　88
Darwin, C.　7, 71, 122
Descartes, R.　5
Diener, E.　96
Diener, M.　96
Dinella, L. M.　108
Driscoll, R.　86
Dunning, D.　96
Dutton, D. G.　85

●E
Eibl-Eibesfeldt, I.　70

Ekman, P.　66, 69, 70
遠藤由美　96
Erikson, E. H.　154, 202
Exner, J.　188
Eysenck, H. J.　78–80, 184
Eysenck, S. B. G.　79

●F
Fechner, G. T.　6
Fenichel, O.　125
Fish, R.　219
Fiske, S. T.　107
Fosson, A.　169
Freud, A.　199
Freud, S.　73, 122–132, 135, 136
Friedman, M.　78
福井　一　207

●G
Garcia, J.　40
Glick, P.　107
Grunwald, M.　189
Guilford, J. P.　183

●H
Haley, J.　219
Hathaway, S. R.　182
Hazan, C.　86
Heider, F.　73
Heine, S. J.　96
Helmreich, R.　107
東山紘久　198
Hofstede, G.　95
Horowitz, L. M.　86

●I
池見　陽　215, 248
池見西次郎　214, 215
生野照子　170
稲田雅美　206
伊藤忠弘　96
伊藤裕子　106
Izard, C. E.　66

●J
James, W.　68, 92, 93
Janis, I. L.　89
Jung, C. G.　78, 131–136

●K
Kahneman, D.　51
Kalff, D.　199, 204
金沢吉展　226
柏木恵子　106
Kasl, S. V.　101
河合隼雄　78, 204
北山　忍　97
Klein, M.　199
Kobayashi, C.　96
Koch, C.　189
Kraepelin, E.　192

Krahe, B.　81
Kretschmer, E.　76, 77

●L
Lask, B.　169
Latane, B.　88
Ledley, D. R.　210
LeDoux, J.　71
Linder, D.　85
Locke, J.　5
Lowenfeld, M.　199, 204
Luthe, W.　212

●M
Machover, K.　190
Madanes, C.　215
前田重治　239, 240
Markus, H. R.　97
Martin, C. L.　108
丸山忠璋　205
Maslow, A. H.　64, 97
McKinley, J. C.　182
McRae, R. R.　81
Meltzoff, A.　153
Miller, N.　90
Minuchin, S.　219
Mischel, W.　80, 81
Morgan, C. L.　7
森谷寛之　204
Moscovici, S.　89
Moustakas, C. E.　201
村井靖児　207
Murray, H. A.　185, 188

●N
中井久夫　203
中里　均　203
Naumburg, M.　203
Newell, A.　48

●O
Odbert, H. S.　79
Oishi, S.　96

●P
Parten, C.　26
Patterson, G. R.　148
Pavlov, I. P.　7, 39, 145
Piaget, J.　9, 24
Pope, K. S.　226
Portmann, A.　23

●R
Redlich, F. C.　226
Reese, L.　78
Rogers, C. R.　138–143, 197, 198, 200
Rolls, E. T.　62
Rorschach, H.　187
Rosch, E.　57
Rosenberg, B.　222
Rosenberg, M.　93

263

人名索引

●R
Rosenman, R. H. 78
Rosenzweig, S. 191
Rusbult, C. E. 86

●S
Sagor, H. A. 84
Sameroff, A. 151
Sapir, E. 57
佐藤達哉 81
Schachter, S. 66
Schofield, J. W. 84
Schultz, J. 212
Shaver, P. R. 86
Sheldon, W. H. 77
Shiffrin, R. M. 45
Simon, H. A. 48
Singer, J. E. 66
Skinner, B. F. 7, 38, 40, 145, 148
Slavson, S. R. 199
Spence, J. T. 107
Spencer, S. J. 108
Sperling, G. 46
Stern, D. 151, 154
Stevens, S. S. 9
杉浦京子 204
鈴木治太郎 178
鈴木淳子 107

●T
Tajfel, H. 90
田中寛一 178
Taylor, S. E. 96
Tomkins, S. 66
Trevarthen, C. 153
Tulving, E. 47
Turner, J. 90
Tversky, A. 51

●U
内田勇三郎 192
上田吉一 99

●V
Vaillant, G. 125
Vogt, O. 212
Vygotsky, L. S. 55

●W
Walster, E. 85
渡邊芳之 81
Watson, J. B. 7, 38
Watson, L. 20
Wertheimer, M. 8
West, C. 107
Whorf, B. L. 57
Winnicott, D. W. 203
Wolpe, J. 146
Wundt, W. 6, 38

●Y
山本真理子 94
山本多喜司 102
遊佐安一郎 217

●Z
Zajonc, R. B. 68
Zimmerman, D. H. 107

事項索引

●あ
アイコニック・メモリー　46
愛着　25
愛着研究　157
アイデンティティ　235
あいまい性　55
アウトリーチ　225, 238
アセスメント　176
遊び　25
圧力　188
アニマ・アニムス（anima animus）133
アルゴリズム（algorithm）　49
暗順応　30
暗所視　31
安定性　79
暗黙裡の人格論（implicit personality theory）　83

●い
EPI　80
EPPS　185
怒り　66
意識　135
意識心理学　5
意思決定　49
維持リハーサル　46
一次予防　103
一貫性論争　81
一致性（純粋性）　140
一般システム理論　216
一般精神健康質問票　186
いま, ここ（here and now）　141
意味記憶　47
意味ネットワーク　59
意味論　53
イメージ　203
因子　182
因子分析　79
インテーク面接　248
インフォームド・コンセント　229

●う
ウェクスラー知能検査　177
ウェルニッケ領域　56
内田クレペリン検査　192
運動野　14

●え
エクスポージャー　147
エゴグラム　184
エディプス・コンプレックス　126
エピソード記憶　47

1/F ゆらぎ　208
MMPI　182
MPI　80, 184
エンカウンター・グループ　139
遠城寺式乳幼児分析的発達検査法　176
援助者との関係性　242

●お
応用行動分析　148
オーガナイズ　153
オペラント条件づけ　7, 145
親 – 乳幼児心理療法（parent-infant psychotherapy）　157
音韻ループ　46
音楽提示能力　209
音波　31

●か
外延的意味　54
絵画　202
外向性　79, 81
解釈　128
ガイダンス　196, 235
概念階層　58
外胚葉型　77
カウンセリング　167, 196
学習　22, 64
学習障害　179
拡充法　136
学生相談機関　234
影（shadow）　133
仮現運動（apparent movement）　8
家裁調査官　245
仮想現実　114
家族　215
家族全体にかかわること　216
形の恒常性　36
葛藤（conflict）　72
家庭裁判所　245
空の巣症候群　27
感覚　78
感覚記憶　45
間隔尺度（interval scale）　9
感冒期　14
関係学派　128
関係性高揚　96
関係性の障害　157
関係発達　152
間欠強化　41
観察学習　42
患者　240
間主観的体験　153
感情　65, 78
桿体　30

●き
記憶　45
危機介入　235
気質　76

器質性精神障害　161
基礎レベルの概念　57
記銘　45
逆制止　146
逆転移　127
教育的アプローチ　171
強化　39
強化子　41
強化スケジュール　41
共感　140
強弱　208
矯正施設　245
恐怖　66
恐怖症　146

●く
虞犯（ぐはん）少年　244
クライエント　140, 248
グループワーク　138

●け
経験的な知識　59
経験への開放性　81
形態素　53
系統的脱感作　146, 222
契約関係　226
ケース・スーパービジョン　250
ゲシュタルト心理学　6
結晶性知能　28
元型（archetype）　132
健康　99
健康観（health belief）　99
健康習慣　102
健康信念モデル（health belief model）　102
健康心理学　101
健康増進　103
健康日本21　103
検索　45
現実脱感作　147
現存在分析　128

●こ
5因子モデル　81
行為的要因　222
交感神経　66
交互ぐるぐる描き物語り統合法（MSSM法）　203
交互作用発達（transactional development）　151
交互色彩分割法　203
構成概念妥当性　10, 82
構成主義心理学（structural psychology）　6
構造性　53
行動（behavior）　4
行動主義　6, 145
行動分析学　148
後頭葉　13
行動療法（behavior therapy）　209
広汎性発達障害　179

265

事項索引

効用（utility） 49
コーチング 222
5件法 181
個人心理学 128
個人的無意識（personal unconscious） 132
個人連想法 136
個性化の過程（individuation process） 134
語用論 54
語用論的意味 55
コラージュ 202
コラージュ・ボックス法 205
コンサルテーション 196, 232
コンサルテーション・リエゾン 240

●さ
再テスト法 182
作業検査 192
作動記憶 46
サピア－ワーフの仮説 57
産業カウンセラー 246
3件法 181
三項関係 155
三次予防 103

●し
GHQ 186
CMI 185
恣意性 53
シェービング 41
シェマ（schéma） 9
ジェンダー 105
ジェンダー・ステレオタイプ 107
自我（egao） 133
自我心理学派 128
視空間スケッチパッド 46
刺激閾 29
刺激頂 29
自己（self） 133
自己愛的防衛 125
思考 45, 78
自己概念 92
自己確証動機 94
自己高揚動機 94
自己査定動機 94
自己心理学派 128
自己調整（self regulation） 153
自己調整法 213
自己表現 209
指示的意味 54
指示の指導性 221
視床下部 64
静かな革命 139
私設心理相談 248
持続因子（perpetuating factors） 169
自尊心 93
自動運動 37
自動思考（automatic thought） 211

シナプス間隙 18
自発的回復 39
社会性 25
社会的アイデンティティ 90
社会的学習理論（social learning theory） 42, 108, 209
社会的交換理論（social exchange theory） 87
社会的参照（social referencing） 155
社会的自己 92
社会復帰調整官 246
自由画 203
自由記述 182
集合的（普遍的）無意識（collective unconscious） 131, 132
従属変数（dependent variable） 10
集団思考 89
集団施行 192
集団浅慮（groupthink） 89
自由連想 221
自由連想法 124
16PF 79, 184
主観的期待効用（subjective expected utility：SEU） 50
主題統覚法検査 188
受動的注意集中 213
守秘義務 229
順序尺度（ordinal scale） 9
準備因子（predisposing factors） 169
ジョイニング 218
浄化（カタルシス） 208
生涯発達 23
状況論 81
条件反射 39
常識 58
情緒的意味 54
情緒的応答性（emotional availability） 155
情緒の要因 222
情動 65
情動調律（affect attunement） 153
少年院 245
少年鑑別所 245
少年警察活動 244
少年サポートセンター 245
少年補導職員 245
小脳 12
職業倫理 225
触法少年 244
女性性 106
知られる自己（客我） 92
自律訓練法（Autogenic Training：AT） 212
自律神経 66
知る自己（主我） 92
心因性精神障害 161
進化論 71
神経細胞（ニューロン） 18
神経症の傾向 79, 81

神経症的防衛 125
神経伝達物質 19
侵襲性 205
心身医学（psychosomatic medicine） 169
心身医学的診断 171
心身医学的治療法 172
心身症 203
心身二元論 5
心身問題 5
新生児模倣 153
人生周期理論 154
深層心理学 131, 199
身体緊張型 77
心的葛藤 124
新版K式発達検査 176
人物画 190
信頼性（reliability） 10, 82, 182
信頼性係数 182
心理アセスメント 249
心理的アンドロジニー 106
心理的離乳 26
心理療法 167

●す
錐体 30
スキーマ 59
スクイッグル法（squiggle） 203
スクールカウンセラー 232
スクリーニング 176
スクリーニング検査 192
スクリプト 60
ステレオタイプ（stereotype） 83
図と地の分化 34
頭脳緊張型 77

●せ
性格 75
生活習慣 100
生活の質（QOL） 103
制限（limitation） 201
性差 105
誠実性 81
成熟 22
成熟した防衛 126
成人愛着理論（adult attachment theory） 87
精神科医療の場 239
精神鑑定 245
精神的自己 93
精神年齢（MA） 177
精神病的傾向 80
精神物理学 6
精神分析 6, 122, 131
精神分析的精神療法 129
精神分析療法 123
精神療法 167
生成文法理論 56
精緻化リハーサル 46
青年期 26
性役割 106

266

事項索引

生理的早産　23
世界保健機構（WHO）　99
世代間伝達（intergenerational transmission）　155
折半法　182
セラピスト　199
セルフ・モニタリング　210
宣言的記憶　47
宣言的知識　58
全人的医療　169
全体性　135
前頭葉　13
専門知識　58

●そ
躁うつ病　76
想起　45
相互協調的自己観　98
相互作用論　81
相互調整（mutual regulation）　153
相互独立的自己観　97
創造性　53
相補性　135
速度　208
側頭葉　13
即興演奏　209

●た
第一階述語理論　60
対象関係論派　128
大脳　12
大脳半球　17
大脳皮質　14
大脳辺縁系　14, 64
タイプA　78
太母（great mother）　133
対面交流（face to face interaction）　155
代理学習　42
代理性強化　42
多重関係　226
タスク依存の知識　58
達成感　209
妥当性（validity）　10, 82, 182
タラソフ判決　229
短期記憶　45
男性性　106
談話構造　54

●ち
チーム・アプローチ　173
知覚の恒常性　34
知的発達段階　24
知的要因　222
知能　75
知能検査　176
知能指数（IQ）　177
注意欠陥多動性障害　179
中央実行系　46
中核信念（core belief）　212
中胚葉型　77

超越性　53
長期記憶　45
丁度可知差異　29
調和性　81
直面化　128
著作権　115
貯蔵　45
直感　78

●つ
通状況的一貫性　80
月の錯視　36

●て
TEG　185
定義的特性理論　58
抵抗　126
テスト・バッテリー　176, 191
手続きの記憶　47
手続きの知識　59
徹底操作　128
徹底的行動主義　148
転移（transference）　84, 127
てんかん　76
典型性　58

●と
動因（drive）　62
投影法　176, 187
動機づけ　62
統合失調症　76
統語規則　53
統語構造　53
統語論　53
闘士型　76
同質の原理　208
統制　10
頭頂葉　13
動的家族画　190
特性論　75
独立変数（independent variable）　10

●な
内因性精神障害　161
内観（introspection）　6
内言　56
内向性　79
内潜増感法　222
内臓緊張型　77
内的作業モデル　157
内胚葉型　77
内包の意味　54
なぐり描き法（scribble）　203
7件法　181

●に
2件法　181
二次予防　103
日本心理臨床学会　226
人間機械論　5

認知科学　9
認知革命　145
認知過程　112
認知行動療法（cognitive-behavioral therapy）　145, 209
認知心理学　6
認知の経済性　47
認知の斉合性理論　73
認知療法（cognitive therapy）　209

●ね
音色　208
ネオ・フロイト派　128
ネットワークモデル　47

●の
脳幹　12
ノンバーバル・コミュニケーション　207
ノンレム睡眠　19

●は
パーソナリティ　75
パーソン・センタード　139
ハーバート・ブライアンのケース　139
ハーモニー　208
バウムテスト　189
箱庭　202
発達加速現象　26
発達課題　26
発達検査　176
発達指数（DQ）　176
発達障害　176, 177
般化　39, 41
半構造化面接　182
犯罪少年　244
反射　23
反転図形　34
ハンドル名　114

●ひ
P-Fスタディ　191
BDI　186
被観察乳児（observed infant）　151
非言語コミュニケーション　69
非行少年　244
非指示的（nonm-directive）　140
ビッグ・ファイブ　81
ビネー式知能検査（Binnet-Simon intelligence scale）　177
肥満型　76
ヒューマニスティック心理学運動　139
ヒューリスティック（heuristic）　49
描画法　189
評価理論　68
表出規則（display rules）　70
標準化　181
比率尺度（ratio scale）　10

267

事項索引

ビルジョイの法則　113
敏感期　22

● ふ
ファシリテーター　221
不安階層表　147
フィードバック　192
風景構成法　190
符合化　45
物質的自己　92
普遍文法（universal grammar）　56
フラストレーション　199
不良定義（ill-defined）問題　48
プレイセラピー　238
フレーズ　208
フレーム　59
プレグナンツの法則　33
ブローカ領域　56
ブロードバンド回線　112
プログラム　110
プロセス　143
プロダクションルール　60
プロトタイプ　58
プロファイリング　245
分化　40
文化的相対化　97
分析心理学　128, 131
文脈　54, 156

● へ
平均以上効果　95
併存的妥当性　11, 82
ヘルシンキ宣言　225
ペルソナ（persona）　133
扁桃核（扁桃体）　64
弁別閾　29

● ほ
防衛　125
包括システム　188
忘却　45
防御因子（protective factors）　169
法務教官　246
保護観察官　246
保護観察所　246
保持　45
補償　135
細長型　76
ホメオスタシス　62

ポリグラフ検査　245

● ま
マガジン・ピクチャー・コラージュ法　204
マルチメディア　111

● み
未熟な防衛　125
見立て　200, 236

● む
無意識　123, 135
ムーアの法則　113
無条件の肯定的配慮　140

● め
明確化　128
名義尺度（nominal scale）　9
明順応　30
明所視　30
命題の意味　55
メロディ　208

● も
網膜　30
モーガンの公準　7
モジュール性　53
モチベーション（motivation）　62
モデリング　42, 222
問題解決　48

● や
薬物療法　166

● ゆ
誘因（incentive）　63
遊戯療法（play therapy）　199
誘導運動　37
誘発因子（precipitating factors）　169
夢分析　136, 221

● よ
要因　10
幼児性欲論　126
抑圧　125
予測的妥当性　82
欲求　188

予備面接（intake）　200

● ら
ラカン学派　128
ラポール　187

● り
リズム　208
リハーサル　46
リビドー　131
流動性知能　28
領域依存の知識　58
療学援助　22
両眼視差　35
良定義（well-defined）問題　48
理論的知識　59
理論ベースの概念間観　58
臨界期　22
臨床心理学の基礎　220
臨床乳児（clinical infant）　151
倫理委員会　230
倫理規準　226
倫理綱領　226

● る
類型論　75
ルール支配行動　149

● れ
レスポンデント条件づけ　7, 145, 146
レム睡眠　19
連合主義（associationism）　5
連合野　14
連続強化　41

● ろ
老賢者・老賢女（wise old man／wise old woman）　133
労働安全衛生法　247
ロールシャッハ・テスト　187
ロミオとジュリエット効果（Romeo and Juliet effect）　86

● わ
Y－G性格検査　183
枠付け　190

◆執筆者一覧（執筆順）

山　祐嗣	編者		Ⅰ-1, Ⅰ-6
水田　一郎	大阪大学保健センター		Ⅰ-2, Ⅱ-1, Ⅱ-6
武知　優子	関西大学法学部		Ⅰ-3
松永　理恵	神奈川大学人間科学部		Ⅰ-4
堀下　智子	西日本旅客鉄道株式会社安全研究所		Ⅰ-5
小林　知博	編者		Ⅰ-5, Ⅰ-11
川﨑　弥生	日本大学文理学部		Ⅰ-6
三浦　欽也	神戸女学院大学人間科学部		Ⅰ-7
宇津木　成介	元神戸大学大学院国際文化学研究科		Ⅰ-8
岸本　陽一	元近畿大学総合社会学部		Ⅰ-9
池上　知子	甲南大学文学部		Ⅰ-10
水本　誠一	神戸女学院大学人間科学部		Ⅰ-12
森永　康子	広島大学大学院教育学研究科		Ⅰ-13
出口　弘	神戸女学院大学人間科学部		Ⅰ-14
小林　哲郎	元神戸女学院大学大学院人間科学研究科		Ⅱ-9, Ⅱ-11-1, Ⅱ-13-1-1
山口　素子	編者		Ⅱ-2, Ⅱ-11-3
國吉　知子	神戸女学院大学人間科学部		Ⅱ-3, Ⅱ-11-4-1, Ⅱ-12
杉原　保史	京都大学学生総合支援機構		Ⅱ-4
石谷　真一	神戸女学院大学人間科学部		Ⅱ-5, Ⅱ-10
生野　照子			Ⅱ-7
三井　知代	神戸親和女子大学発達教育学部		Ⅱ-7
髙地　知子	神戸市こども家庭センター		Ⅱ-8, Ⅱ-13-2
奥　紀子	元神戸女学院大学		Ⅱ-11-2
田島　孝一	元神戸女学院大学人間科学部		Ⅱ-11-4-2
玉木　健弘	武庫川女子大学文学部		Ⅱ-11-5
井上　和臣	内海メンタルクリニック		Ⅱ-11-5
池見　陽	関西大学大学院心理学研究科		Ⅱ-11-6, Ⅱ-13-5
坂本　真佐哉	神戸松蔭女子学院大学人間科学部		Ⅱ-11-7, Ⅱ-13-3-2
大利　一雄	福井県立大学看護福祉学部		Ⅱ-11-8
安住　伸子	神戸女学院大学カウンセリングルーム		Ⅱ-13-1-2
本多　雅子	元神戸大学医学部		Ⅱ-13-3-1
齊藤　文夫	武庫川女子大学文学部		Ⅱ-13-4
黒木　賢一	大阪経済大学人間科学部		Ⅱ-13-6

【編者紹介】

山　　祐嗣（やま・ひろし）

京都大学大学院教育学研究科博士後期課程学修認定退学
現在　大阪市立大学大学院文学研究科教授　博士（教育学）
主著・論文
　　日本人は論理的に考えることが本当に苦手なのか　新曜社　2015年
　　思考と推論―理性・判断・意思決定の心理学（共監訳）　北大路書房　2015年
　　メンタリティの構造改革―健全な競争社会に向けて　北大路書房　2003年
　　思考・進化・文化―日本人の思考力　ナカニシヤ出版　2003年
　　International handbook of thinking and reasoning．（共著）　Routledge　2017年

山口　　素子（やまぐち・もとこ）

京都大学大学院教育学研究科博士後期課程修了，教育学博士，ユング派分析家（C. G. Jung Institute-Zurich），臨床心理士
現在　山口分析プラクシス，ユング派分析家，臨床心理士
主著・論文
　　山姥，山を降りる―現代に棲まう昔話　新曜社　2009年
　　講座　心理療法2　心理療法と物語（共著）　岩波書店　2001年
　　臨床心理学大系　第17巻　心的外傷の臨床（共著）　金子書房　2000年
　　シネマのなかの臨床心理学（共著）　有斐閣出版　1999年
　　青年期の女性性に関する研究　風間書房　1995年

小林　　知博（こばやし・ちひろ）

大阪大学大学院人間科学研究科博士後期課程単位取得満了
現在　神戸女学院大学人間科学部教授　博士（人間科学）
主著・論文
　　健康とくらしに役立つ心理学（共著）　北樹出版　2009年
　　発達・社会からみる人間関係（共著）　北大路書房　2009年
　　よくわかる社会心理学（共著）　ミネルヴァ書房　2007年
　　社会心理学ニューセンチュリーシリーズ　第3巻　認知の社会心理学（共著）　北樹出版　2004年
　　成功・失敗後の自己・自集団高揚傾向　社会心理学研究，20, 68-79．2004年
　　Implicit-explicit differences in self-enhancement for Americans and Japanese（共著），Journal of Cross-Cultural Psychology, 34, 522-541. 20．2003年

基礎から学ぶ心理学・臨床心理学

2009年4月10日	初版第1刷発行	定価はカバーに表示
2023年2月20日	初版第7刷発行	してあります。

編 著 者 山 　 　 祐 嗣
　　　　　　山 口 素 子
　　　　　　小 林 知 博
発 行 所　㈱北 大 路 書 房

〒603-8303 京都市北区紫野十二坊町 12-8
　　　　　　電　話　(075) 431-0361(代)
　　　　　　F A X　(075) 431-9393
　　　　　　振　替　01050-4-2083

ⓒ2009　　　　　　　　　　印刷・製本／亜細亜印刷㈱
　　　　　検印省略　落丁・乱丁本はお取り替えいたします。
　　　　　ISBN 978-4-7628-2672-6　　Printed in Japan

・ JCOPY 〈㈳出版者著作権管理機構 委託出版物〉
本書の無断複写は著作権法上での例外を除き禁じられています。
複写される場合は，そのつど事前に，㈳出版者著作権管理機構
（電話 03-5244-5088,FAX 03-5244-5089,e-mail: info@jcopy.or.jp）
の許諾を得てください。